Nooit meer te druk

CW01629725

Van Tony Crabbe is verschenen:

Nooit meer te druk ◈
Nooit meer te druk Werkboek ◈

◈ Ook als e-book verkrijgbaar

Tony Crabbe

Nooit meer te druk

Een opgeruimd hoofd in een overvolle wereld

Vertaald door Wilma Paalman en Marthe Philipse

UITGEVERIJ LUITINGH-SIJTHOFF

MIX
Papier van verantwoorde herkomst
FSC® C014496
www.fsc.org

Eerste druk 2016
Achttiende druk 2018

© 2014 Tony Crabbe
All rights reserved
© 2016, 2018 Nederlandse vertaling
Uitgeverij Luitingh-Sijthoff B.V., Amsterdam
Alle rechten voorbehouden
Oorspronkelijke titel: *Busy. How to Thrive in a World of Too Much*
Vertaling: Wilma Paalman en Marthe Philipse
Omslagontwerp: Studio Jan de Boer

ISBN 978 90 245 7739 2
NUR 770

www.tonycrabbe.com
www.lsamsterdam.nl
www.boekenwereld.com

Inhoud

DEEL DRIE – Betrokkenheid

Zoals Boeddha tweeënhalfduizend jaar geleden al zei... we zijn allemaal compleet gestoord.[1]

– Albert Ellis (beschouwd als de op één na meest invloedrijke psychotherapeut ooit, 1913-2007)

Hoelang kun jij 's ochtends zonder je eerste dosis e-mail van de dag? En hoelang duurt het voor je daarna je eerste kop koffie neemt? Het is het begin van een nieuwe drukke dag. Op weg naar je werk laat je geen tijd verloren gaan en neem je nog wat e-mails en berichten door en pleeg je een enkel telefoontje. Op je werk aangekomen ga je ijlings aan de slag; je jaagt van vergadering naar vergadering, van taak naar taak. Je probeert alle ballen tegelijk in de lucht te houden, overal op te reageren, alles te doen, maar er is altijd meer. Je dreigt kopje-onder te gaan, maar daar mag je niets van laten blijken. Dus je ploetert maar weer door en doet nog harder je best, zonder op te kijken. Voort, voort, voort.

Dan komt het moment dat je de kantoordeur dichttrekt en al werkend weer richting huis gaat, waar je geweldige gezin op je wacht, wat weer zijn eigen verplichtingen met zich meebrengt. Je brengt de avond door met je aandacht verdeeld tussen je gezin en je werk, met je e-mail onder handbereik. Je bent snel geïrriteerd. Je weet natuurlijk wel dat je je nu eigenlijk niet met je werk zou moeten bezighouden, dat je van je tijd met je gezin zou moeten genieten, maar je hebt het zo druk op het moment. En dat je zo hard werkt doe je per slot van rekening voor hen.

Je probeert te ontspannen met een glas wijn voor de tv, waarna je uitgeput naar bed gaat (na nog een laatste keer op je smartphone gekeken te hebben of er geen e-mail is binnengekomen). Je slaapt licht. Je brein maalt door. Je zult morgen even uitgeput wakker worden.

Je hebt het knagende gevoel dat je als partner, als ouder en als vriend tekortschiet; dat je tekortschiet op je werk omdat er altijd wat blijft liggen en je minder presteert dan je zou willen; dat je tekortschiet naar jezelf omdat je niet het leven leidt dat je ooit voor ogen had. Je voelt je leeg, kwetsbaar, hulpeloos.

De wekker gaat en je strekt je hand uit voor je eerste dosis e-mail van de dag...

Inleiding

DE DRUKTE DE BAAS

We hebben het mis

In 1996 begaven acht bergbeklimmers zich op weg naar de top van de Everest. Ze hadden de juiste uitrusting bij zich, ze waren ervaren en in goede conditie. Hun klim ging voorspoedig van start, maar dichter bij de top kwamen ze moeizamer vooruit, vermoedelijk door de aanwezigheid van talrijke andere klimmers en mogelijk was er een omslag in het weer. Bij het beklimmen van de Everest geldt de regel dat je na een bepaald tijdstip niet verder omhoogklimt. Als je de top dan nog niet hebt bereikt, moet je je poging staken. Op die dag hadden deze geoefende klimmers hun teleurstelling moeten verbijten en moeten omkeren, maar in plaats daarvan gingen ze door. Toen ze de top bereikten was het al zo laat dat ze in het donker moesten afdalen. Ze overleefden het niet.

Toen Christopher Cave, een voormalige beurshandelaar, hun verhaal hoorde, liet het hem niet meer los.[1] Het deed hem denken aan wat hij bij veel bedrijven had zien gebeuren. Deze bedrijven hadden een strategie vastgelegd waaraan ze bleven vasthouden, ook als de omstandigheden zodanig waren veranderd dat de oude strategie aantoonbaar niet meer werkte. In plaats van met een objectieve blik naar de nieuwe situatie te kijken en zich te bezinnen op een beter plan van aanpak, gingen ze er nog wat harder tegenaan. Om niet onder ogen te hoeven zien dat de weg die ze volgden misschien niet de juiste was, liepen ze des te hardnekkiger de verkeerde kant op.

Ik zie hetzelfde gebeuren op individueel niveau. De wereld is veranderd, daarmee vertel ik niets nieuws. Het probleem is dat wij mensen niet zijn veranderd. Onze technologieën en werkwijzen mogen dan modern zijn, onze werkhouding en successtrategieën stammen nog uit de tijd van de industriële revolutie. Die zijn niet veranderd, ondanks het overvloedige bewijs dat ze niet meer werken. Wat we ook proberen, de overbelasting blijft, op de werkvloer en thuis, en neemt alleen maar toe, lijkt het wel. In plaats van onder ogen te zien dat onze huidige aanpak ons niet helpt om ons minder overbelast te voelen, doen we, met onze smartphone altijd paraat, nog wat harder ons best. We putten onszelf uit zonder dat er ooit een eind aan de drukte komt. Dit boek is een oproep om hierbij stil te staan en om na te denken over de manier waarop we omgaan met de stroom aan informatie, eisen en verwachtingen die dagelijks op ons afkomt. Dat kan ook anders en daarover gaat dit boek.

'Drukte'

Laat ik beginnen met uitleggen wat ik onder 'drukte' versta (want dit boek is geen pleidooi voor nietsdoen). Drukte is het jachtige, altijd gespannen bezig zijn met meerdere dingen tegelijk waardoor we ons laten voortdrijven en overbelast raken. Met drukte bedoel ik het altijd 'aan' staan, het voortdurend op je telefoon kijken en het van bezigheid naar bezigheid hollen. Drukte is te veel ballen tegelijk in de lucht houden, is een overvolle agenda, is het dagelijkse gejaag. Het is dwang, concentratieverlies en uitputting.

Waarom we denken dat we het druk hebben

We denken dat we het druk hebben omdat we zoveel moeten doen, op ons werk en thuis. Bedrijven stellen steeds hogere eisen aan ons als werknemer, onze inbox puilt uit, onze to-dolijst zwelt aan, en het aantal vergaderingen neemt alleen maar toe. En wanneer we naar huis gaan wacht ons ook daar een eindeloos lijkende lijst met taken en verantwoordelijkheden: altijd zijn er wel boodschappen te doen, altijd moet er wel een kind worden opgehaald of gebracht. We doen ons best, maar het lijkt een hopeloze zaak. We hebben het gewoon druk; zo is het leven vandaag de dag nu eenmaal.

Waarom we het in feite druk hebben

Drukte is niet noodzakelijk. Ja, er is een hoop dat gedaan moet worden, maar het is onjuist en zinloos om te denken dat je het altijd zo druk hebt omdat je zoveel te doen hebt. Dit is waarom je het druk hebt:

Druk zijn is makkelijker

Druk zijn is de makkelijke optie. We hebben het druk omdat we niet voor de moeilijke weg kiezen. We laten onze dag bepalen door onze omgeving en onze inbox in plaats van dat we zelf over een planning nadenken. Het is makkelijker om alleen maar te hoeven reageren. Het is makkelijker om te proberen alles te doen, dan om te kiezen wat wel en wat niet. Er is meer moed voor nodig om minder te doen. Eigenlijk is drukte, als vorm van *acedia* (gemakzucht), een van de zeven hoofdzonden. Zoals Ben Hunnicutt het uitlegt waren er in de middeleeuwen twee vormen van gemakzucht: de ene was luiheid, de andere was drukdoenerij. 'Wat precies het doel is van wat ik doe, weet ik niet, maar ik doe het zo snel als ik kan.'

Druk zijn is vermijding

Al die dingen die je telkens weer van plan bent om te doen, dingen die je leven en je carrière een andere wending kunnen geven, zijn niet de makkelijkste dingen om te doen. Als we moeten kiezen tussen iets wat ons weinig of iets wat ons veel moeite kost, tussen het doornemen van binnengekomen e-mails of het aanpakken van een complex project, kiezen we als het erop aankomt vaker wel dan niet voor het makkelijke, drukke werk. We gaan woest aan het werk en voeren voor onszelf deze drukte aan als excuus voor het nalaten van werk dat meer nadenken vereist. Ons drukke bezig zijn verhult dat we werk aan het uitstellen zijn!

Druk zijn is een merk

Door je omgeving te laten zien hoe druk je het hebt, door waar en wanneer je maar kunt te verkondigen dat je het druk hebt, wil je laten zien hoeveel je waard bent. Ergens diep vanbinnen denken we dat als iedereen maar weet hoe druk we het wel niet hebben, dit onze promotiekansen verhoogt en ons in de ogen van anderen belangrijker doet lijken. Met druk zijn tonen we onze ambitie. Dus zelfs met het klagen over hoe druk je het hebt, werk je aan je eigen merk.

Druk zijn is een verslaving

Elke keer wanneer je je e-mail checkt, komt er een kleine hoeveelheid van het stimulerende dopamine vrij, terwijl het gebruik van een zoekmachine als Google de productie van lichaamseigen opiaatachtige substanties stimuleert.[2] Wie van ons kent niet de verleiding om in een situatie waarin dit eigenlijk niet hoort, zijn telefoon tevoorschijn te halen voor een dosis sociale media of sms'jes (een behoefte die zich gemiddeld om de 6,5 minuut voordoet)?[3]

Druk zijn is wat alle anderen zijn

Hoe wij ons gedragen wordt in sterke mate bepaald door de sociale norm, door wat alle anderen doen. Hoeveel mensen ken je die het niet druk hebben? Zelfs als je jezelf ervan overtuigd hebt dat je met reden druk bent, komt een hoop drukte voort uit een onbewuste drang. Je bedrijvigheid is slechts deels je eigen gedrag; voor het overige deel is het kuddegedrag.

Is drukte echt zo slecht?

Drukte duidt op ambitie, zoals ik hierboven al aanstipte. Het is zelfs zo, blijkt uit onderzoek van Ann Burnett, dat we tegen elkaar opbieden met hoe druk we zijn.[4] Niets is ergerlijker dan als iemand het drukker heeft dan jij. Je kent het wel: je hebt zojuist uit de doeken gedaan hoe uitgeput en overbelast je bent, je hebt omstandig verteld wat er deze week allemaal wel niet van je verwacht werd. En dan overtroeft een ander je volledig! Je voelt je op de een of andere manier de mindere. Het lijkt erop alsof we druk willen zijn (of in ieder geval als zodanig willen overkomen).

Als we naar drukte streven, als we erover opscheppen hoe druk we zijn, zal het toch wel wat meevallen hoe slecht drukte voor ons is? Nou nee, dat valt niet mee.

Allostatische overbelasting

Stress is, op zich, niet slecht voor ons. Maar het gevoel overbelast te zijn zet veel mensen aan om juist nog meer van zichzelf te eisen. Om alles wat we moeten doen ook te kunnen doen, voeden we onszelf met stress (en cafeïne). We zetten onszelf steeds meer onder druk om maar geen enkele bal uit de lucht te laten vallen. We nemen zelden een pauze, we nemen zelden de tijd om weer op adem te komen. We blijven onszelf alleen maar opjagen. Volgens cijfers van de National Science Foundation is er vanaf 1972 sprake van een gestage stijging van het percentage mensen, zowel mannen als vrouwen, dat zich 'altijd' gehaast voelt.[5]

Het is ook niet zo dat stress of inspanning in een specifieke mate slecht voor ons is. Stress is slecht als die voortdurend aanwezig is. Het menselijk lichaam is er niet op berekend altijd 'aan' te staan, altijd maar druk te zijn. Ons lichaam is erop afgestemd om te schakelen tussen een staat van activiteit en een staat van rust, om ons met een dosis adrenaline op scherp te zetten en ons daarna weer te laten ontspannen.

Maar de drukte die ons voortdrijft is continu aanwezig en wordt niet afgewisseld door perioden van rust en ontspanning. We stomen op volle kracht door en zullen zo nooit boven onszelf uitstijgen. Als we ons lichaam niet de kans geven om te schakelen tussen 'aan' en 'uit', ontzeggen we onszelf de mogelijkheid om bij te komen. Dit leidt tot 'allostatische overbelasting'[6], oftewel een versnelde slijtage van het lichaam en het brein. In Japan is er een woord voor de gevolgen van extreme drukte: *karoshi*, wat 'dood door te veel werk' betekent. Er is sprake van karoshi wanneer chronische vermoeidheid ten gevolge van langdurige en aanhoudende stress bij jonge, gezonde volwassenen tot een beroerte of hartfalen leidt. Door drukte veroorzaakte allostatische overbelasting kan leiden tot een vermindering van denkkracht, tot prestatieverlies, geheugenklachten en tot een verhoogd risico op gezondheidsproblemen: hart- en vaatziekten, een verzwakt immuunsysteem en een voortijdige dood. Vaak zullen de gevolgen minder ingrijpend zijn, maar drukte is gewoonweg niet gezond.

Te veel

Het 'te veel' overheerst. We moeten te veel doen, we krijgen te veel informatie en we staan onder te veel druk. Met de hoeveelheid nieuws die er vandaag op je afkomt zou je 174 kranten kunnen vullen (vijf keer zoveel als in 1986).[7] In de tijd die je nodig hebt om deze pagina te lezen, zijn er wereldwijd driehonderd miljoen e-mails verstuurd.[8] De hoeveelheid videomateriaal die in de afgelopen minuut op YouTube is geplaatst, beslaat een speelduur van in totaal drie dagen.[9] In de afgelopen tien seconden hebben honderd mensen voor het eerst de mogelijkheden van internet en e-mail ontdekt en, samen met bijna drie miljard anderen, dragen ook zij nu bij aan de informatievervuiling.[10] In 2010 is uit onderzoek gebleken dat deze overdaad aan informatie bedrijven geld kost: de Amerikaanse economie lijdt hierdoor naar schatting jaarlijks een biljoen dollar verlies.[11] We leven in een tijdperk waarin computervermogen en internetsnelheid exponentieel toenemen, evenals de hoeveelheid informatie en vermaak. We leven in een wereld waarin we voortdurend blootstaan aan een bombardement van 'ziedende ruis'[12] van grenzeloze informatie, communicatie en keuzes. Deze overdaad prikkelt en verveelt ons, verrijkt en verschraalt ons leven, en verbindt ons in onze toenemende afzondering.

Waar kenniswerkers zich twintig jaar geleden laafden aan een bron van kennis, drinken ze nu uit een openstaande brandslang. Hoe beter de productiemiddelen, hoe meer we produceren. Hoe toegankelijker de communicatiemiddelen, hoe meer we communiceren. Zo leverde een gemiddelde werknemer in 1986 per dag een hoeveelheid woorden af waar je tweeënhalve krantenpagina mee kunt vullen. In 2011 was dit opgelopen tot naar schatting zes complete kranten.[13] Dat is een tweehonderdvoudige vermeerdering van productie. Elke actie die we ondernemen, elke mail die we versturen, is van invloed op iemand anders. Dus hoe meer wij doen, hoe meer werk wij voor anderen creëren. Deze anderen doen op hun beurt meer, wat betekent dat wij allemaal nog meer en meer moeten doen.

Het 'te veel' zal niet minder worden, maar alleen maar toenemen. Dat is onvermijdelijk. Jaar na jaar neemt de hoeveelheid elektronische communicatie die je ontvangt toe, word je blootgesteld aan meer informatie en wordt er van je verwacht dat je nog beter op de hoogte bent. Volgend jaar ontvang je nog meer e-mails, dat is zeker. Niemand zal de technologische klok dertig jaar terugzetten en werkgevers zullen niet ineens zeggen: 'Doe maar rustig aan! Werk maar wat minder hard.'

De drie aspecten van drukte

Drukte is niet eenduidig. In de relatie tussen ons en drukte kunnen we drie aspecten onderscheiden. Bij 'drukte als ervaring' gaat het om het voortdurend schakelen tussen de vele taken waar we gelijktijdig mee bezig zijn, om ons gejaag en onze overvolle agenda's waardoor we ons overbelast voelen. Bij 'drukte als successtrategie' gaat het om de inzet van drukte, van nog harder werken, als tactiek om hogerop te komen. 'Drukte als middel tot geluk' ten slotte, is het druk zijn in de verwachting dat dit ons gelukkiger maakt. Elk van deze aspecten kent zijn eigen strategieën en die stel ik een voor een in dit boek ter discussie.

Drukte als ervaring

Drukte is iets wat we ervaren. We voelen ons een groot deel van de dag bestookt en overstelpt. Welke strategie hanteren we om hiermee om te gaan? Velen van ons zoeken de oplossing in tijdmanagement. We denken dat we door effectiever gebruik te maken van onze tijd meer controle over ons eigen leven krijgen. Maar in een wereld waar verwachtingen eindeloos worden opgerekt, leidt tijdmanagement tot nog vollere agenda's. Het inzetten op het managen van onze tijd heeft een drietrapseffect: we worden efficiënter, waardoor we meer werk verzetten, waardoor we het nog drukker krijgen. Onze aandacht versmalt zich en we verliezen de brede blik die nodig is om de juiste keuzes te maken. Hoe meer ballen je tegelijk in de lucht wilt houden, hoe meer je aandacht verdeeld raakt en hoe minder bevrediging je put uit elk van de dingen die je doet. Tijdmanagement is niet de oplossing maar werkt juist averechts voor wie meer rust, meer effectiviteit en meer geluk nastreeft.

Drukte als successtrategie

De geschiedenis van de mens wordt gekenmerkt door onze gerichtheid op schaarste. Van te weinig willen we altijd meer maken. Of het nu gaat om voedsel, spullen of informatie, we proberen altijd zo veel mogelijk te vergaren. Dit zien we terug op de werkplek. Binnen de landbouw, binnen de industrie en zelfs op kantoor draait het in de grond om 'hoe meer, hoe beter'. De inzet van het spel is 'meer'. We gaan ervan uit dat hoe meer werk we verzetten, hoe succesvoller we zullen zijn. Maar in een wereld die al overvol is, moet er niet nog meer bij. In een wereld waar iedereen het te druk heeft, is aandacht het meest schaarse goed geworden. Om een succesvolle carrière op te bouwen, moet je je niet door de ruis laten leiden, maar moet je zorgen dat je wordt opgemerkt. Het inzetten op nog meer uren werken en een nog grotere productie gaat ten koste van het werk dat nadenken en creativiteit vereist. We zijn werkezels geworden. We hebben het te druk om van ons werk op te kijken en ons te richten op de dingen die ertoe doen en waarmee we ons onderscheiden. We moeten niet proberen om meer te doen, maar om minder te doen en dit beter te doen.

Drukte als middel tot geluk

We leven in de veronderstelling dat meer geld, meer status en een grotere populariteit een beter leven betekenen, in de veronderstelling dat we bij het nastreven daarvan ons straffeloos minder hoeven te bekommeren om dat wat echt van belang is, om onze relaties en onze gezondheid. Maar dat is een domme gedachte. Ten eerste heeft onderzoek uitgewezen dat meer geld, meer status en een grotere populariteit niet tot nauwelijks van invloed zijn op ons welzijn.[14] Ten tweede zijn juist de dingen die we opofferen – relaties, zingeving en gezondheid – de enige dingen die ons echt gelukkig kunnen maken. Ten derde zijn mensen die zich richten op uiterlijkheden als geld, spullen en status, minder gelukkig en minder gezond dan mensen die zich richten op de dingen waar drukte geen tijd en ruimte voor biedt: relaties, persoonlijke groei of het leveren van een bijdrage aan de gemeenschap.[15]

Op de verkeerde weg

Wat ik om me heen zie, is dat als tijdmanagement, meer werken en het vergaren van geld, status en populariteit niet het gewenste resultaat opleveren, mensen vaak denken dat ze het niet hard genoeg proberen. Ze zetten nog zwaarder in op tijdmanagement en op efficiëntiebevorderende technologieën. Ze dwingen zichzelf om nog harder, nog meer en nog langer te werken. Ze streven steeds wanhopiger de lege genoegens van materieel bezit na. We kunnen teleurgesteld zijn, maar in tegenstelling tot de klimmers op de Everest mogen we ons beoordelingsvermogen hierdoor niet laten vertroebelen. We zullen de veranderde wereld met een andere strategie tegemoet moeten treden.

De drukte voorbij

Het zal inmiddels duidelijk zijn dat ik onze kijk op druk zijn wil veranderen. Ik wil dat we druk zijn als iets onbelangrijks gaan beschouwen. Ik wil dat druk zijn niet iets is om over op te scheppen, maar iets wat je met enige schaamte moet bekennen. Maar wat betekent het om de drukte voorbij te zijn en, wat in mijn ogen het interessantst is, hoe kunnen we niet functioneren maar floreren in deze overvolle wereld?

Ontspanning is geen tegenwicht tegen drukte, want ook in onze vrije tijd schakelen we vaak jachtig heen en weer tussen familieverplichtingen, sociale media en digitale consumptie. In de wereld van vandaag is langdurige, gerichte aandacht een tegenwicht tegen drukte. We heffen drukte op door oprecht betrokken te zijn bij wat echt belangrijk voor ons is, door oprecht betrokken te zijn bij gesprekken met mensen om wie we geven, door de tijd te nemen om na te denken, om te vertragen en ons aan het moment over te geven. Door ons bewust te zijn van hoe we onze aandacht gebruiken in plaats van hoe we onze tijd gebruiken, door ons te richten op hoe we denken in plaats van op hoe we produceren, door te streven naar betrokkenheid in plaats van naar bezit.

De drie aspecten van drukte leveren drie kernbegrippen op die van essentieel belang zijn om niet drukte maar ons welzijn voorop te stellen. In relatie tot deze drie kernbegrippen reik ik praktische en op onderzoek gebaseerde ideeën aan, aan de hand waarvan we onze strategieën zouden moeten heroverwegen.

Beheersing

Om je niet door drukte opgeslokt te voelen, moet je het idee loslaten dat je alles kunt doen als je je tijd maar goed indeelt en benut. Waar je je op moet richten is op het krijgen van het gevoel dat je je eigen leven beheerst. Beheersing begint met de bereidheid om je behoefte aan controle los te laten en de bereidheid moeilijke beslissingen te nemen. Beheersing gaat niet over het managen van tijd, maar over het managen van aandacht. Per slot van rekening is je concentratie-, denk- en creatieve vermogen je grootste goed beroepsmatig gezien, en ook buiten je werk om is onverdeelde aandacht een basisvoorwaarde voor werkelijk genieten. Om je eigen leven te kunnen beheersen zul je de nodige lastige confrontaties moeten aangaan om je leven stapje voor stapje terug te winnen.

Onderscheiding

Een gezonde balans tussen werk en privéleven is belangrijk, maar niet voldoende. Om in de huidige aandachtseconomie te slagen moeten we onze houding opnieuw bepalen, een nieuwe koers uitzetten, zoals een bedrijf een strategische planning maakt. In het tweede deel van dit boek leg ik uit waarom je, om op een concurrerende markt succesvol te zijn, niet moet inzetten op meer productie, maar op eigenheid. Ik laat zien dat een langetermijnstrategie je helpt om met beperkte middelen een zo groot mogelijke impact te maken, ik ga nader in op hoe je door vernieuwing de aandacht op jezelf kunt vestigen én hoe je die aandacht vast kunt houden. En ten slotte zet ik uiteen hoe je het zelfvertrouwen kunt opbouwen om je eigen weg te gaan, om risico's te nemen en om, tegen de sociale norm in, te kiezen voor een minder hectisch leven.

Betrokkenheid

In dit deel van het boek nemen we ons streven naar geluk en de manier waarop we denken dit te kunnen bereiken onder de loep en reik ik je drie sleutels aan om de betrokkenheid in je werk en je privéleven te hervinden. Ten eerste gaan we op zoek naar een nieuwe definitie van succes, een die beter aansluit op jouw kernwaarden, op wat voor jou echt belangrijk is. Daarna kijken we naar relaties in een wereld waarin we met duizenden mensen vrienden zijn en bespreken we welke relaties echt belangrijk zijn en hoe je deze kunt verdiepen. Vervolgens laat ik zien hoe je de kick van drukte kunt vervangen door de stimulerende vreugde van diepgevoelde betrokkenheid. Tot slot geef ik je enkele richtlijnen die je kunnen helpen gelukkiger te worden door te doen wat jij wilt doen, die je kunnen helpen om je ook daadwerkelijk niet meer te laten opjagen.

Het is niet makkelijk

Ik heb dit boek geschreven omdat ikzelf met drukte worstel en ja, omdat ik dacht dat ik enkele nuttige ideeën over dit onderwerp heb. Ook waren volgens mij de vele interessante onderzoeken die op dit gebied zijn gedaan nog niet zodanig samengebracht dat ze van praktisch nut zijn voor wat, in mijn ogen, een van de grootste problemen van het moderne leven is. Maar de belangrijkste reden waarom ik dit boek heb geschreven is om mezelf te helpen, en het is dan ook letterlijk een 'zelfhulpboek'. Drukte is voor mij een voortdurende verlokking, een voortdurende uitdaging. Het is voor mij een strijd om mijn eigen leven weer te beheersen, om mijn aandacht niet te laten versnipperen, om betrokken te zijn. Ik moet er alert op blijven dat ik niet maar domweg de kudde volg, maar dat ik gehoor geef aan mijn eigenheid. Ik zal niet beweren dat ik daar altijd in slaag. Ik vermoed dat ik, zolang ik blijf werken, strijd zal leveren met druk zijn, een beetje zoals een alcoholist die de drank heeft opgegeven zijn leven lang een alcoholist zal blijven.

Dat klinkt misschien zwaar, maar de strijd tegen druk zijn ís ook een zware strijd. Een van de belangrijkste inzichten die ik heb verworven bij het voorbereidend onderzoek en het schrijven van dit boek is dat handzame tips of tijdmanagement je niet zullen helpen om jezelf van drukte te bevrijden. Het merendeel van de tips die ik in dit boek had willen opnemen heb ik geschrapt nadat ik erachter was gekomen dat ze mij niet hielpen. Het is ongelooflijk eenvoudig, maar niet altijd makkelijk om drukte de baas te worden. Waar het om gaat is om je te richten op de dingen die ertoe doen, om het aanwezig zijn in het moment, om de bewuste aandacht voor de mensen die om je geven. Het gaat erom dat je jezelf bent.

Om je te helpen die omslag te maken heb ik gebruikgemaakt van inzichten uit de psychologie, die zich echter slechts deels naar praktische handreikingen laten vertalen. Sommige onderzoeken haal ik aan om als metafoor te dienen, niet zozeer als bewijs. Ik heb hiermee de onderliggende processen willen belichten die naar mijn idee van belang zijn in de strijd tegen druk zijn. Het zijn verhalen die illustreren waarom we dingen doen en hoe we anders zouden kunnen reageren. Mijn belangrijkste doel daarbij is geweest de lezer te helpen inzicht te krijgen in hoe hij beter kan leren omgaan met de overvloed waarmee hij zich geconfronteerd ziet.

Het is niet makkelijk om drukte de baas te worden, maar het is een strijd die het waard is gestreden te worden. Hoe meer je je verzet tegen een overlopende hoeveelheid verwachtingen en verplichtingen, hoe meer weerstand je biedt aan de drang tot een directe reactie op een telefoontje, appje, sms'je of e-mail, en hoe duidelijker het voor je zal worden wat echt belangrijk voor je is. Actief verzet tegen de gemiddelde norm is de basis van waaruit je je betrokkenheid bij wat voor jou van belang is kunt opbouwen.

HOE TE BEGINNEN

Te druk om dit boek te lezen?

Dat je dit boek gekocht hebt duidt erop dat je het druk hebt, dat je je misschien zelfs wel overbelast voelt, als een snelkookpan die door overdruk op het punt van ontploffen staat. Als dat het geval is, hoe maak je dan in hemelsnaam tijd om dit boek te lezen, laat staan om de principes die erin besproken worden in de praktijk te brengen? De volgende tien adviezen kunnen je helpen om de ergste druk van de ketel te halen, om minder te doen, dingen sneller te doen en je meer meester van jezelf te voelen. Deze adviezen zijn geen oplossingen voor het onderliggende probleem, maar dienen om je te helpen tijd en ruimte te creëren om de strategieën die wel kunnen leiden tot een diepgaande verandering te lezen, te overdenken en toe te passen.

1. Gebruik het woord 'omdat'

Het woord 'omdat' doet wonderen. Onderzoek door Ellen Langer, hoogleraar psychologie aan Harvard University, heeft aangetoond dat de kans dat een verzoek wordt ingewilligd dubbel zo groot is wanneer daarin het woord 'omdat' wordt gebruikt.[1] Zelfs, zo bleek, wanneer 'omdat' wordt gevolgd door iets willekeurigs. Het gebruik van het woord alleen al wekt de veronderstelling dat er een goede reden voor het verzoek moet zijn.

Het verlagen van de werkdruk begint met het beïnvloeden van onze omgeving. Of je nu een verzoek afwijst, meedeelt dat je op tijd met je werk stopt (en niet om acht uur 's avonds) of dat je vraagt om uitstel van een deadline: als je 'omdat' gebruikt, zal je redenering eerder als redelijk worden geaccepteerd.

2. De uitknop

Het brein is er niet op berekend altijd maar bezig te zijn. Een klein maar interessant onderzoek dat is uitgevoerd aan de University of London lijkt erop te wijzen dat het altijd 'aan' staan (zoals het bereikbaar zijn per telefoon of e-mail) net als het gebruik van cannabis of slaapgebrek kan leiden tot IQ-verlies.[2] Hoewel we op basis van alleen deze studie geen voorbarige conclusies moeten trekken, is het een geaccepteerd gegeven dat het brein rust nodig heeft. Gary Small, hoogleraar psychiatrie aan UCLA, stelt dat de kortstondige kick van hyperverbondenheid op de lange termijn kan leiden tot depressie en verlies van cognitieve vaardigheden.

Gun je brein een onderbreking. Check je mail en je berichten bewust en weloverwogen. Spreek met jezelf bepaalde tijden af waarop je dit doet en doe het dan met je volle aandacht in plaats van steeds vluchtig te kijken. En wat je al helemaal niet moet doen, is vlak voor je naar bed gaat je mail checken (de wereld kan best een paar uur zonder jou!).

3. Schakel de meldfunctie uit

Onderzoek onder kantoorpersoneel heeft uitgewezen dat mensen gemiddeld elke drie minuten van taak switchen.[3] Wanneer we van de ene op de andere taak overschakelen moet ons brein zich heroriënteren. David Meyer, hoogleraar psychologie aan de University of Michigan, vermoedt dat door het heen en weer schakelen tussen slechts twee taken er zo'n veertig procent meer tijd voor nodig is om beide taken te voltooien.[4]

Een van de grootste boosdoeners is de notificatie bij een e-mail of chatbericht. Wie kan de verleiding van de 'ping' van weer een nieuw bericht weerstaan? Maar zelfs een vluchtige blik leidt af en gaat ten koste van onze efficiëntie. Microsoft onderkent dit probleem en biedt de gebruiker een ingebouwde app aan, Thinking Time, waarmee je je meldingen van e-mails, chatberichten en VOIP (telefonie via internet) voor een bepaalde periode kunt uitschakelen om tijd te hebben om na te denken.

4. Schrap een vergadering

Drukte is voor een belangrijk deel te wijten aan vergaderingen. Al sinds de jaren zestig van de vorige eeuw wordt er steeds meer en steeds langer vergaderd. Middenkadermanagers zouden volgens sommige onderzoeken tot wel vijftig procent van hun tijd aan vergaderen besteden.[5] Toch is van de meeste vergaderingen de waarde twijfelachtig. Uit een gericht onderzoek naar de prestatie van zevenduizend managers binnen een groot bedrijf kwam naar voren dat de onderneming door een slechte vergaderplanning en -voering per jaar 54 miljoen dollar verlies leed.[6] De Amerikaanse multinational 3M schatte dat het inefficiënte vergaderen op middenkaderniveau het bedrijf op een jaarlijkse verliespost van 79 miljoen dollar kwam te staan.[7] Nog afgezien van de mogelijke indirecte kosten. Michael Doyle en David Straus, auteurs van de bestseller *How to Make Meetings Work!*, hebben een verschijnsel gesignaleerd dat zij het 'vergaderherstelsyndroom'[8] noemen: de tijd die je nodig hebt om na een (nodeloze) vergadering weer met de nodige kalmte en met gerichte aandacht aan het werk te kunnen.

Doe jezelf en het bedrijf waar je werkt een plezier en schrap deze week minstens één vergadering, door haar af te zeggen of door zelf niet aanwezig te zijn.

5. Trek meer tijd voor iets uit

Hoe bepaal je of je een taak aankunt? We gaan voor onszelf na hoeveel tijd het ons gaat kosten en hoeveel andere dingen we al op ons bordje hebben liggen en op basis daarvan maken we een inschatting. En keer op keer vergissen we ons, zoals werd aangetoond met een onderzoek onder ouderejaarsstudenten. Hun werd gevraagd wanneer ze dachten hun afstudeerscriptie klaar te hebben.[9] Diezelfde vraag moesten ze ook beantwoorden voor hun medestudenten, die ze merendeels slechts oppervlakkig kenden. De tijd die ze voor hun eigen werkstuk nodig hadden werd door de studenten zwaar onderschat, terwijl ze er niet ver naast zaten wanneer het om de datum ging waarop anderen hun werkstuk inleverden. In de psychologie staat dit fenomeen bekend als de '*planning fallacy*': we overschatten hoeveel we kunnen doen. We dichten onszelf een groter intellect en concentratievermogen toe dan waarover we in feite beschikken en we negeren alle eventuele belemmerende factoren.

Dus, de volgende keer dat je moet beslissen of je een taak wel of niet aanneemt, schat je hoeveel tijd je buiten al je andere verplichtingen 'over' hebt om deze taak te verrichten, en die tijd halveer je. Vervolgens ga je na hoeveel tijd je voor deze nieuwe taak nodig denkt te hebben, en die tijd verdubbel je. Op deze manier zul je een verstandiger afweging kunnen maken.

6. Houd de tijd in de gaten

Hoeveel werk verricht je op de dag voor je op vakantie gaat? Een hele hoop, stel ik me zo voor. Uit onderzoek is gebleken dat we beduidend productiever zijn wanneer we ons bewuster zijn van de tijd, zoals wanneer we op het punt staan op vakantie te gaan.[10] Mijn advies is dan ook eenvoudig: als je je binnen een korte tijd door een hoop werk heen wilt werken moet je je bewuster zijn van de tijd. Zet bijvoorbeeld een grote klok neer op een voor jou goed zichtbare plaats of laat elk halfuur een wekker afgaan. Je zult voor je gevoel veel meer tijd hebben.

7. Stop op tijd

Heb je thuis een kamer over? Staat hij leeg? Het ligt in de aard van de mens om de ruimte die hij tot zijn beschikking heeft te vullen.[11] Wanneer je voor jezelf een grens bepaalt (de tijd waarop je stopt met werken voor die dag of de datum waarop een project klaar moet zijn) levert dit een dubbel voordeel op. Ten eerste ben je je door het stellen van een doel bewuster van de tijd. Ten tweede weerhoudt het je ervan om de tijd en ruimte in je agenda verder op te rekken, want zodra je dat doet zul je die extra tijd en ruimte ook gaan vullen.

8. Begin ruim van tevoren

In 1927 zat Bluma Zeigarnik, een gestaltpsycholoog, samen met een stel vrienden in een koffiehuis in Wenen. Ze bestelden een aantal keren, waarbij het Zeigarnik opviel dat de ober hun bestelling geen enkele keer opschreef. Nadat de rekening was betaald en de groep het koffiehuis had verlaten ging ze terug. Toen ze de ober naar zijn werkwijze vroeg, bleek dat hij zich niet meer kon herinneren welke drankjes door Zeigarnik en haar vrienden waren besteld. Een mogelijke verklaring hiervoor is dat het brein onderscheid maakt tussen openstaande en afgesloten 'bestanden'. Toen de rekening eenmaal was betaald, kon de ober dit bestand als gesloten beschouwen en vergeten. Dingen die we nog niet hebben afgerond blijken we dubbel zo goed te onthouden als dingen die we hebben afgerond. Dit fenomeen wordt het Zeigarnik-effect genoemd.

We zijn geneigd om moeilijke, omvangrijke of creatieve taken voor ons uit te schuiven. Dit kun je vermijden door van het Zeigarnik-effect gebruik te maken en enkele dagen voor je echt aan de slag moet al een 'bestand' van de betreffende taak aan te maken. In de praktijk betekent dit dat je zo'n twintig minuten over je komende taak nadenkt en het daarna laat rusten om je onderbewuste zijn werk te laten doen. Wanneer je dan echt aan het werk gaat, kun je gerichter denken en zullen de ideeën veel makkelijker komen.

9. Een opgeruimd hoofd

Ik heb kortgeleden mijn computer opgeschoond. Ik word er gek van als mijn laptop steeds maar langzamer wordt, vastloopt of crasht. Ik heb de harde schijf gedefragmenteerd en de prullenbak geleegd. Ik heb in feite het systeem ontlast van alle ongewenste software en cookies en zo de processor de ruimte gegeven om zijn volle vermogen te richten op dat wat ik graag wil dat hij doet. Mijn laptop doet het nu weer uitstekend.

Het brein werkt niet heel anders. Ons informatieverwerkende vermogen is beperkt en de snelheid van dit vermogen wordt vertraagd door gedachten, zorgen en ideeën die maar blijven rondspoken. Laat ze los. Ik heb *Getting Things Done* van David Allen gelezen (dat in het Nederlands onder dezelfde titel is verschenen) en wat ik daaruit vooral heb geleerd, is hoe belangrijk het is om een breindepot te hebben, een veilige opslagplaats voor alles wat in je hoofd speelt en waar je even niets mee hoeft.[12] Denk daarbij aan een opschrijfboekje of een smartphone. Dit werkt echter alleen als je je aan de volgende drie dingen houdt. Ten eerste moet je je opschrijfboekje, smartphone of wat je ook maar als breindepot gebruikt altijd bij je hebben. Ten tweede moet je je beperken tot het puur noteren van je gedachten of ideeën in je breindepot. Zodra je er dieper over nadenkt, gaat dat ten koste van je concentratie op je werkzaamheden van dat moment. Ten derde moet je dit lijstje met dingen regelmatig langsgaan (ik doe dat een keer per week). Het is ongelooflijk hoe bevrijdend het is om je hoofd leeg te maken in het vertrouwen dat je het ergens veilig hebt geparkeerd om er later wat mee te doen.

10. ... en lach

Druk zijn is behalve een gegeven ook een beleving. We worden meegezogen in een spiraal van bezigheden: we voelen ons gestrest en opgejaagd dus we jakkeren maar voort, waardoor we ons nog gestrester voelen... Er is een eenvoudige noodoplossing: neem het allemaal wat minder serieus! Til er wat minder zwaar aan. Wij mensen hebben iets absurds. Op ingrijpende momenten in ons leven wordt ons dat vaak maar al te duidelijk, maar het grootste deel van ons leven zijn we daar blind voor. Het enige waar we oog voor hebben zijn de rampzalige gevolgen als we iets niet op tijd afkrijgen, terwijl we tegelijkertijd geneigd zijn om onze vooruitzichten veel te rooskleurig voor te stellen, zoals is aangetoond door Daniel Gilbert, die als psycholoog aan Harvard University is verbonden.[13] We zitten als het ware gevangen tussen acute angst en toekomstige hoop, waardoor we bloedserieus (en dodelijk saai) in het leven staan.

Waarom zou je in plaats daarvan niet een beetje lachen? Lachen is goed voor je. Het vermindert de stress, het verlaagt de bloeddruk en het stimuleert de aanmaak van endorfine. Ron Gutman, de oprichter en bestuursvoorzitter van HealthTap vergeleek in zijn TED(Technology, Entertainment, Design)-talk[14] het stimulerende effect van een enkele glimlach op het brein met het eten van tweeduizend repen chocolade of het krijgen van twintigduizend dollar. Wanneer je lacht, maak je een blijvender indruk op andere mensen en schatten ze je bekwaamheid hoger in. Het zou zelfs kunnen zijn dat je levensverwachting toeneemt wanneer je meer lacht: de basketbalspelers die op oude verzamelplaatjes zonder lach staan afgebeeld hebben een gemiddelde leeftijd bereikt van 72,9 jaar, de spelers die op de foto glimlachten werden gemiddeld 75 jaar, en degenen die een stralende lach toonden werden met gemiddeld 79,9 jaar het oudst.[15]

Toch lacht maar een derde van alle volwassenen meer dan twintig keer per dag (wat twintig keer minder is dan kinderen). Hoeveel je ook te doen hebt, je hoeft het allemaal niet zo serieus te nemen. Je voelt je misschien wat minder druk als je lacht. ☺

Deel een

BEHEERSING

Het eerste aspect van drukte is de ondervinding ervan: het gejaag en de overvolle agenda's, het altijd maar 'aan' staan en het altijd met meerdere dingen tegelijk bezig zijn, waardoor we ons overbelast en uitgeput voelen. In dit deel wordt de misvatting rechtgezet dat onze tijd georganiseerder en effectiever besteden de beste manier is om met deze overbelasting om te gaan. We moeten accepteren dat we nooit meer alles in de hand zullen hebben, dat we te weinig tijd hebben om alles te kunnen doen. Door onze behoefte aan controle los te laten, door harde keuzes te maken, door onze aandacht te managen, door stapje voor stapje ons leven weer in eigen handen te nemen, hervinden we het gevoel dat we ons eigen leven beheersen.

Hoofdstuk 1

Stop met het managen van je tijd!
(... en ga surfen)

Ze kalmeert de bruid en vertelt de priester wat hij moet doen. Ze schikt de decoraties en de jurk van het bruidsmeisje. Ze speldt haar dasspeldmicrofoon op en stuurt moeiteloos haar team, de obers en de cameraman aan. Wanneer alles gereed is geeft zij het signaal: de muziek begint te spelen en de huwelijksceremonie kan beginnen, in een kerk die door haar is getransformeerd tot een met bloemen gevuld, wit sprookjesbos. De bruiloft zal perfect verlopen want Mary Fiore regelt alles. Mary, gespeeld door Jennifer Lopez, is namelijk de weddingplanner in de gelijknamige film.

Mary Fiore beschikt over een buitengewoon organisatietalent: ze ziet geen detail over het hoofd, behoudt het totaaloverzicht en heeft alles onder controle. Wie een huwelijksplanner zoekt zou het liefst iemand met dergelijke capaciteiten hebben, daar is geen twijfel over mogelijk. (Wat je natuurlijk alleen niet wilt, is dat ze, zoals in de film, verliefd wordt op je verloofde!) Filmpersonages zoals Mary, of haar mannelijke equivalent, Danny Ocean uit *Ocean's Eleven*, zijn gevaarlijke rolmodellen. Het lijkt hun allemaal zo natuurlijk en moeiteloos af te gaan om de controle in handen te houden. Wie hen aan het werk ziet kan zichzelf alleen maar tekort voelen schieten in zijn organisatorisch vermogen. Mary en Danny staan symbool voor een van de grootste mythes van het moderne leven: dat een betere planning de oplossing is voor ons drukke bestaan, dat we alles voor elkaar krijgen door efficiënter gebruik te maken van onze tijd. Dat is een illusie.

Tijdmanagement werkt niet

Er zijn drie redenen waarom tijdmanagement niet langer een oplossing is voor een te druk bestaan en het probleem misschien zelfs wel verergert.

Het helpt je niet om weer grip te krijgen

Een eigen, strakke indeling van je tijd helpt je niet om je todolijst ook echt af te werken als er gewoonweg te veel is wat je moet doen. Punt uit. Hoe georganiseerd je ook bent, tijdmanagement leidt niet tot meer grip. Het enige wat het je oplevert is dat je meer doet. Maar omdat er altijd dingen overblijven die je zou kunnen of moeten doen, levert het doen van meer dingen je niet een gevoel van controle op, maar alleen maar meer drukte. Uit een door Basex uitgevoerd onderzoek onder kenniswerkers blijkt dat 30 procent probeert om zoveel werk te verzetten dat ze helemaal geen tijd overhouden om na te denken en dat 58 procent slechts een kwartier tot een halfuur per dag de tijd neemt voor reflectie.[1]

Van de winst die tijdmanagement je oplevert, blijft er steeds minder over omdat de informatie- en communicatiestroom met de dag aanzwelt, zoals ook de verwachting van hoeveel werk je kunt verzetten alleen maar naar boven toe wordt bijgesteld. In plaats van in een spiraal verzeild te raken, waarbij je steeds georganiseerder steeds meer dingen gaat doen, kun je beter eens en voor altijd accepteren dat je de controle daarover kwijt bent en nooit terug zult krijgen en dat dat ook helemaal niet erg is.

Het maakt je niet gelukkiger

Met gebruikmaking van alle mogelijkheden die onze gadgets ons maar te bieden hebben streven we steeds meer efficiëntie na, waardoor we in steeds minder tijd steeds meer kunnen doen en waardoor we steeds meer ballen tegelijk in de lucht weten te houden. Het directe gevolg hiervan is dat onze aandacht versnipperd raakt, en dat is misschien wel het grootste kwaad van het moderne leven. Het bevordert je denkkracht als je de tijd hebt om je gedachten te laten gaan, het bevordert je plezier als je de tijd neemt om ergens van te genieten, het bevordert je relaties als je de momenten van echt samenzijn langer laat voortduren. De verbrokkeling van een overvol en hectisch bestaan ondermijnt juist je denkkracht, plezier en relaties. We zijn tijd als onze belangrijkste hulpbron gaan beschouwen en daarmee hebben we een fout gemaakt, want met het georganiseerd invullen ervan putten we de tijd uit. We zijn er zo op gericht om onze kostbare tijd efficiënt te gebruiken dat dit op zich een stressfactor is geworden, dat dit op zich ons vermogen tot genieten heeft aangetast. Zelfs ons vermogen te genieten van seks. Martin Seligman legt dan ook een link tussen het weinige plezier dat advocaten aan hun werk beleven[2] en het feit dat ze hun werktijd tot op de minuut bijhouden en ook per minuut in rekening brengen.[3] Het verschil tussen functioneren en floreren in je bestaan is niet gelegen in hoe efficiënt we met onze tijd omgaan, maar in de aandacht waarmee we leven en werken. Helaas gaan we vaak maar al te kwistig met onze aandacht om. We verspillen onze aandacht door te veel tegelijk te willen doen en door te gejaagd bezig te zijn. Met het volproppen van elke minuut van onze tijd verliezen we de momenten waarom het gaat.

Het maakt je niet effectiever

Wanneer er te veel is om te doen, wanneer we niet alles kunnen doen, is het van essentieel belang dat we de goede keuzes maken (iets waar ik in het volgende hoofdstuk nader op zal ingaan). We zullen echt goed moeten worden in het nemen van lastige beslissingen en een al te sterke gerichtheid op tijd staat dat in de weg. Als we ons meer dan normaal bewust zijn van tijd, vernauwt dit onze blik, waardoor we het bredere perspectief uit het oog verliezen. We raken achterop, we jakkeren voort om zo veel mogelijk dingen te doen in plaats van ons af te vragen of wat we doen wel datgene is wat we ook zouden moeten doen. Als we al keuzes maken, kiezen we voor het meest voor de hand liggende en voor dat wat direct resultaat oplevert, niet voor wat misschien wel veel belangrijker zou kunnen zijn. Ik schrik er altijd van hoeveel boeken en blogs inzetten op het afhandelen van al je e-mails of van al je taken, alsof dat op zich iets belangrijks is. Een lege inbox heeft nog nooit bijgedragen aan bedrijfsontwikkeling of aan verrijking van je gezinsleven. We hebben geen enkele reden om er trots op te zijn als we een dag zo hard hebben doorgestoomd dat we geen tijd hebben gehad om na te denken (of om werk te verrichten dat er echt toe doet!). Als we ervoor kiezen om onze tijd helemaal in te vullen, kiezen we er ook voor om niet na te denken en dat kan nooit doeltreffend zijn.

Daar komt nog bij dat hoe strakker we onze tijd indelen, hoe bewuster we ons van tijd worden. Hoe effectiever we met onze tijd omspringen, hoe meer tijdsdruk we zullen ervaren, in plaats van de verhoopte rust en controle. Dit gevoel van tijdsdruk ondermijnt niet alleen ons gevoel van beheersing maar ondermijnt ook onze prestaties. Uit onderzoek dat is uitgevoerd door de psychologen Michael DeDonno en Heath Demaree van de Case Western Reserve University kwamen twee dingen naar voren. Ten eerste dat tijdsdruk tot mindere prestaties leidt, en ten tweede dat deze mindere prestaties het gevolg zijn van een gevoel van tijdsdruk en niet van een daadwerkelijk gebrek aan tijd.[4]

Tijd voor een verandering

Dankzij tijdmanagement, software en smartphones zijn we efficiënter dan ooit. We consumeren meer informatie, we doen meer en we communiceren meer dan we nog maar twintig jaar geleden voor mogelijk hielden. Maar het werkt niet. De middelen die we inzetten helpen ons niet om weer controle te krijgen, we krijgen het alleen maar nog drukker. Ze helpen niet om ons gelukkiger te voelen, we worden alleen maar gestrester. Ze helpen ons niet om doeltreffender te werken, alleen maar om ons efficiënter en onder een nog hogere tijdsdruk te laten werken. De realiteit van het 'te veel' vraagt om een fundamenteel andere houding.

Van controle naar beheersing

Op 17 augustus 2000 stuurde Darrick Doerner zijn jetski door de branding bij Teahupo'o op Tahiti. De golven daar hebben een bijna onvoorstelbaar woeste kracht en behoren tot de gevaarlijkste ter wereld. De watermassa kromt zich tot een extreem cilindrische vorm en slaat stuk op een uiterst ondiep, messcherp rif. Het waanzinnige risico dat Doerner hiermee nam was nog niets in vergelijking met dat van de man die hij op sleeptouw had! Laird Hamilton liet zich, staand op zijn met een voetband uitgeruste surfplank, aan een touw door de jetski voorttrekken om genoeg vaart te maken om een golf te pakken die te groot en te snel was om daar zonder sleephulp in te slagen. Een golf zo gigantisch als je maar eens in je leven meemaakt, een golf als een fenomeen. Toen Doerner zich realiseerde hoe dodelijk deze golf was, wilde hij Hamilton waarschuwen het touw niet los te laten. Maar toen hij zich omdraaide, was het daar al te laat voor.[5]

Hamilton scheerde langs de muur van water, bijsturend om het breken van de golf voor te blijven, maar de machtige golf dreigde hem op te slokken. Hamilton improviseerde. Hij sleepte met zijn voorste hand door het water om zichzelf af te remmen en te voorkomen dat hij te ver omhooggesleurd zou worden, naar de verraderlijke, omslaande top van de golf. Toen de monstergolf brak, verdween Hamilton uit het oog. Hij leek verloren, maar na enkele angstige ogenblikken kwam hij, nog altijd staande, uit de nu uitgeraasde golf weer tevoorschijn.

Op het omslag van *Surfer Magazine* verscheen een foto van Hamilton terwijl hij deze golf bereed, met als onderschrift: 'Oh My God...'. Het berijden van deze golf, die als de krachtigste ter wereld werd beschouwd, is van grote invloed geweest op de geschiedenis van de surfsport. Deze gebeurtenis, waarmee Hamilton naam maakte als de beste 'big wave'-surfer ooit, heeft tot veranderde inzichten geleid in wat op surfgebied mogelijk is.

Wat we van Laird kunnen leren

De tsunami aan informatie die ons overspoelt en in vergelijking waarmee we ons onbeduidend klein en machteloos voelen, is te vergelijken met de golven voor de kust bij Teahupo'o. Nog niet zo lang geleden kon er menselijkerwijs van je verwacht worden dat je het allemaal wel kon bolwerken. Die tijd is voorbij. Wat wel mogelijk is, is dat je zelf de teugels in handen neemt door een andere houding aan te nemen. Beheersing is niet de nauwgezette en afgedwongen controle van een huwelijksplanner die alles tot in de puntjes regelt, maar meer de vaardigheid van een goede surfer, die geniet van wat hij doet, van de uitdaging die de machtige Poseidon hem biedt, die al improviserend de golven berijdt. Een surfer kijkt eerst rustig naar de aanrollende golven voor hij een golf uitkiest en tijdens het berijden van die golf is hij volledig geconcentreerd op wat hij doet. De beheersing van een surfer heeft niets met bedwingen te maken. Toen Laird Hamilton het touw eenmaal had losgelaten, toen hij daar stond, omringd door de kracht van de oceaan, ging het er niet om dat hij die monstergolf zou bedwingen, maar dat hij zich er niet door zou laten overdonderen.

Het verhaal van Laird Hamilton dient als illustratie voor de drie basisvoorwaarden van beheersing. Ten eerste is het noodzakelijk om de behoefte aan controle los te laten, evenals de relatieve veiligheid van het op alles en iedereen reageren. Ten tweede zullen we bereid moeten zijn om lastige, soms zelfs harde keuzes te maken. Zoals geen enkele surfer elke golf aankan, zo zullen ook wij moeten leren kiezen welke golven we aan ons voorbij laten gaan en welke niet. Ten slotte moeten we van drenkelingen duikers worden. In plaats van te worstelen met het gevoel overspoeld te worden, moeten we zelf onze koers bepalen. In plaats van onze aandacht te laten versnipperen, moeten we onze aandacht leren richten.

Loslaten

'Loslaten is mogelijk maken. De wereld wordt gewonnen door wie loslaat. De wereld laat zich niet winnen door wie krampachtig blijft proberen.'

– Lao Tse

De golfrit van Laird Hamilton ging pas van start, kon pas van start gaan, toen hij losliet. Zo eenvoudig was het: het enige wat hij deed was zijn handen van het touw halen. Maar een natuurlijke handeling was dat niet, om de relatieve veiligheid van een gemotoriseerd sleepvoertuig los te laten en in de afgrond van een monstergolf af te dalen. Dat vergde onverschrokkenheid. Dit geldt ook voor het loslaten in een overvol bestaan: het is noodzakelijk en eenvoudig, maar er is moed voor nodig.

Het is niet jouw schuld

Wat is het verschil tussen een optimist en een pessimist? Een van de grootste verschillen is gelegen in het duiden van positieve en negatieve ervaringen en gebeurtenissen. Zo zoekt een optimist een verklaring voor vervelende gebeurtenissen in externe factoren zoals toeval of andere mensen, terwijl een pessimist de schuld voor het nare wat hem overkomt bij zichzelf legt.

Wanneer het je niet lukt om alles te doen wat er van je verwacht wordt, wijt je dit misschien wel aan jezelf, aan een gebrek aan planning, inzet of bekwaamheid. Vanuit de werkomgeving worden dergelijke denkbeelden (hoe subtiel en impliciet dan ook) vaak bekrachtigd: het is onze schuld, we zijn niet efficiënt genoeg, niet georganiseerd genoeg. Ik wijs dergelijke denkbeelden af.

Een gezondere, optimistischere benadering zou zijn om te onderkennen dat ons onvermogen om alles gedaan te krijgen te wijten is aan externe factoren. Je hebt geen vat op de stroom aan informatie, communicatie en verwachtingen die op je afkomt. Er is te veel dat je moet doen en je kunt nu eenmaal niet alles doen. Punt.

Dat er te veel op je afkomt, ligt niet aan jou. Het is dus ook niet jouw schuld dat je niet alles kunt doen.

Gemakzucht

Een van mijn klanten is de manager van een grote organisatie. Hij wordt zeer gewaardeerd, maar is extreem chaotisch. Zijn ongeorganiseerdheid grenst aan het gemakzuchtige. Wat ik zo boeiend vind, is dat zijn gemakzucht op dit gebied geaccepteerd wordt, zelfs op prijs wordt gesteld. Het wordt gezien als iets wat onlosmakelijk verbonden is met zijn visionaire gaven, zijn vermogen het grote geheel te zien en zijn vernieuwende manier van leidinggeven. Als ik erover nadenk, valt het me op dat ik zelden met vrouwen te maken heb gehad die én succesvol én ongeorganiseerd zijn. Als het erom gaat hoe we het minder druk kunnen krijgen, zien mannen en vrouwen zich voor dezelfde uitdaging gesteld, maar als het erom gaat hoe we minder georganiseerd kunnen worden, denk ik dat de uitdaging voor vrouwen groter kan zijn.

In haar geweldige werk over kwetsbaarheid vertelt Brené Brown over hoeveel mensen hun kwetsbaarheid maskeren met een vertoon van perfectie.[6] Dit geldt voor zowel mannen als vrouwen. Maar wat mij opvalt, is dat vrouwen daarbij de lat voor zichzelf hoger leggen dan mannen. Misschien is dit een reactie op de nog altijd heersende vooroordelen waar vrouwen, en vooral moeders, mee geconfronteerd worden. Ik zie vrouwen die briljant zijn in hun werk zich in bochten wringen om aan hun eigen onmogelijke verwachtingen te voldoen. Kortgeleden sprak ik een vrouw in een leidinggevende positie die me vertelde dat ze voor haar gevoel bij een overleg altijd het beste voorbereid moest zijn. Dat is een verschrikkelijke last om te dragen. In haar boek *Wonder Women* beschrijft Debora Spar de enorme druk die vrouwen ervaren om alles perfect te doen: om een perfecte carrière, een perfect leven, perfecte kinderen en een perfect lichaam te hebben.[7] Omdat perfectie onhaalbaar is, zal er iets moeten veranderen.

Vrouwen of mannen die zich kwetsbaar voelen besteden te veel tijd en energie aan het ophouden van een schijn van perfectie en daarmee snijden ze zichzelf in de vingers. Als je je eigen leven wilt beheersen, als je de teugels in eigen handen neemt, moet je die af en toe ook kunnen laten vieren. Je zult moeten aanvaarden dat je een paar ballen zult laten vallen, dat je eens wat vergeet, dat je mensen zult teleurstellen. Je zult niet perfect zijn en dat is ook niet erg. Wat wel erg is en wat uiteindelijk zijn tol zal eisen van jou, je privéleven en je carrière, is de schijn van perfectie blijven ophouden.

Spelen met gemakzucht

Eigenwaarde en zelfvertrouwen put je niet uit perfectie, maar uit het accepteren van imperfectie. Uit het inzicht dat we niet volmaakt zijn, maar dat we, met al onze fouten, goed zijn zoals we zijn. Het is niet erg als we steken laten vallen, want we zijn bekwame en waardevolle mensen. En gebreken horen daarbij.

Om jezelf te leren het ideaal van perfectie los te laten, kun je beginnen met wat speelse experimenten in gemakzucht en imperfectie. Je zult zien dat de wereld echt niet vergaat. Wat dacht je van een experiment waarbij je probeert niet al je e-mails te lezen en te beantwoorden? Daarbij gaat het erom hoeveel nog ongelezen berichten je aan het eind van elke dag hebt of hoeveel vergaderingen je in een week kunt overslaan. Of gooi je to-dolijst het raam uit, vanuit de gedachte dat je de belangrijke dingen sowieso wel onthoudt. Doe het eens zonder een paar van je 'onmisbare hulpmiddelen' bij het afhandelen van je overvolle agenda: laat je smartphone een week thuis en laat je laptop op je werk. Dit zijn niet per se de juiste strategieën voor de lange termijn, maar in geval van een verslaving aan perfectie kan wat speels tegengif geen kwaad.

Je bent goed genoeg.

De inputdominantie voorbij

Waar het bij de meeste mensen misgaat als ze proberen hun tijd efficiënt en georganiseerd in te delen, is dat ze zich op de verkeerde zaken richten. Ik maak in dit verband onderscheid tussen 'input' en 'output'. Zaken als werk dat je opgedragen wordt, informatie die je te verwerken krijgt en verwachtingen waaraan je moet voldoen zijn de 'input'. Onder 'output' valt alles wat je doet. Voor velen van ons geldt dat wat we doen in belangrijke mate wordt bepaald door de input: je schrijft e-mails in reactie op de e-mails die je ontvangen hebt; je woont vergaderingen bij in reactie op uitnodigingen daartoe; je neemt deel aan een project omdat dat aan jou is toegewezen. Als ik mijn klanten vraag waarom ze het druk hebben, noemen ze oorzaken die buiten henzelf liggen. Hun output is in eerste instantie een poging de input af te handelen. Dit is een verkeerde handelwijze en wel om drie redenen:

1. We hebben totaal geen controle over de eisen die aan ons worden gesteld, dus waarom zouden we ons dan aan die eisen onderwerpen?
2. De input zal alleen maar toenemen, je vermogen iets met deze input te doen niet. We zouden net als een surfer naar de golven moeten kijken, zonder zorgen over hoeveel het er zijn, om zorgvuldig te kunnen kiezen welke golf we wel willen pakken en welke niet.
3. De input is betrekkelijk willekeurig en houdt, wanneer je niet zelf de belangrijke van de onbelangrijke zaken scheidt, weinig tot geen verband met wat jij hoopt te bereiken. Je moet de input dan ook niet als leidraad nemen voor waar je je op moet richten.

Wat je kunt beheersen is wat je doet, je output, niet de input. Hoe vaak overkomt het je niet dat je vol van ideeën op je werk aankomt, vast van plan om je tanden in iets belangrijks te zetten? Hoe vaak gebeurt het dan niet dat je aandacht door andere dingen wordt opgeëist, dat je je vaste voornemen moet laten varen, enkel en alleen omdat je een blik in je mailbox hebt geworpen? Je agenda wordt bepaald door de inhoud van je mailbox, niet omdat de binnengekomen mails je aandacht het meeste waard zijn maar omdat ze in je inbox zitten.

Met 'de inputdominantie voorbij' bedoel ik niet dat we alle prikkels tot activiteit van buitenaf maar zouden moeten negeren. Ik bedoel dat we naar een ander evenwicht moeten zoeken. De drijfveer die je tot handelen aanzet moet bij jezelf liggen: wat wil ik bereiken?

Ik heb al geschreven dat het niet onze schuld is dat we niet alles kunnen doen. Maar het zou wél onze eigen schuld zijn als we onze output laten motiveren door externe factoren. Het is terecht dat we ons schuldig voelen wanneer het het eind van de dag is en we ons niet hebben beziggehouden met wat belangrijk is. Het is onze eigen verantwoordelijkheid om ons niet te laten afleiden van onze output, van wat wij willen doen en bereiken. Op de input, die eindeloze stroom van eisen die aan ons worden gesteld, moeten we reageren op de momenten waarop we daar zelf voor kiezen. Als je beheersing wilt ervaren, moet je je agenda niet door de input laten bepalen maar zelf de teugels in handen nemen.

Doen alsof

De meeste mensen gaan ervan uit dat ze hun gedrag makkelijker kunnen veranderen als ze eerst hun overtuigingen en doelstellingen hebben kunnen bijstellen. Maar in veel gevallen werkt het precies andersom: je stelt je overtuigingen makkelijker bij door eerst je gedrag te veranderen. Als je bij jezelf de neiging herkent om je werkzaamheden, je tijd en je aandacht te veel te laten bepalen door input in plaats van door output, hoe kun je daar dan verandering in brengen? Hoe overtuigend mijn pleidooi ook is, het is niet waarschijnlijk dat ik je diepgewortelde en diep ingesleten overtuigingen of angsten aan het wankelen heb gebracht.

In de sociale psychologie is er een term voor de behoefte van de mens om te handelen op een manier die in overeenstemming is met zijn overtuigingen: cognitieve dissonantie. Als we consequent ander gedrag vertonen, gedrag dat niet in overeenstemming is met onze overtuigingen, is er sprake van dissonantie en zullen we ons denken aanpassen om de spanning op te heffen. De bereikte nieuwe overeenstemming zorgt ervoor dat de gedragsverschuiving een blijvend karakter krijgt. Stel je eens voor dat je moet kiezen tussen het kopen van een Ford Focus en een Seat Ibiza. Je weegt zorgvuldig de voors en tegens af en je komt tot de conclusie dat beide auto's even geschikt zijn. Je hebt dus geen voorkeur, maar je kiest voor de Seat. Door dag in, dag uit in je Seat te stappen, geef je je brein de boodschap dat je een voorkeur hebt voor Seats en na enkele maanden kun je je niet meer voorstellen dat je zelfs maar hebt overwogen om een Ford Focus te kopen!

Om een blijvende gedragsverandering te bereiken hoeven we niet eerst onze overtuigingen bij te stellen, maar moeten we gewoon ons gedrag veranderen. Het is dus geen gek idee om te beginnen met ons te gedragen alsóf we al op de gewenste manier denken. Hoe zou je je gedragen als je doet alsof de input die je krijgt niet zo bepalend is voor je output? Wat zou je anders doen als je accepteert dat je niet alles kunt doen, dat alles doen contraproductief is voor je carrière en je geluk?

In antwoord op deze vragen krijg ik van klanten vaak doorsnee (en voor de hand liggende) antwoorden als:

- Ik zou maar twee keer per dag mijn e-mail checken.
- Ik zou een dag in de week thuiswerken om minder afgeleid te worden.
- Ik zou minder vergaderingen bijwonen.

Wat zou jij antwoorden?

Het gaat er niet om zo origineel mogelijk te zijn. Het gaat erom dat je begint met iets wat haalbaar is en wat je ook echt doet en blijft doen. Het kan iets zijn waarvan het belang niet direct duidelijk is, maar alleen al door deze afspraak met jezelf leer je om je prioriteiten te verleggen, om wat minder te reageren op input en je wat meer te concentreren op je output.

Het ontwikkelen van beheersing

In 1967 voerde Martin Seligman, nu hoogleraar psychologie en grondlegger van de positieve psychologie, aan de University of Pennsylvania een laboratoriumproef uit, waarbij de honden die als proefdier fungeerden aan elektrische schokken werden onderworpen. Hun reactie was opmerkelijk. Je zou verwachten dat een hond probeert de pijn van een stroomstootwapen te vermijden. Maar na meerdere schokken ontvangen te hebben, deden de honden niet langer moeite om aan de pijn te ontsnappen, zelfs niet als ze daartoe wel de mogelijkheid hadden. Ze lieten het gewoon gebeuren en jankten alleen. Waarom gaven ze het op?

Op basis van deze waarnemingen ontwikkelde Seligman zijn ideeën over wat hij 'aangeleerde hulpeloosheid' noemde.[8] Deze term verwijst naar het fenomeen dat mensen, net als dieren, het in bepaalde situaties opgeven om iets aan hun situatie te veranderen. Ze accepteren hun rol van slachtoffer en hun onvermogen om controle over de situatie uit te oefenen.

Veel mensen met wie ik in het kader van mijn werk in aanraking kom hebben deze houding. Ze weten dat ze het te druk hebben, dat hun agenda overvol is, dat hun inbox uitpuilt en hun to-dolijst alleen maar aanzwelt. Ze hebben het gevoel dat ze niets anders kunnen doen dan zich nog harder in te zetten, dan een nog betere planning te maken. Als ik hun vraag waarom ze het zo druk hebben, wijten ze dit aan de organisatie binnen het bedrijf waar ze werken, aan de eisen van het moderne ouderschap of zelfs aan hun smartphone. Slechts zelden wijt iemand de drukte aan zichzelf, terwijl daarin nu juist de mogelijkheid schuilt iets te veranderen.

Het doorbreken van de prikkel-responscyclus

Onze reactie op onze omgeving is ogenblikkelijk en gevoelsmatig. Wanneer iemand zich ergerlijk gedraagt, word je boos; wanneer je to-dolijst aan het eind van je werkdag langer is dan toen je die dag begon met werken, voel je je overbelast. Je vergadert je suf, je weet niet meer waar je moet beginnen met het beantwoorden van je mail en voor gewoon werken heb je al helemaal geen tijd. Je voelt je hulpeloos. Een gevoelsreactie is een natuurlijke reactie, maar een gevoel van hulpeloosheid lost niets op. Hulpeloze mensen halen hun schouders op, zeggen tegen iedereen hoe druk ze het wel niet hebben ('arme ik') en ploeteren vervolgens als martelaren voort. Er verandert niets.

Maar het kan ook anders en dat heeft te maken met hoe wij voelen. Zo toonde de neurowetenschapper Amy Arnsten aan dat wanneer we ons aan een situatie overgeleverd voelen, het limbische systeem – het gevoelscentrum in de hersenen – een verhoogde activiteit laat zien, terwijl de prefrontale cortex – het deel van de hersenen dat het belangrijkst is voor ons denken en prioriteiten stellen – juist geblokkeerd lijkt te zijn.[9] Ze stelde echter ook vast dat wanneer we een gevoel van beheersing hebben (ongeacht de daadwerkelijke omstandigheden of verwachtingen), de prefrontale cortex normaal functioneert.

Onze reactie op een situatie hoeft niet automatisch te zijn; we kunnen onze gevoelsreactie veranderen. Of, juister gesteld, we kunnen op de ogenblikkelijke gevoelsreactie reageren met een zelfgekozen, beredeneerde, alternatieve respons, wat ons een gevoel van controle geeft. Dit klinkt misschien theoretisch of academisch, maar het werkt, zelfs in de meest extreme omstandigheden.

> '*Alles kan een mens worden afgenomen, maar één ding niet: de laatste van onze vrijheden, de vrijheid om te kiezen hoe je met een situatie omgaat, de vrijheid om je eigen houding daarin te bepalen.*'[10]

Dit zijn niet de woorden van een hedendaagse zogenaamde goeroe die makkelijk praten heeft. Dit zijn de woorden van Victor Frankl, een psychiater en een overlevende van de Holocaust. Frankl baseerde zich op zijn ervaringen als gevangene in onder meer de concentratiekampen Auschwitz en Dachau, waar hij getuige en zelf ook het slachtoffer was van onvoorstelbare gruwelen. Wat hem als psychiater opviel, was hoe verschillend mensen met hun situatie omgingen. Sommigen gaven de hoop op en pleegden zelfmoord door tegen het prikkeldraad aan te lopen, dat onder stroom stond. Anderen werden agressief en begonnen zich als beesten te gedragen, zoals de 'kapo's', de gevangenen die de bewakers assisteerden bij het handhaven van de orde in het kamp. Maar veel gevangenen trokken zich in zichzelf terug en leefden zo een meer innerlijk leven. Frankl vertelt over hoe zijn vriend, tijdens een zware mars naar de plaats waar de gevangen tewerk werden gesteld, met hem een gesprek begon over hun vrouwen, en hoe hij de rest van de dag, onder het uitputtende lichamelijke werk, koud tot op het bot, met opgezwollen voeten en kapotte laarzen en halfdood van de honger, het beeld van zijn vrouw voor ogen hield, zich voorstelde dat hij met haar praatte, zich haar lach voor de geest haalde. Hij ontvluchtte de verschrikking van het moment en vond een toevlucht in voorbije vreugde en hoop voor de toekomst. Hij vertelt hoe hij en anderen, in een omgeving die niet gruwelijker had kunnen zijn, uit hun bivak snelden, enkel en alleen om een fraaie zonsondergang te zien, om in verwondering naar de lucht te staren, om de schoonheid ervan in zich op te nemen. Zelfs in een situatie waar de dood onvermijdelijk lijkt, waar het leven afschuwwekkend is en de toekomst weinig hoop biedt, behielden deze gevangenen een gevoel van beheersing over één aspect van hun leven: hun gedachten en gevoelens. Frankl kwam tot de conclusie dat we nooit, onder welke omstandigheden dan ook, ons vermogen verliezen om zelf te bepalen hoe we reageren, noch de vrijheid daartoe.

Bepaal zelf je reactie

De hele dag door, bij alles wat je doet, spelen gevoelens een rol, nu eens op de voorgrond, dan weer op de achtergrond. Een gevoel van overstelpende drukte of van onmacht is niet voortdurend even sterk aanwezig, maar steekt het ene moment wat meer de kop op dan het andere moment. De sleutel tot het beteugelen van heftige gevoelens ligt in het herkennen van de prikkels die dit gevoel doen pieken. Je bewust zijn van je emotionele responsen en deze als het ware van een afstandje bekijken, is een eerste stap naar het doorbreken van de automatische prikkel-responscyclus, naar beheersing van dit proces door meer zelf je reactie te bepalen.

Neem het verhaal van een vriend van mij, Simon, die dag na dag onderweg in zijn auto van huis naar werk en van werk naar huis in het drukke verkeer vast kwam te zitten. Elke keer dat hij opnieuw niet verder vooruit kon, voelde hij zich gespannener worden, voelde hij hoe zijn bloed geleidelijk naar een kookpunt steeg. Hij voelde geen irritatie, hij voelde wanhoop. Voor hem stonden deze momenten in de file symbool voor alles waarin hij was teleurgesteld in het leven.

Aan de files kon hij niets veranderen, hij wilde niet van baan veranderen en vanwege zijn gezin wilde hij ook niet verhuizen. Er bleef dus maar één optie voor hem over: hij moest anders reageren op het onvermijdelijke. Na een aantal gesprekken en na enkele dingen te hebben uitgeprobeerd, vond Simon uiteindelijk de oplossing die voor hem het beste werkte: hij zou de tijd die hij in de file zat gebruiken om twee van de dingen te doen die hij al jaren op zijn verlanglijstje had staan: Spaans leren en mondharmonica spelen. Tijdens de rit naar zijn werk luisterde hij naar zijn lessen Spaans en als hij dan in een file vast kwam te zitten, had hij gewoon extra tijd om zich de vervoeging van Spaanse werkwoorden eigen te maken. Tijdens de rit van zijn werk naar huis pakte hij, telkens wanneer hij weer stil kwam te staan, zijn mondharmonica om (toepasselijker kan niet!) de blues te spelen. Hoe onbeduidend dit ook mag lijken, waar het om gaat is dat hij ervoor heeft gekozen om anders op een onvermijdelijke situatie te reageren en dat hij door dit te doen het gevoel kreeg dat hij de situatie beheerste (en het leverde hem ook nog nieuwe vaardigheden op bovendien).

Het omkeren van je motivatie

Is het je wel eens opgevallen dat je de ene keer heel anders reageert op eenzelfde soort ervaring of situatie dan de andere keer? De ene dag kun je je verheugen op een etentje bij een vriend thuis, de andere dag kun je er als een berg tegen opzien; een naderende deadline kan je aanzetten om hard aan het werk te gaan of kan je angst inboezemen en je verlammen.

De door de Britse psycholoog Michael J. Apter ontwikkelde omkeringstheorie biedt een verklaring hiervoor: het wisselend reageren op identieke scenario's is het gevolg van tegengestelde motivaties, de drijfveren die ons tot handelen aanzetten en die bepalend zijn bij hoe we op een situatie of ervaring reageren. Onze motivaties zijn aan verandering onderhevig en daarmee ook onze reactie op een situatie of ervaring. Wat zo interessant is aan de omkeringstheorie is dat ze blootlegt hoe makkelijk het is om van de ene motivatie naar de andere te schakelen wanneer je eenmaal herkent wat er gebeurt.

Als het gaat om bronnen van motivatie zijn hier twee soorten relevant: het 'serieus' gemotiveerd zijn en het 'speels' gemotiveerd zijn. Wanneer we handelen uit 'serieuze' motieven zijn we gericht op het bereiken van ons doel en op resultaten op de lange termijn. Als alles in deze situatie gaat zoals we willen dat het gaat, zijn we kalm en ontspannen; zo niet, dan maken we ons zorgen of voelen we zelfs angst. Handelen we, daarentegen, uit een speelse gemotiveerdheid, dan zijn we gericht op plezier en prikkeling in het nu en, afhankelijk van of we dit wel of niet bereiken, voelen we ons opgewonden en gestimuleerd of juist lusteloos en verveeld.

Drukte vloeit voort uit een te sterke gerichtheid op langetermijndoelen; het gevoel het te druk te hebben hangt samen met de dingen te serieus nemen. De omkeringstheorie leert ons dat we op een situatie die voortvloeit uit een serieuze gemotiveerdheid speels gemotiveerd kunnen reageren. Als we onze motieven als serieus herkennen, kunnen we deze omkeren en het belachelijke van de situatie inzien, kunnen we de lichtheid van het moment ervaren en kunnen we proberen plezier te hebben.

Enkele jaren geleden werd ik gevraagd om een congres te organiseren voor Microsoft. Het was misschien wel het belangrijkste congres uit mijn carrière tot dan toe, waarbij ik aan het hoofd stond van een extern team van twintig ervaren gespreksleiders. De bijeenkomst met honderdtwintig van de hoogste leidinggevenden van Microsoft zou plaatsvinden in Seattle. In de aanloop naar dit congres was ik maanden bezig met de voorbereidingen; tientallen keren had ik een opzet bedacht en weer aangepast. Ik nam de hele zaak zeer serieus. Halverwege het congres nam een scherpzinnige collega en vriendin, Bobbi Riemenschneider, me apart om me feedback te geven. Ze zei dat ze me tijdens de bijeenkomst nog geen enkele keer had zien lachen. Ze zei dat ik er veel te serieus in stond en dat ik het wat speelser aan moest pakken. Wat ik me niet had gerealiseerd was dat ik in mijn vastbeslotenheid om het goed te doen, zo gedreven en ijverig bezig was dat het moment zelf me ontglipte, waardoor ik een minder betrokken, minder prettige en minder flexibele gespreksleider was. Mijn serieuze gemotiveerdheid leidde ertoe dat ik mijn werk minder goed deed.

In de loop der jaren heb ik geleerd om mijn neiging de dingen te serieus te nemen te herkennen. Ik heb ook geleerd dat ik op mijn best ben qua scherpte, creativiteit en betrokkenheid wanneer ik de dingen wat speelser benader. Het vermogen om vanuit een serieuze motivatie om te schakelen naar een speelse motivatie is voor mij een essentieel hulpmiddel geworden. Het helpt mij om beter te denken, beter te presteren en meer te genieten van wat ik doe. Ik stel mezelf vaak de vraag hoe ik dat wat ik aan het doen ben op een luchtigere, speelsere manier kan doen. Het is interessant om te merken dat de ideeën die bij me opkomen wanneer ik me speelser opstel vrijwel altijd mijn meest gewaagde ideeën zijn, en ook mijn meest treffende en vernieuwende ideeën.

Het is niet moeilijk om van gemotiveerdheid te veranderen. Er zijn drie dingen die mij helpen om de omslag te maken: muziek, beweging en het woord 'speelser'. Er gaat niets boven het luisteren naar muziek om je meer op het nu te kunnen richten, om de dingen wat minder zwaar op te nemen. Om beweging te stimuleren heb ik in mijn kantoor een enorm whiteboard aan de muur gehangen. Ik word vanzelf speelser wanneer ik met gekleurde stiften al tekenend met mijn ideeën sta te stoeien. Het woord 'speelser' is ten slotte voor mij de aanzet tot verandering omdat ik dan altijd moet denken aan de feedback van Bobbi.

Om meer beheersing te ervaren moeten we oog hebben voor een al te serieuze motivatie om deze, waar nodig, om te keren tot een speelsere, meer op het nu gerichte motivatie.

STOP MET HET MANAGEN VAN JE TIJD!
KERNGEDACHTEN

Zie jezelf als een ervaren **surfer** en de overvolle wereld als je surfgebied. Om te surfen moet je de overdaad aan eisen van die wereld niet willen reguleren, maar **streven naar een gevoel van beheersing**.

Tijdmanagement werkt niet

- Tijdmanagement helpt je niet om **meer grip te krijgen**; omdat er te veel is wat je moet doen, zul je het **alleen maar drukker** krijgen.
- Tijdmanagement **maakt je niet gelukkiger**; **het versnippert je aandacht**, waardoor het belang van de dingen je ontgaat.
- Tijdmanagement maakt je niet effectiever. Het vermindert je vermogen om prioriteiten te stellen; **het verhoogt je efficiëntie, maar vermindert je effectiviteit**.

Van controle naar beheersing

- **Het is niet jouw schuld** dat je niet alles kunt doen – er is gewoon te veel dat je moet doen.
- **Word wat gemakzuchtiger**. De schijn van perfectie die je ophoudt om je kwetsbaarheid te maskeren werkt uiteindelijk slechts tegen je.
- Je hebt **geen controle over de input, het is de output die**

je kunt beheersen. Laat je niet door de input leiden, maar door je eigen, zelfgekozen output.

Het ontwikkelen van beheersing

- Drukte kan een vorm zijn van **aangeleerde hulpeloosheid**; een hulpeloosheid die ook afgeleerd kan worden.
- **Je hebt de keuze om meer beheersing te ervaren**; je kunt in bijna elke situatie zelf bepalen hoe je reageert en hoe je je voelt.
- **Keer een serieuze motivatie om in een speelse motivatie.** Drukte vloeit voort uit het te serieus nemen van de dingen die je doet; er speelser in staan bevordert je plezier, je creativiteit en je betrokkenheid.

DOEN

Doe alsof

Ga er eens rustig voor zitten en bedenk één ding dat je anders zou doen als je er oprecht van overtuigd was dat je output belangrijker is dan de input die je krijgt. Check je mailbox bijvoorbeeld slechts enkele malen per dag en niet de hele dag door. Doe dat voortaan elke dag zo.

Bepaal zelf je reactie

Probeer te herkennen voor welke prikkels je het gevoeligst bent: op welk moment van de dag of naar aanleiding van welke situatie of handeling voel je je het meest overbelast? Ga na wat je reactie is en bedenk hoe je kunt reageren op een manier die je meer een gevoel van beheersing geeft.

EXPERIMENTEREN

Word gemakzuchtig

Speel met imperfectie. Laat een deel van je e-mails ongelezen, ruim je bureau niet op, verscheur je to-dolijst, laat je smartphone thuis en je laptop op je werk. Probeer het maar eens. De wereld zal heus niet vergaan.

Keer je gemoedstoestand om

Bedenk wat jou helpt om van een serieuze in een meer speelse gemoedstoestand te komen. Dit kan muziek zijn, een omgeving of bepaalde woorden. Probeer dit uit en oefen je erin.

Hoofdstuk 2

Maak keuzes

(Kempvissen en het gevaar van overconsumptie)

De Siamese kempvis komt van nature voor in de rijstvelden van Maleisië en Thailand. Begin negentiende eeuw werd deze soort, onder andere door de koning van Siam (zoals Thailand destijds heette), als aquariumvis gehouden vanwege de vechtlust van het mannetje bij het beschermen van zijn territorium. Mannetjeskempvissen werden tegen elkaar opgezet, waarbij om grof geld werd gegokt wie de winnaar zou zijn. Kempvissen zijn nog altijd populair als aquariumvis, maar tegenwoordig worden ze meer gewaardeerd om hun wijduitstaande, golvende vinnen en schitterende kleuren. Wat ik echter het interessantst vind aan deze vissen is hun eetlust. Een kempvis mag niet te veel te eten krijgen, omdat hij zich anders letterlijk dood zou eten. In tegenstelling tot de meeste diersoorten eten kempvissen domweg door als ze daartoe de kans krijgen; ze lijken niet te weten wanneer ze genoeg hebben gehad.

Je zou kunnen zeggen dat ook drukte het gevolg is van 'niet weten wanneer je genoeg hebt gehad'. Zolang we ons kunnen herinneren heeft de mens de wereld om hem heen ervaren als een wereld van schaarste, een wereld die hem beperkte middelen verschaft en hem begrenst in zijn mogelijkheden. Begrenzingen beperken ons niet alleen, maar beschermen ons ook. In onze hedendaagse, overvolle wereld zijn veel begrenzingen weggevallen. We worden blootgesteld aan een mateloze hoeveelheid kennis, communicatie en prikkels. Deze explosie aan informatie biedt weliswaar nieuwe, ongekende mogelijkheden, maar heeft er ook voor gezorgd dat de verwachtingen hoger liggen en dat de werklast is toegenomen.

Laten we de snelheid waarmee de informatieschaarste zich tot informatieoverdaad heeft ontwikkeld eens afzetten tegen de evolutionaire tijdschaal. De eerste mensachtigen ontstonden ongeveer 2,3 miljoen jaar geleden in Afrika. Twintig jaar geleden kregen we voor het eerst te maken met een overdaad aan informatie. Als de 2,3 miljoen jaar van de menselijke evolutie een kalenderjaar zou zijn, zouden alleen de laatste vier seconden van dat jaar door informatieoverdaad gekenmerkt worden. We hebben nog nauwelijks tijd gehad om ons aan deze nieuwe, overvolle wereld aan te passen. We ervaren de wereld nog altijd als een wereld van schaarste en we nemen alles in ons op wat we maar in ons op kunnen nemen. De Siamese kempvis hoeft maar eten te zien of hij eet het op, of dit nu goed voor hem is of niet. Ook wij lopen het gevaar aan overconsumptie te bezwijken. We hoeven maar een e-mail, sms'je of gemiste oproep te zien of we willen deze informatie consumeren. We lijken niet te weten wanneer genoeg genoeg is.

Heb je er ooit bewust voor gekozen om het zo druk te hebben? Om het ene nog niet af te hebben maar het andere al weer aan te pakken? Is dit het leven dat je ooit voor ogen had? Wanneer we moeilijke keuzes uit de weg gaan voelen we ons machteloos en overbelast. We kunnen ook het gevoel hebben dat we heroïsche slachtoffers zijn, die de overdaad aan informatie stoïcijns ondergaan. Psychologisch gezien zou je drukte als de weg van de minste weerstand kunnen beschouwen. Er is inderdaad te veel te doen, maar dat is niet de reden waarom je het te druk hebt. Je hebt het te druk omdat je niet de juiste keuzes maakt.

Met de vele wegen die voor ons openstaan en het vele werk dat er van ons verwacht wordt, is het nu meer dan ooit belangrijk dat we leren om keuzes te maken, hoe moeilijk deze soms ook kunnen zijn. Als je niet kiest, stapelt alles zich op. Vergelijk het met een verfpalet. Als je maar kleuren blijft toevoegen is de ruimte op een gegeven moment op en zullen de kleuren in elkaar overvloeien, wat juist door de overdaad aan kleuren geen regenboog maar een soort grijsbruine kleur oplevert. Voor kleur in je leven en je carrière moet je een overdaad aan kleuren juist vermijden.

Geen enkele keus is zonder gevolgen, dat is niet anders. Elke keuze voor het ene betekent een keus tegen iets anders. Dat houdt in dat als we proberen alles te doen, we daarmee andere dingen onmogelijk maken. Als we voor drukte kiezen, kiezen we tegen overdenking, creativiteit en gerichte aandacht. Kiezen we tegen een boeiende en invloedrijke carrière. Kiezen we tegen exclusieve aandacht voor ons gezin, tegen het onderhouden van relaties, tegen betrokkenheid. In plaats daarvan zouden we de bewuste keuze moeten maken om sommige dingen niet te doen, om de keuzemogelijkheden in ons privéleven en op ons werk te beperken, zodat we minder dingen met meer aandacht kunnen doen. In plaats van voor meer, zouden we voor minder moeten kiezen; in plaats van voor grijs, zouden we voor kleur moeten kiezen.

Dit hoofdstuk is bedoeld om je te doen stilstaan bij je keuzes met betrekking tot je werk en je manier van leven. Ik wil je laten zien hoe je kunt vermijden dat je achteloos in de drukte meegaat; hoe je de verleiding kunt weerstaan om de weg van de minste weerstand te kiezen, die naar een grijs en te druk leven voert, en hoe je weet wanneer het genoeg is en waar je de grens moet trekken om 'te veel' te voorkomen.

Bedacht zijn op gedachteloosheid

Is het je wel eens opgevallen dat als je tv zit te kijken of aan het kaarten bent en er staat een schaal met chips of nootjes onder handbereik, dat je dan blijft dooreten tot ze op zijn? Dat je je dan niet afvraagt of je eigenlijk nog wel trek hebt? Wat je dan doet is gedachteloos consumeren. Brian Wansink, hoogleraar marketing en toegepaste economie aan Cornell University, vroeg zich af of we dit ook zouden doen als het minder smakelijk eten betrof.[1] Hij deed onderzoek onder willekeurige bioscoopbezoekers, aan wie hij vijf dagen oude popcorn uitdeelde. De ene helft van de onderzoeksgroep kreeg een medium formaat emmer met popcorn, de andere helft een groot formaat. Hoewel geen van de deelnemers de popcorn lekker vond, en een van hen zelfs zei dat hij het gevoel had gehad piepschuim te eten, at 53 procent van de groep die een grote emmer had gekregen meer popcorn dan de vergelijkingsgroep met een kleinere emmer. Toen de deelnemers hoorden aan welk onderzoek ze hadden deelgenomen en wat hiervan de uitkomst was, waren de meesten van hen ervan overtuigd dat de grootte van de emmer geen invloed had gehad op hun eetgedrag. Een deelnemer zei: 'Ik ben daar niet gevoelig voor, voor dat soort dingen.' Daarin vergiste hij zich.

Systeem 1 en systeem 2

In ons dagelijks handelen doen we veel dingen gedachteloos. Bij het kiezen van wat we moeten doen en hoeveel we moeten doen, pakken we vaak de (letterlijk en figuurlijk) voor de hand liggende dingen aan. Op deze manier sparen we energie. Het brein heeft een vernuftige manier ontwikkeld om zuinig om te gaan met de energie die nodig is om beslissingen te nemen. Deze zuinigheid is geen overbodige luxe: hoewel onze hersenen slechts twee procent van ons lichaamsgewicht uitmaken, gebruiken onze grijze cellen ongeveer twintig procent van onze totale lichaamsenergie. Je hersenen zijn qua energieverbruik de fourwheeldrive onder je organen. En de grootste boosdoener is de prefrontale cortex: evolutionair gezien het jongste hersengebied en het deel dat het belangrijkst is bij het nemen van beslissingen. We hebben het dan niet over zomaar een fourwheeldrive, maar over een Hummer! Dat betekent dat rationele keuzes maken hard werken is en ons brein wil voorkomen dat alle energie daarnaartoe gaat.

Het zogeheten systeem 1- en systeem 2-denken[2] is een relatief nieuw onderscheid dat wordt gehanteerd door psychologen, onder wie Nobelprijswinnaar Daniel Kahneman. Systeem 1 is een denken zonder nadenken: snel, automatisch en onbewust. Systeem 2 is een langzame, moeizame manier van denken die bewust plaatsvindt. Beide systemen staan altijd 'aan' wanneer we niet slapen. Systeem 1 is verantwoordelijk voor onze intuïtieve reacties op een situatie, voor wat onze eerste, onmiddellijke indrukken en conclusies zijn. Systeem 2 neemt de tijd om de dingen te overdenken, bekijkt alles wat systeem 1 voortbrengt van alle kanten en verbruikt zo heel wat meer energie dan systeem 1. Over het algemeen worden de indrukken van systeem 1 door systeem 2 overgenomen en krijgen ze, als overdachte indrukken, de status van overtuiging. De door systeem 1 aangereikte intenties worden onder invloed van systeem 2 handelingen. Het denken van de mens is dankzij deze samenwerking tussen beide systemen een uiterst energie-efficiënt gebeuren: het beschouwelijke, bewuste denken maakt maar twee procent uit van al onze mentale processen. Om de eerdere vergelijking met auto's door te trekken: ons denken is als een hybrideauto die 98 procent van de tijd geruisloos en goedkoop op elektriciteit rijdt.

In de meeste situaties werkt dit prima, maar in een wereld waar drukte de sociale norm is en gejaag het standaardgedrag lopen we het gevaar om gedachteloos mee te drijven op de golven van overbedrijvigheid en overconsumptie. Het lijkt wel of we niet anders meer kunnen kiezen dan 'meer'. Zonder erbij na te denken eten we nog meer oude, taaie popcorn, zonder erbij na te denken zitten we alweer met onze smartphone in onze handen, voor nog meer loze bedrijvigheid.

Het rechtvaardigen van gedachteloze keuzes
Voor gedachteloze keuzes geldt dat we ons er niet bewust van zijn hoe gedachteloos ze zijn. Als iemand ons ernaar zou vragen, zijn we er oprecht van overtuigd dat onze gedachteloze keuzes rationele keuzes zijn. Een voorbeeld: in het kader van een onderzoek werd aan vijf hoogleraren gevraagd om hun 885 economiestudenten (ongeveer evenveel jongens als meisjes) op een schaal van een tot vijf naar aantrekkelijkheid in te delen (waarbij vijf voor de hoogste mate van aantrekkelijkheid stond). Uit de resultaten van een daaropvolgende toets bleek dat het gemiddelde cijfer van de studenten die in klasse vier waren ingedeeld 36 procent hoger lag dan dat van de studenten uit klasse twee.[3] Dit verschijnsel wordt wel het 'halo-effect' genoemd, in dit voorbeeld het 'halo-effect van de aantrekkelijkheid'. Als je deze hoogleraren zou vragen waarom de klasse twee-studenten zoveel lager hadden gescoord, zouden ze wijzen op de fouten die deze studenten hadden gemaakt. Ze zouden met een rationele verklaring komen en zich niet bewust zijn van het effect van aantrekkelijkheid op hun beoordelingsvermogen.

Als ik jou vraag waarom je het zo druk hebt, zou je tal van rationele verklaringen kunnen aandragen. Je zou de oorzaak kunnen leggen bij de economische situatie, bij een tekort aan personeel, bij een veeleisende manager of een veel vergend project, of bij de activiteiten op de school van je kinderen en de hulp die van jou als ouder daarbij wordt verwacht. Het punt is: naar jouw idee *is* er een gegronde reden voor je drukte. Je drukte moet voor jezelf en voor anderen te rechtvaardigen zijn. Het enige wat ik je nu vraag is om open te staan voor de mogelijkheid dat een deel van je drukte voortvloeit uit irrationele, gedachteloze keuzes.

De kracht van het 'ja, tenzij'-systeem

Stel je voor dat je net bent begonnen met een nieuwe baan. Het bedrijf waar je nu werkt biedt je de mogelijkheid gebruik te maken van een zeer gunstige pensioenregeling, met een even hoge werkgevers- als werknemersbijdrage. Je krijgt de helft van je pensioen er dus gratis en voor niets bij. Zou jij aan die regeling deelnemen? Je denkt waarschijnlijk dat je antwoord op deze vraag afhankelijk is van de details van deze regeling, van de hoogte van het bedrag waar het om gaat of van je huidige financiële situatie. Maar de vermoedelijk doorslaggevende factor is of je je wel of niet actief moet aanmelden. Uit een door de economen Brigitte Madrian en Dennis Shea uitgevoerd onderzoek kwam naar voren dat als werknemers pas als deelnemers werden aangemerkt als zij daar zelf voor hadden gekozen, slechts twintig procent zich in de eerste drie maanden van hun dienstverband ook daadwerkelijk aanmeldde. Als het deelnemerschap daarentegen automatisch was – het 'ja, tenzij'-systeem – bleek dat na die eerste drie maanden negentig procent als deelnemer geregistreerd stond.[4]

Drukte als passieve keuze

Gedachteloosheid en passieve keuzes gaan vaak hand in hand. Dit geldt in het bijzonder voor drukte, omdat drukte de standaard is. De standaard voor communicatie is om lezend dan wel luisterend iets in je op te nemen en daarop te reageren. Laten we als voorbeeld van communicatie e-mailcontact nemen. Hoeveel e-mails krijg jij op je werk per dag binnen? Het gemiddelde ligt op dit moment op zo'n 200, een aantal dat is verdubbeld ten opzichte van drie jaar geleden. Hoeveel e-mails moet jij krijgen om je te gaan afvragen hoeveel zin het heeft om al je mails te lezen en te beantwoorden: 400, 1600, 12.800? Je zult op een gegeven moment stelling moeten nemen tegen het gedachteloos reageren en vóór het bewust kiezen.

Veel mensen klagen over het grote aantal vergaderingen dat ze 'moeten' bijwonen, over de hoeveelheid tijd die het vergaderen opslokt, over hoe het hun werkritme verstoort. Toch houden weinig mensen zich bezig met het vinden van een oplossing hiervoor. En het is alleen maar lastiger geworden door het gemak van het plannen van vergaderingen via Outlook of Gmail, waarbij de planner inzage heeft in jouw agenda en kan zien wanneer jij tijd hebt, waardoor er ook van je wordt verwacht dat je aanwezig zult zijn. 'Ja, ik kom' is een enkele klik met de muis, 'Nee, ik kom niet' vereist een verklaring. Dit geldt bovenal voor de grootste plaag van het kantoorbestaan: de wekelijkse vergadering. Deze vergadering vindt sowieso plaats, of er nu wel of niets iets te vergaderen valt. En omdat ze vast staat ingepland, als een 'ja, tenzij'-vergadering, wordt iedereen verondersteld aanwezig te zijn – en weer gaat er een uur van je werktijd verloren.

Door hoeveel passieve keuzes wordt jouw leven bepaald? In welke mate wordt dat wat jij doet aangestuurd door onuitgesproken maar algemeen aanvaarde afspraken? Van een aantal van deze passieve keuzes zul je voordeel ondervinden, van andere niet. Samen vormen al deze passieve keuzes een keurslijf.

Een schone lei

Als je met een schone lei zou kunnen beginnen, als je je werk opnieuw vorm zou kunnen geven, hoe zou je werkdag er dan uitzien? Probeer je voor te stellen dat je je werk zo zou inrichten dat je sterke kanten het beste naar voren komen, dat je je uitgedaagd en gestimuleerd voelt en dat je werk en privéleven in prettig evenwicht met elkaar zijn. Had je toen je begon met werken gedacht dat je werk zo gereguleerd zou zijn door stilzwijgende afspraken en gebruiken die niet altijd even praktisch of nuttig zijn? Schrap er een die je verhindert je werk beter te doen en bepaal je eigen handelwijze. Kies ervoor om minder gedachteloos te zijn.

Normatieve sociale invloed

Hoe krijg je hotelgasten zover dat ze hun handdoek niet al na een dag in de was doen? Uit een bekend, door Robert Cialdini uitgevoerd onderzoek naar sociale normen, kwam naar voren dat bij een standaardverzoek om ten behoeve van het milieu de hotelhanddoek meermalen te gebruiken ongeveer 30 procent van de gasten hieraan gehoor gaf.[5] Dit percentage steeg met 26 procent toen in het verzoek werd gesteld dat een meerderheid van de hotelgasten dit ook daadwerkelijk deed. Nog eens 33 procent meer mensen waren bereid hun handdoek te hergebruiken toen hun werd voorgehouden dat juist op hun hotelkamer een meerderheid van de gasten zich milieubewust had betoond. Deze aanpassing aan de sociale norm is iets wat onbewust gebeurt. Dat het beste effect werd bereikt met de meest specifieke oproep heeft ermee te maken dat hoe meer we ons met de ander kunnen identificeren, hoe meer we geneigd zijn het gedrag van de ander over te nemen.

Dat je zoveel werk doet, dat je het voortdurend druk hebt, komt doordat iedereen zoveel werk doet en iedereen het zo druk heeft. Deze normatieve sociale invloed is nog sterker als we onszelf vergelijken met de mensen die we ook echt kennen. Iedereen met wie we in contact komen heeft het ongelooflijk druk. In onze ideeën en ons gedrag worden we enorm beïnvloed door de drukdoenerij van de mensen om ons heen, wat het moeilijk maakt om rustig na te denken over hoe druk we het zelf willen hebben.

Moet je je dan maar niets aantrekken van de norm? In principe is er niets mis met het volgen van de kudde, zolang de kudde de goede kant op gaat. En waar het drukte betreft, gaat de kudde beslist niet de goede kant op. We zullen onze eigen, unieke houding moeten ontwikkelen in reactie op de uitdagingen die ons wachten. We moeten zelf nadenken over een betere manier van communiceren en werken. Voor oplossingen moeten we niet bij de kudde zijn.

Je bewust zijn van de norm

Als je je eigen drukke bedrijvigheid vergelijkt met de bedrijvigheid om je heen, waarin volg je dan wel de norm en waarin niet? Let wel, de 'norm' is niet je eigen rationele verklaring voor je gedrag; het is het gedrag van de groep mensen waar jij deel van uitmaakt. Als er geen verschil is, pas je je in je omgaan met drukte vermoedelijk aan de norm aan, waardoor je ook niet kunt spreken van jouw gedrag. Je hebt je gedrag niet zelf gekozen, je kopieert slechts het gedrag van de groep, net zoals bijen dat doen.

Kies een ander rolmodel

Hoelang is het geleden dat je iemand sprak die vertelde hoe rustig hij het had? Hoelang is het geleden dat je op weg naar je werk in de trein niet werd omringd door mensen die druk bezig waren op hun laptop, tablet of smartphone? Vraag je eens af in hoeverre het gedrag dat je om je heen ziet je beïnvloedt in hoe je zelf met drukte omgaat.

Om jezelf te onttrekken aan de invloed van gedrag dat je bij jezelf juist graag zou willen veranderen, kun je binnen het bedrijf waar je werkt of binnen je vrienden- of familiekring op zoek gaan naar iemand die zich in dat opzicht gedraagt zoals jij je zou willen gedragen. Breng tijd met je rolmodel door en bouw zo een relatie op. Vraag hem (of haar) naar zijn werk en let goed op hoe je rolmodel reageert op bepaalde situaties en hoe hij over drukte denkt. Doe je uiterste best om zijn gedrag tot jouw nieuwe norm te maken.

Word de (andere) norm

De volgende keer dat je met iemand staat te praten over druk zijn en de ander heeft je zojuist verteld hoe enorm druk hij het wel niet heeft, zeg dan eens – gewoon voor de lol – dat je hebt besloten om het voortaan wat minder druk te hebben. (Toe maar, probeer het maar eens!) Zeg dat je hebt besloten om tijd vrij te maken om na te denken, in plaats van maar eindeloos en gedachteloos bezig te zijn. Je kunt heel verschillende reacties krijgen, variërend van schrik of medelijden tot jaloezie, maar dat je een reactie zult krijgen is zeker.

Waag je buiten de kudde (of geef zelf de richting aan).

Druk zijn is de makkelijke keuze

Hoe gedraag jij je bij een lopend buffet? Als je net als ik bent, laad je je bord vol met eten in de meest wonderlijke combinaties van smaken en ga je uiteindelijk zitten met iets wat je naar de keuken terug zou sturen als je het door een ober geserveerd kreeg. Je buffetmaaltijd zou veel smakelijker zijn als je beter wist te kiezen of, om nog een stapje terug te doen, als je jezelf de juiste vragen zou stellen.

Bij het zien van de kip korma stellen we onszelf de vraag of we hier 'wel of niet' zin in hebben. Datzelfde vragen we ons af bij het zoetzure varkensvlees en bij de met rundvlees gevulde hartige taart. Bij mij luidt het antwoord op alle drie de vragen meestal 'ja', met een culinaire ramp als gevolg. Ik had mezelf de vraag moeten stellen in 'welke' van de drie gerechten ik het meeste zin had. Het punt is dat de vraag 'wel of niet?' makkelijker te beantwoorden is dan de vraag 'welke?'. Als ik wel een keuze had gemaakt, had ik mezelf een afschuwelijke maaltijd bespaard.

Druk zijn is je bord volladen met de vreemdste combinaties van gerechten. Druk zijn is de makkelijke keuze maken tussen 'wel of niet' iets doen, waardoor je uiteindelijk 'te veel op je bord hebt liggen'. Bij een overdaad aan dingen die je zou moeten doen, betekent beheersing dat je vaker de moeilijke vraag stelt, dat je vaker de keuze maakt 'welke'.

De gevaren van 'wel of niet'

Paul Nutt, hoogleraar aan de faculteit economie en bedrijfskunde van Ohio State University, wilde doorgronden hoe binnen bedrijven de besluitvorming verliep over belangrijke zaken als de overname van een ander bedrijf. Bedrijfsovernames zijn een kostbare, complexe en riskante aangelegenheid. Van de 168 besluiten tot overname die hij in zijn onderzoek betrok, bleek dat bij slechts 29 procent sprake was geweest van de vraag 'welke' van twee of meerdere bedrijven zou worden overgenomen. Bij de andere 71 procent van de besluiten was alleen de vraag aan de orde geweest of het bedrijf in kwestie 'wel of niet' zou worden overgenomen. Het vervolgonderzoek van Nutt wees uit dat in 52 procent van de 'wel of niet'-besluiten de overname uiteindelijk niet tot stand kwam of mislukte, terwijl dat percentage bij de 'welke'-besluiten met 32 procent beduidend lager lag.[6]

In hun boek *Decisive* (in het Nederlands verschenen onder de titel *Beslist*) halen Chip en Dan Heath dit en andere onderzoeken aan als onderbouwing van hun tweeledige stelling dat we ongemerkt vaker een 'wel of niet'-keuze maken dan een 'welke'-keuze en dat 'wel of niet'-keuzes ondoelmatige keuzes zijn omdat daarbij 'het grotere plaatje' buiten beschouwing wordt gelaten.[7] Dit geldt maar al te zeer voor drukte. Maar er zijn nog twee redenen om huiverig te zijn voor 'wel of niet'-beslissingen wanneer je minder druk wilt zijn. De eerste is dat het antwoord op een 'wel of niet'-vraag vaker 'ja' luidt dan eigenlijk zou moeten, gezien de ruimte in onze agenda (de ruimte 'op ons bord'). Als je voor de beslissing staat of je 'wel of niet' je e-mail checkt, die vergadering bijwoont, je kind inschrijft voor een nieuwe cursus – allemaal zaken die op zich hun nut hebben – ligt het voor de hand dat je met 'ja' antwoordt. En dus krijg je het alleen maar drukker. De tweede reden is dat hoe drukker we het hebben (of hoe meer we gericht zijn op het managen van onze tijd), hoe meer we geneigd zijn onze keuzes te beperken tot 'wel of niet'-keuzes in plaats van de gevolgen van deze keuzes te overdenken.

Chip en Dan Heath omschrijven de 'wel of niet'-keuze als een van de 'kwelgeesten van besluitvorming'. Ik voeg daaraan toe dat het bovendien een van de kwelgeesten van drukte is.

Opofferingskosten

Dwight D. Eisenhower was goed in het nemen van moeilijke beslissingen. Om niet in de valkuil van de 'wel of niet'- keuze te vallen zette hij voor zichzelf en anderen de consequenties van een 'ja' op een rijtje, en woog hij de voors en tegens van een 'ja' voor het een af tegen die van een 'ja' voor andere opties. Zo moest er tijdens zijn eerste termijn als Amerikaanse president een beslissing worden genomen over de aanschaf van bombardementsvliegtuigen. Zijn overweging was als volgt: 'Voor de kosten van één nieuw, modern bombardementsvliegtuig kunnen we in meer dan dertig steden een nieuwe school neerzetten.' In de jaren van zijn presidentschap, vlak na de Tweede Wereldoorlog, zou niemand nee zeggen op de vraag of de regering het arsenaal aan bombardementsvliegtuigen moest uitbreiden. Maar waar het om ging, was of een bombardementsvliegtuig belangrijker was dan dertig scholen.

In economische termen: Dwight D. Eisenhower was zich bewust van de opofferingskosten van zijn beslissingen. Hiermee wordt bedoeld dat wanneer je kiest voor het ene, je iets anders niet kunt doen: je offert dit op. Als ik een nieuwe laptop koop, heb ik misschien niet meer genoeg geld voor mijn voorgenomen reis naar

Las Vegas, of ik moet afzien van de aanschaf van een nieuwe barbecue die ik met een feest voor de buren had willen inwijden. Een goede beslissing nemen houdt in dat je alle alternatieven in overweging neemt en vervolgens kiest 'welke' van alle keuzes die je hebt de meeste prioriteit heeft.

In het kader van een onderzoek naar opofferingskosten bood Shane Frederick zijn onderzoeksgroep een film aan voor de speciale prijs van $ 14,99, een film die per deelnemer was afgestemd op zijn of haar voorkeur. Hij gaf hun de keus tussen:

a) Koop deze film
b) Koop deze film niet

Zoals te verwachten was, koos 75 procent van de deelnemers voor het kopen van de film. Bij een volgende groep verwoordde Frederick keuze b net wat anders: 'Koop deze film niet. De $ 14,99 die je zo hebt uitgespaard kun je aan wat anders besteden.' Deze toevoeging zou iedere volwassene met gezond verstand ook zelf kunnen bedenken en is in feite overbodig. Toch bleek dat enkel en alleen het wijzen op de opofferingskosten van invloed was op de beslissing: het aantal mensen dat besloot de film níét te kopen verdubbelde.[8]

Als je het minder druk wilt hebben, moet je je hoeden voor 'wel of niet'-keuzes omdat de kans het grootst is dat je voor 'wel' kiest. Met je keuze voor extra drukte offer je onherroepelijk iets op, of dat nu tijd is om na te denken, ruimte in je hoofd voor gerichte aandacht of rust om te genieten van de kostbare momenten die je deelt met je dierbaren. Laat je niet misleiden door de meer in het oog springende voordelen van de keus iets wel te doen. De opofferingskosten mogen dan vaak minder direct voelbaar zijn, er is altijd een prijs die je moet betalen.

Om de valkuil van de 'wel of niet'-keuze te vermijden, moet je jezelf voor je ja zegt tegen nog meer werk, nog meer bezigheden, nog meer prikkels, de volgende vragen stellen:

- Wat offer ik op door hiervoor te kiezen?
- Als ik ervoor kies om het niet te doen, waaraan zou ik de tijd en de aandacht die ik zo bespaar dan besteden?

Een goede besluitvorming kost energie

Jonathan Levav, hoogleraar aan de Stanford Graduate School of Business, en Shai Danziger, hoogleraar psychologie aan de universiteit van Tel Aviv, analyseerden ruim duizend rechterlijke besluiten inzake de voorwaardelijke invrijheidstelling van in Israël veroordeelde gevangenen. Bij deze paroolzittingen worden de voors en tegens aan de rechter gepresenteerd, waarna deze vrijwel direct uitspraak doet. De rechters zagen zich bij elke aanvraag voor de complexe taak gesteld de belangen van de gevangene af te wegen tegen de belangen van de gemeenschap, waarbij het in de praktijk zo is dat de beslissing om iemand vervroegd vrij te laten moeilijker te nemen is dan de beslissing om de aanvraag af te wijzen. Uit de cijfers bleek dat elke rechter in gemiddeld een op de drie gevallen besloot tot vrijlating. Wat echter opviel, was dat bij de zaken die 's ochtends dienden in 65 procent van de gevallen tot vrijlating werd besloten, tegen 10 procent van de zaken die 's middags werden behandeld![9]

De verklaring voor dit schokkende, maar zeer menselijke gebrek aan consistentie hangt samen met het verschijnsel 'ego-uitputting'. We beschikken over een beperkte hoeveelheid mentale energie. Wanneer deze hoeveelheid uitgeput raakt door de energievretende wilskracht die nodig is om moeilijke beslissingen zorgvuldig af te wegen, zoals bij de rechters het geval was naarmate de dag vorderde, gaan we het nemen van beslissingen vermijden of maken we de makkelijke keuze.

Energievretende beslissingen

Een gemiddelde werkdag op een doorsneekantoor is behoorlijk belastend voor het brein en in de loop van de dag raakt ons ego dan ook uitgeput. Hoe uitgeputter je ego, hoe kleiner de kans dat je moeilijke beslissingen neemt, dat je helder afgewogen prioriteiten stelt. Het is belangrijk om in te zien dat je op bepaalde momenten van de dag gewoon minder goed in staat bent om beslissingen te nemen over wat je wel en wat je niet moet doen.

'Welke'-beslissingen vergen veel mentale energie en kun je dan ook het best nemen wanneer je brein nog helder en fris is, zoals 's ochtends vroeg. Gun jezelf elke dag, vóór je in de tredmolen van bedrijvigheid stapt, de tijd om helder na te denken over welke taak de meeste voorrang moet krijgen en maak de noodzakelijke harde keuzes met betrekking tot waar je je aandacht op gaat richten. 's Ochtends vroeg is niet het enige geschikte moment van de dag hiervoor. Uit bovengenoemd onderzoek bleek dat de kans op vervroegde vrijlating in de loop van de dag weliswaar daalde, maar dat deze weer toenam na een korte pauze of lunchonderbreking, als de rechters weer hadden 'bijgetankt'. Nadat hun glucoseniveau weer op peil was gebracht, waren de rechters weer beter in staat om de moeilijke keuze te maken. Het is dus goed om regelmatig een pauze in te lassen en iets kleins tussendoor te eten om je energie weer op peil te brengen. Daarna kun je met een verkwikt brein beoordelen wat je tot dan toe hebt gedaan en kun je eventueel je prioriteiten bijstellen.

Verliesaversie

Toen een vriend me vertelde dat hij was begonnen met kitesurfen, deed dat me op de een of andere manier pijn. Ik was niet jaloers op hem en ik misgunde het hem ook niet; het was een gevoel van verlies dat mij trof. In mijn leven is geen ruimte om te kitesurfen (of te skydiven of zelfs maar te golfen). Een van de redenen waarom we zoveel op ons bordje laden is dat we niets willen missen. We hebben er een hekel aan om onze keuzes te beperken.

Dan Ariely zette voor een van zijn onderzoeken een experiment op waarbij hij de deelnemers een computerspel liet spelen. Op het scherm waren drie deuren zichtbaar, een rode, een blauwe en een groene deur. Door op een deur te klikken kon de speler de achterliggende ruimte betreden, waar een klik op de muis wisselende geldbedragen opleverde. Elke deelnemer mocht in totaal honderd keer klikken. De hoogte van de geldbedragen verschilde per ruimte en de uitdaging van het spel lag dan ook in het, met zo min mogelijk klikken, vinden van de ruimte waar het meeste geld te verdienen was, om daar alle resterende klikken te besteden. In een tweede ronde werden de spelregels aangepast. Als een ruimte nu niet door de speler werd gebruikt, begon de toegangsdeur zich te sluiten. Als binnen twaalf klikken deze ruimte niet opnieuw werd betreden, sloot de deur zich definitief. Ons verstand zegt ons dat de beste strategie ook dan is om de ruimte te vinden waar de hoogste geldbedragen te verdienen zijn en om daar te blijven, om de deuren naar de twee andere ruimtes zich te laten sluiten. Toch is dat niet wat mensen doen. Uit het onderzoek van Ariely bleek dat deze aanpassing mensen zenuwachtig maakt, dat ze van de ene naar de andere ruimte gaan, dat ze er vooral op gericht zijn om de mogelijkheid open te houden om alle ruimtes te betreden. Spelers die koste wat kost alle deuren openhielden, haalden een geldbedrag bij elkaar dat gemiddeld vijftien procent lager lag dan dat van spelers die hier niet op inzetten.[10]

Sluit wat deuren

We hebben niet alleen op ons werk maar ook in ons privéleven te lijden onder overbelasting en een teveel aan verplichtingen. We stapelen ons bord boordevol met naschoolse activiteiten voor onze kinderen, met hobby's, met vrijwilligerswerk, met bijscholing of cursussen. We zullen moeten leren accepteren dat we niet alles kunnen doen en dat we dat ook niet zouden moeten willen.

En daarmee zijn we terug bij de beslissing die draait om de vraag 'welke?'. Welke van de activiteiten die je buiten je werk om doet ga je schrappen, zodat je meer gerichte aandacht hebt voor de dingen die je doet en je minder opgejaagd voelt?

Wanneer genoeg genoeg is

Naast zijn proef met vijf dagen oude popcorn voerde Brian Wansink nog andere experimenten uit in zijn onderzoek naar gedachteloos consumeren. Zo deelde hij ook soep uit.[11] Wat de deelnemers niet wisten, was dat er iets raars aan de hand was met de kom waaruit zij hun soep aten: door een gat onder in de kom en de tafel vulde de soep zich telkens tot hetzelfde peil bij. Het overgrote deel van de deelnemers bleef domweg dooreten; ze merkten niet waar voor hen het punt lag dat ze genoeg hadden gehad. Het experiment werd uiteindelijk stilgelegd, omdat te veel deelnemers zichzelf overaten. Als we ons niet als kempvissen willen gedragen, zullen we moeten leren om te weten wanneer het genoeg is geweest.

Herkennen wanneer het genoeg is geweest

We geloven in lineaire oorzaak-gevolgrelaties, maar de econoom Nassim Nicholas Taleb legt uit dat veel dingen in ons leven juist in een niet-lineaire relatie tot elkaar staan. Neem bijvoorbeeld de relatie tussen de hoeveelheid verkeer en verkeersdrukte. Wanneer het rustig is op de weg maken een paar auto's meer weinig verschil. Ook een gestage toename van auto's en vrachtauto's heeft een nauwelijks merkbare invloed op de doorstroom, tot echter het punt wordt bereikt waarbij zich opstoppingen gaan voordoen. Na dat punt betekent elke auto meer een verergering van de opstoppingen en files. Taleb noemt een dergelijke relatie een niet-lineaire of concave relatie.[12] Hierbij geldt dat het effect van een kleine toename bij weinig verkeer nauwelijks merkbaar is, terwijl bij drukker verkeer een toename van dezelfde grootte een steeds sterker effect uitoefent. Het beeld van deze relatie is een curve.

Ik denk dat de relatie tussen de hoeveelheid dingen die we doen of moeten doen en hoe druk we het hebben ook een concave relatie is. Als we iets extra's op onze schouders nemen wanneer we het redelijk rustig hebben, heeft dat weinig invloed op hoe druk we ons voelen. Maar als daar nog iets bij komt en nog iets, komt er een punt waarop het kleinste beetje extra tot een paniekreactie leidt. Misschien zit je al op dat punt. Het is het punt dat het genoeg is geweest. Hoe verder je voorbij dat punt gaat, hoe meer je vermogen om nieuwe dingen aan te pakken afneemt.

Een uniek stempel

Om je te helpen herkennen wanneer je dat punt nadert, heb ik iets bedacht dat ik het 'stempel van drukte' heb genoemd. Naarmate de hoeveelheid dingen die je doet of moet doen toeneemt, zullen er subtiele gedragsveranderingen bij je optreden. Deze veranderingen vinden onbewust plaats en zijn bij iedereen weer anders, maar treden in eenzelfde situatie bij dezelfde persoon telkens weer op: een gevoel van drukte drukt zijn unieke stempel op jou. Het idee is dat als je dit unieke stempel eenmaal in beeld hebt en herkent, je dit kunt gebruiken als een waarschuwingssysteem, zodat je op tijd een stapje terug kunt doen om zo een gevoel van overbelasting en een paniekreactie te voorkomen.

Het beeld dat er bij mij op wijst dat ik het omslagpunt nader, is wanneer ik meer thee ga drinken en daar suiker in ga doen. Wanneer ik het kouder krijg en warme kleren nodig heb. Wanneer ik liever in bad ga dan onder de douche. Wanneer ik dingen begin kwijt te raken. Wanneer ik niet meer goed luister. Bij jou zullen de tekenen anders zijn. In de loop van de tijd heb ik gemerkt hoe nuttig het is om deze gedragsveranderingen te herkennen voor wat ze zijn: waarschuwingssignalen dat het de hoogste tijd is om dingen te veranderen.

Wat is jouw unieke stempel van drukte?

Grenzen bewaken

Voor een van de door mij georganiseerde congressen had ik een onderdirecteur van Microsoft uitgenodigd om te komen spreken over leiderschap. Hij maakte grote indruk op de zaal door hoe hij zijn toespraak opende: 'Ik heb nog nooit een verjaardag van mijn vrouw of van een van mijn drie kinderen overgeslagen. Ik heb nog nooit een vakantie met mijn kinderen overgeslagen. Ik heb nog nooit het vieren van mijn huwelijksdag overgeslagen. Ik heb nog nooit een uitvoering van een schooltoneelstuk van een van mijn kinderen overgeslagen.' En zo ging de lijst maar door. De zaal zat vol met mensen in leidinggevende posities, mensen die stuk voor stuk een groot aantal van deze speciale gelegenheden wél hadden overgeslagen. Ze vroegen zich allemaal af hoe het mogelijk was dat deze man, die leidinggaf aan een van de grootste bedrijven ter wereld, het voor elkaar kreeg om bij al die gelegenheden aanwezig te zijn.

En dat vroegen we hem dus. Hij legde uit dat hij hierover met zijn vrouw en zijn kinderen een wederzijdse afspraak had gemaakt: zij zouden accepteren dat een hogere functie meer verplichtingen inhield, maar deze verplichtingen mochten nooit in de weg staan van bepaalde momenten in hun gezin die onvervangbaar waren. Hij accepteerde dat hij veel moest reizen en hard moest werken, maar dat mocht er nooit toe leiden dat hij een van die onvervangbare momenten zou moeten missen. Het was voor hem een van de manieren waarop hij zijn werk en zijn privéleven in harmonie hield. Met zijn aanwezigheid op die momenten liet hij aan zijn vrouw, zijn kinderen en zichzelf zien waar zijn prioriteiten lagen. Hij legde vervolgens uit dat hij vanuit eenzelfde idee ook afspraken maakte met degenen met wie hij werkte. Voor hij welke functie of taak dan ook accepteerde, wilde hij heldere en vaste afspraken hebben gemaakt over de wederzijdse verwachtingen. Als dit geen acceptabele afspraken waren, wees hij de functie of taak af.

Wees duidelijk

Wat op mij de meeste indruk maakte bij het luisteren naar de toespraak van deze onderdirecteur van Microsoft, was hoe duidelijk hij was over wat hij wel en niet wilde. Zijn functie bracht mee dat hij elke dag moeilijke beslissingen moest nemen. Niet alleen beslissingen die het bedrijf aangingen, maar ook beslissingen die hemzelf aangingen, beslissingen over hoe hij wilde werken. Hij had een duidelijk beeld van welke momenten voor hem van essentieel belang waren om zich verbonden te voelen met degenen die hem het dierbaarst waren; zijn dierbaren accepteerden zijn veelvuldige afwezigheid in het vertrouwen dat hij er zou zijn op die momenten die het belangrijkst waren.

We kunnen niet alles doen of hebben. We moeten grenzen stellen door duidelijke afspraken te maken met onze partner of onze baas, en we moeten daarbij bereid zijn tot compromissen. In de eerste plaats moet je voor jezelf duidelijk hebben welke dingen het belangrijkste voor je zijn, om die vervolgens helder af te kunnen bakenen.

Gebruik je antwoorden op de onderstaande vragen als uitgangspunt voor het bepalen van je grenzen:

- Wat wil je echt, waar het je werk en je privéleven betreft? (Wees duidelijk en precies.)
- Wat wil je opgeven ten gunste van de dingen die het allerbelangrijkst voor je zijn?

De preventieve aanval

De andere functie van het afbakenen van je grenzen is wat ik 'de preventieve aanval' noem. Stel je eens voor dat onze onderdirecteur een telefoontje krijgt van zijn baas, die hem vertelt dat er een probleem is ontstaan en dat zijn aanwezigheid vereist is op een vergadering die is gepland op de verjaardag van zijn dochter. De meesten van ons zouden niet blij zijn met dat telefoontje en dat ook laten merken, maar we zouden naar onze dochter toe stappen en zeggen dat het ons spijt maar dat we er niet zullen zijn op haar verjaardag.

Maar wat zou de onderdirecteur doen? Als een geval als dit zich voordoet, hoeft hij zijn baas alleen maar te herinneren aan hun eerder gemaakte afspraken, die voor beide partijen duidelijk zijn en waarvan beide partijen ook weten hoe belangrijk ze zijn voor de onderdirecteur. Het gesprek zal dan ook algauw een andere wending nemen, waarbij gezocht wordt naar een oplossing voor deze kwestie. De weigering van de onderdirecteur om bij de vergadering aanwezig te zijn is een uitdaging, geen probleem.

Door van tevoren afspraken te maken laat je zien welke dingen belangrijk voor je zijn en hoeveel waarde je daaraan hecht. We respecteren individuen en leiders die helder zijn in wat zij belangrijk vinden en zich daar ook hard voor maken. Met het vastleggen van de regels heb je een preventieve aanval ondernomen die je niet alleen helpt je eigen grenzen te bewaken, maar ook moeilijke gesprekken in de kiem smoort.

Hoe zou jouw lijst met afspraken eruitzien? Heeft jouw baas een duidelijk beeld van wat voor jou de belangrijkste dingen zijn?

MAAK KEUZES
KERNGEDACHTEN

Je hebt er niet bewust voor gekozen om het altijd maar druk te hebben, het is gewoon gebeurd, met de ene na de andere e-mail, en net als de Siamese kempvis lijken we blind voor het gevaar van overconsumptie.

Bedacht zijn op gedachteloosheid

- De meeste keuzes die we maken, maken we op de automatische piloot.
- Er is altijd wel een reden waarom je het zo druk hebt, maar je **drukke bestaan** is voor een groot deel irrationeel en vloeit voort uit **passieve keuzes** of **sociale normen**.
- Als je geen eigen, echte keuzes maakt, kies je voor het gedachteloos reiken naar 'meer', zonder over de gevolgen na te denken.

Druk zijn is de makkelijke keuze

- Te veel van onze beslissingen zijn gebaseerd op **'wel of niet'**-keuzes, waarop het antwoord maar al te vaak 'ja' luidt, met nog meer drukte als gevolg. Om het minder druk te krijgen in plaats van drukker zullen we **meer 'welke'-keuzes** moeten maken.
- Naarmate onze mentale energie uitgeput raakt zijn we meer geneigd tot het nemen van beslissingen waarvoor we geen moeilijke keuzes hoeven te maken. **Wanneer we het druk hebben, is ons brein minder goed in staat om de moeilijke keuze te maken** en te beslissen welke dingen wel en welke niet te doen.
- We maken **betere keuzes wanneer we ons hoofd koel houden** dan wanneer we ons laten opjagen.

Wanneer genoeg genoeg is

- We weten niet goed wanneer het genoeg is geweest en daarom zouden we ons bewuster moeten zijn van bepaalde tekenen bij onszelf die erop duiden dat we het punt naderen waarop het ons te veel wordt.
- Grenzen bieden houvast en voorkomen dat alles wat je doet in elkaar overvloeit tot een grijs en kleurloos geheel; laat anderen weten waar je grenzen liggen door hier van tevoren duidelijke afspraken over te maken.

DOEN

Begin met de moeilijkste beslissing

Bepaal op weg naar je werk, wanneer je nog helder en fris bent, wat voor jou je belangrijkste taak van die dag gaat worden. Laat e-mails en voicemails het eerste uur voor wat ze zijn en concentreer je alleen op die taak. Als een uur te hoog gegrepen is, probeer het dan ten minste een halfuur vol te houden!

Schrap iets

Om je aan de bovengenoemde taak te kunnen wijden, zul je iets moeten laten schieten. Bepaal zelf welke taak je de komende week niet doet.

EXPERIMENTEREN

Sociale normen

Kijk om je heen hoe mensen met drukte omgaan en zoek aansluiting bij iemand die goed omgaat met juist die aspecten van drukte waar jij de meeste moeite mee hebt.

Van de norm afwijken

Wees de uitzondering. Zeg nooit meer: 'Ik heb het druk.' Probeer andere prioriteiten te leggen en ervaar hoe geschokt mensen daarop reageren.

Hoofdstuk 3

Aandachtmanagement
(Zet je grijze cellen aan het werk)

Je brein bestaat uit één tot anderhalve kilo hersenweefsel. Als je het ziet lijkt het niet veel voor te stellen, maar in zijn complexiteit laat je brein zich met niets in het hele universum vergelijken. Hersenweefsel omvat zo'n honderd miljard zenuwcellen en een biljoen steuncellen. Ter vergelijking: het aantal zenuwcellen in je hersenen is net zo groot als het totale aantal mensen dat ooit geboren is. Om je een beeld te kunnen vormen van de berichtenstroom die in je hersenen plaatsvindt, moet je je al die mensen die ooit op deze wereld hebben geleefd voorstellen als fanatieke gebruikers van sociale media, die elke seconde tussen de vijf en vijftig statusupdates delen met hun zevenduizend vrienden op Facebook (elke zenuwcel in je hersenen staat in verbinding met gemiddeld zo'n zevenduizend andere zenuwcellen).

Hoe verbazingwekkend het menselijk brein ook is, het is niet afgestemd op onze moderne werkomgeving, op de overdaad aan uitdagingen, afleidingen en prikkels van het moderne leven. De ontwikkeling van ons brein heeft plaatsgevonden toen de wereld nog een wereld was van eenvoudige keuzes, een wereld met slechts schaarse informatie en afleiding, een pretechnologische wereld.

Zo hadden onze verre voorouders een goed geheugen nodig om zich te kunnen inprenten welke dieren een gevaar voor hen vormden of hoe ze na een jachtexpeditie de weg terug naar huis konden vinden. Ze hoefden niet slim te zijn op de manier zoals wij dat zijn. Ze hoefden niet na te denken over wereldhandelsproblemen, maar ze moesten wel tekenen van gevaar kunnen herkennen en daar snel op kunnen reageren. Met andere woorden, we hebben een behoorlijk goed ontwikkeld geheugen, een wat slechter ontwikkeld denkvermogen en we laten ons makkelijk afleiden.

Afgezet tegen de gigantisch snelle ontwikkelingen op cultureel gebied, verloopt de biologische evolutie van de mens erg langzaam. De verschillen tussen ons brein en dat van onze verre voorouders duizenden jaren geleden zijn minimaal, terwijl onze manier van leven radicaal is veranderd en we gebruikmaken van hulpmiddelen en technologieën die een heel ander beroep doen op onze hersenen. Een goed geheugen is niet meer zo belangrijk: wanneer heb jij voor het laatst een nieuw telefoonnummer in je geheugen geprent in plaats van in je telefoon opgeslagen? Daar staat tegenover dat we onze hersenen in een steeds hoger tempo met steeds meer en steeds complexere informatie belasten. Nooit eerder werden onze arme, overbelaste zenuwcellen zo genadeloos overprikkeld. Nooit eerder eisten we zo'n hoge en voortdurende staat van alertheid van onze hersenen, daarbij geholpen door de 'pings' en de 'trings' als aankondiging van elk nieuw brokje informatie.

Het gaat niet om tijd, maar om aandacht

Edward M. Hallowell, deskundige op het gebied van ADD (Attention Deficit Disorder), omschrijft de symptomen van deze aandachtsstoornis als volgt: 'Mensen met ADD die niet worden behandeld zijn vaak gejaagd, worden overal door geprikkeld, houden van snelheid, raken gauw gefrustreerd, verliezen halverwege een taak of een gesprek hun concentratie omdat iets anders hun aandacht trekt, en stromen over van energie maar vinden het moeilijk om hun aandacht langer dan een paar seconden op een enkel ding te richten... Ze hebben het gevoel dat ze veel meer zouden kunnen als ze de boel maar wat beter op orde hadden... Ze voelen zich niet opgewassen tegen de stapels werk en verplichtingen, ze nemen zich elke dag weer voor om het morgen beter aan te pakken en ze voelen zich over het algemeen drukker dan je je kunt voorstellen.'[1]

Klinkt dit bekend? Je zult lang niet de enige zijn die zich in deze omschrijving herkent. In zijn boek *CrazyBusy* legt Hallowell uit dat er minder verschil is dan we willen erkennen tussen het altijd maar druk zijn en ADD – en dat is een probleem. Maggie Jackson schreef het verhelderende *Distracted*, waarin zij aandacht omschrijft als het fundament van beschaving. Niet alleen ons denken, zo stelt zij, maar ook onze moraal, ons geluk en onze cultuur staan of vallen met onze bereidheid en ons vermogen om diep na te denken, om iets in al zijn complexiteit te overdenken in plaats van alleen de buitenkant te beschouwen, om onze aandacht op één ding te richten in plaats van over tal van dingen te verspreiden. Onze overvolle wereld leidt ons maar al te makkelijk af van het scheppen van nieuwe dingen en het doorgeven van bestaande kennis. Ze uit haar zorg over de mogelijke schadelijke gevolgen hiervan voor onze cultuur: 'Als samenleving dreigen we ons vermogen te verliezen om ons ergens volledig en langdurig op te richten. We glijden als het ware af naar een nieuwe donkere periode in onze geschiedenis.'[2]

Of je nu wel of niet deze zorg deelt, ik denk niet dat iemand kan ontkennen dat onze aandacht hopeloos versnippert door het spervuur aan informatie, prikkels en verwachtingen dat ons brein te verduren krijgt. We zijn er al zo aan gewend om door van alles en nog wat gestoord te worden, dat we het steeds moeilijker vinden om ons op een enkele taak te concentreren. Koffie en Red Bull zijn voor veel mensen vaak al niet meer genoeg. De nieuwste trend wordt wel 'cosmetische neurologie' genoemd: het gebruik van zelfvoorgeschreven ADHD- of narcolepsiemedicijnen, waarmee gezonde mensen hun concentratievermogen verhogen. Een veelzeggend onderzoek onder 1800 studenten wees uit dat 34 procent van hen puur en alleen voor dit doel een middel als Ritalin of Adderall had gebruikt.[3]

Mijn stelling is dat aandachtmanagement veel en veel belangrijker is dan tijdmanagement. We kunnen hopen tijd aan ons werk besteden en we kunnen hopen werk verrichten in de tijd die we aan ons werk besteden, maar om impact te maken, om iets te verrichten wat er echt toe doet of om betekenisvolle relaties op te bouwen, moeten we onze optimale aandacht inzetten. Laten we niet vergeten dat ons denkvermogen ons meest waardevolle vermogen is: de gave om het kaf van het koren te scheiden, om complexe problemen op te lossen en nieuwe ideeën te ontwikkelen. De gave die we hebben om volledig in het moment op te gaan is de meest voldoening schenkende gave waarover we beschikken, omdat die ons in staat stelt om ergens waarlijk van te genieten, om momenten te koesteren, om betrokkenheid te ervaren. Om ons leven te leven zoals we het zouden willen en om onze dromen te realiseren, zullen we moeten leren om bewuster met onze aandacht om te gaan.

Gerichte aandacht

Het altijd maar druk hebben is niet goed, maar dat wil niet zeggen dat een vol en actief leven niet goed zou zijn. Velen van ons willen dingen die alleen te bereiken zijn door hard te werken. Er is echter een groot verschil tussen intensief en gericht bezig zijn met iets wat je aandacht verdient en het voortdurend druk bezig zijn met dan weer dit en dan weer dat. Het gaat om kwaliteit van aandacht, niet om kwantiteit. Een dag of een leven gevuld met projecten, interacties en ervaringen waar je volledig in op kunt gaan, is een dag of een leven welbesteed. Dat is beheersing.

Eén ding tegelijk

Is het je wel eens opgevallen dat je, als je onder het lopen een gesprek voert via je mobiele telefoon, bij een lastige vraag stilstaat om na te denken? Je staat stil om je beperkte hoeveelheid mentale energie volledig ten dienste te stellen van je prefrontale cortex. Eind negentiende eeuw is door de wetenschapper J.C. Welch zelfs aangetoond dat denken ons lichamelijk zwakker maakt! Welch vroeg de deelnemers aan zijn onderzoek om zo hard ze konden op een hefboom te drukken. Hun drukkracht werd door hem opgemeten. Vervolgens liet hij dezelfde mensen de drukproef herhalen, maar deze keer liet hij hun tegelijkertijd een mentale inspanning leveren. Het bleek dat wanneer mensen echt diep nadenken, ze op dat moment tot wel vijftig procent minder fysieke kracht kunnen uitoefenen.[4]

Omgekeerd geldt hetzelfde, zoals werd aangetoond door Harold Pashler. Deze gerenommeerde hoogleraar psychologie aan de University of California zette een onderzoek op waarbij mensen eveneens een fysieke en een mentale inspanning moesten leveren. De deelnemers bleken slechter te presteren zodra ze meer dan één ding tegelijk probeerden te doen, zelfs als het twee verschillende inspanningen betrof.[5] Pashlers conclusie was dat dit deels te verklaren is aan de hand van het zogeheten dubbeletaakparadigma: onze hersenen zijn er niet op ingesteld om twee taken tegelijkertijd uit te voeren, ze interfereren dan met elkaar. Multitasken, zo bleek, kan de prestaties van studenten aan de masteropleiding van Harvard University terugbrengen tot het niveau van een achtjarige.[6] De enige manier om optimaal te presteren is om je aandacht op één ding tegelijk te richten.

Een opgeruimd hoofd

Twee boeddhistische monniken waren samen onderweg toen ze bij een rivier kwamen. Aan de oever stond een mooie vrouw. Ze wendde zich tot de monniken en vroeg hun om haar de rivier over te dragen zodat haar kleren niet nat zouden worden. Het was de monniken verboden om vrouwen aan te raken en de eerste monnik zei haar dan ook dat het hem speet maar dat hij dat niet kon doen. De tweede monnik aarzelde echter niet, tilde haar op en droeg haar de rivier over. De twee monniken liepen weer verder. Na vele uren en kilometers gelopen te hebben vroeg de eerste monnik aan de tweede monnik waarom hij de vrouw gedragen had. Hierop antwoordde de tweede monnik: 'Ik heb haar de rivier over gedragen, wat maar een paar stappen vergde, jij draagt haar al vele kilometers met je mee.'

In de inleiding heb ik het gehad over het Zeigarnik-effect en over hoe je door slechts enkele minuten over een onderwerp na te denken een 'bestand' in je brein creëert dat 'open' blijft staan, dat ergens op de achtergrond aanwezig blijft, zolang het onderwerp niet door jou is afgehandeld. Op deze manier kun je je brein vast warm laten lopen voor een probleem waarvan je weet dat je er de volgende dag een oplossing voor zal moeten vinden. Er zit echter ook een minder positieve kant aan het Zeigarnik-effect. Open bestanden vragen aandacht, aandacht die mentale energie kost, wat ten koste gaat van je denkkracht. Open bestanden maken van je brein een rommelig geheel. De tweede monnik kon in de zen van de wandeling opgaan omdat hij het bestand met betrekking tot de vrouw had gesloten.

David Allen haalt het beeld aan van de aap, het boeddhistische symbool van de onrustige geest.[7] In een brein gevuld met 'open bestanden' springen onze gedachten van taak naar taak, van idee naar idee, zoals een aap van tak naar tak slingert. We zeggen ook dat we 'veel aan ons hoofd hebben' wanneer we een hoop gedachten, zorgen en onvoltooide zaken met ons meedragen. Het 'executieve aandachtsnetwerk' weet dan niet meer waar het de aandacht naartoe moet leiden. Een onrustig brein heeft moeite om de aandacht te richten.

In *Getting Things Done* reikt David Allen zijn lezers een eenvoudig maar effectief middel aan om een hoofd dat te vol is wat leger te maken. Hierover heb ik het in de inleiding al kort gehad, maar het is zo'n waardevol hulpmiddel dat ik er hier nog wat nader op inga. Ik noemde het een 'breindepot', maar Allen heeft het over een 'verzamelbak'. Een bak als een prullenbak, waar je dingen in gooit. Een verzamelbak is geen to-dolijst; het dient puur en alleen als systeemloze opbergplaats. Dat is ook het mooie ervan. Als je besluit iets in je verzamelbak te doen, kun je het verder loslaten. Alles ligt daar bij en door elkaar: klein en groot, dringend en belangrijk, dagelijkse onbenulligheden, creatieve ideeën en nieuwe manieren van aanpak. Wat belangrijk is, is dat je je verzamelbak altijd bij je hebt, of dat nu is in de vorm van een notitieboekje of een smartphone als de moderne variant daarvan. Als zich dan iets voordoet – een opdracht die je krijgt, een belangrijke gedachte die zich aandient of iets wat je moet doen – hoef je het niet te onthouden, maar kun je het veilig opbergen in je verzamelbak. Je zet het uit je hoofd en je hoeft er verder niets mee te doen. Je houdt je hoofd op deze manier opgeruimd, waardoor je prefrontale cortex alle ruimte heeft om zijn taak te verrichten.

Het idee van een verzamelbak werkt alleen als je er ook echt op kunt vertrouwen dat je er wat mee doet. Maak er dus een gewoonte van om je verzamelbak op gezette tijden te legen. Als je dat niet doet, zal je brein er niet meer gerust op zijn om de dingen los te laten. De meeste mensen waar ik in het kader van mijn werk mee te maken heb nemen een keer per dag de tijd om de inhoud van hun verzamelbak eens goed te bekijken. Wat je bij het bekijken van die inhoud niet moet vergeten, is dat het niet een to-dolijst is. Wat je vooral aan zult treffen, zijn losse gedachten en ideeën die je nu met enige afstand kunt beschouwen om weloverwogen te beslissen wat je ermee doet. Je zult merken dat er dingen bij zitten die je gewoonweg kunt schrappen, dat er dingen bij zijn die je een plekje geeft in de map 'Ooit/misschien', zoals Allen dat noemt, en dat er dingen zijn die je besluit aan te pakken. Het gebruik van een verzamelbak is voor mij een praktische en eenvoudige methode gebleken om mijn hoofd opgeruimd te houden, wat me in staat stelt om meer gericht te zijn op het moment zelf en op de dingen die er echt toe doen.

Geef je denken vorm

Heb je wel eens geprobeerd om in je hoofd een schaakpartij te spelen? Dat is ontzettend moeilijk omdat je niet alleen moet nadenken over de volgende zet, maar ook moet onthouden waar alle schaakstukken staan. Het is veel makkelijker als je dat niet als beeld in je gedachten hoeft vast te houden, maar gewoon voor je ziet. Met een schaakbord voor je neus onthef je je brein van de taak om te onthouden waar alle stukken staan en kun je al je denkvermogen inzetten om te bepalen wat de beste zet is. Dit geldt niet alleen voor een partijtje schaken, maar ook voor je werk. Al het denkwerk dat je noteert, neemt geen plaats meer in in je brein, waardoor je over meer denkkracht kunt beschikken.

Mijn whiteboard is ook in dat opzicht een van mijn belangrijkste hulpmiddelen. Telkens wanneer ik merk dat ik in mijn hoofd begin vast te lopen, dat ik in hetzelfde kringetje blijf denken, spring ik overeind, pak ik een stift en verwoord ik de verschillende aspecten van het complexe probleem waarmee ik worstel op mijn whiteboard, dat daarmee fungeert als een fysiek schaakbord. Als ik het probleem in mijn hoofd zou proberen op te lossen, moet ik drie dingen tegelijk doen: ik moet het probleem in al zijn verschillende aspecten voor ogen houden, ik moet mijn gedachtegang daarover zo helder mogelijk zien te krijgen en ik moet het probleem oplossen. En dit allemaal tegelijkertijd. Door alle informatie waarover ik beschik op mijn whiteboard vorm te geven, bevrijd ik mijn brein van de last al deze informatie te onthouden. Op mijn whiteboard kan ik deze informatie ook ordenen, zodat ik al mijn mentale energie kan richten op het oplossen van het probleem. Dankzij mijn whiteboard ben ik slimmer!

Opgaan in het moment

Toen Laird Hamilton het touw losliet om de golf te pakken, maakte hij zich niet druk om zijn inbox, om zijn bedrijf of om wat hij die avond te eten zou maken. Hij had zijn aandacht honderd procent gericht op wat hij op dat moment aan het doen was. Het is de taak van een sportpsycholoog om sporters te helpen zich honderd procent te concentreren, om zo op de toppen van hun kunnen te presteren. Een sporter die 'in de zone' is, is in topvorm: hij laat het beste van zichzelf zien omdat hij volledig opgaat in wat hij doet. Dat is niet altijd een makkelijke opgave. Net als iedereen hebben ook sporters met tal van afleidingen te maken die hen uit hun concentratie kunnen halen.

Hoe lukt het dan toch om vaker ergens helemaal in op te gaan? Hoe lukt het om optimaal te presteren? Dr. Daniel Gucciardi en adjunct-hoogleraar James Dimmock van de University of Western Australia hebben onderzoek gedaan naar prestatie onder druk bij beroepsgolfers. Van de onderzoeksgroep vroegen ze de helft van de deelnemers om zich bij het zwaaien te concentreren op drie specifieke delen van hun lichaam, zoals hoofd, schouders, knieën (... en tenen?). De andere helft gaven ze de opdracht om zich op een enkel aspect van hun totaalprestatie te concentreren, bijvoorbeeld hoe moeiteloos of soepel hun spel is. De spelers uit beide groepen presteerden goed binnen een situatie waarin ze geen mentale druk ervoeren. Hier kwam verandering in toen de druk werd opgevoerd in de vorm van geldprijzen. De topgolfers die aandacht besteedden aan drie aspecten van hun zwaai begonnen slechter te presteren, terwijl de groep die zich slechts op één aspect hoefde te focussen even goed bleef presteren als tevoren.[8]

Je zou denken dat de golfers die gericht letten op drie aspecten van hun zwaai hierdoor ook makkelijker geconcentreerd bleven op hun spel. Zodra ze echter mentale druk ervoeren, vergde deze aandachtspreiding een te grote cognitieve inspanning en blokkeerden ze. Er ging mentale energie verloren door de gedachtesprongen die ze moesten maken tussen hoofd en schouders. Ze moesten te veel denken, waardoor ze 'uit het moment' werden gehaald.

Om te kunnen blijven opgaan in wat je doet, moet je je enkelvoudig blijven focussen. Dat houdt in dat je je op één ding tegelijk moet richten. Daarnaast moet je gericht zijn op het 'hoe' van wat je doet. Gerichtheid op één enkel aspect van een bezigheid, een aspect waarin je je kunt ontwikkelen, vergt precies die mate van cognitieve inspanning om je optimaal te kunnen concentreren op wat je doet en daardoor 'in de zone' te komen. Als ik voor een complexe taak sta als het voorbereiden van een presentatie of het opstellen van een voorstel, en ik stel mezelf de uitdaging om de presentatie of het voorstel 'verrassend' te laten zijn of zelfs 'mooi', dan merk ik dat het me makkelijker valt om op te gaan in wat ik doe.

Stop het malen

Als het je niet lukt om volledig op te gaan in wat je doet, kan de oorzaak daarvan zijn dat het 'maalt' in je hoofd: je angsten en zorgen, je piekergedachten, alles kolkt in je hoofd rond als in een wasmachine. Het is een rotgevoel, het put je uit en het vermindert je denkkracht. Zoals ik eerder schreef kun je voor open bestanden gebruikmaken van een verzamelbak om je hoofd leger te maken, maar wanneer het om gevoelens gaat werkt dat vaak niet. Dit malen in je hoofd wordt maar al te vaak beschouwd als het logische gevolg van het met te veel dingen bezig zijn, iets wat pas ophoudt wanneer je alle lopende zaken hebt afgehandeld. Maar dat is niet waarom het in je hoofd maalt. En wat belangrijker is, er is een eenvoudige manier om het te stoppen.

Onder begeleiding van psycholoog Roy Baumeister werkte een promovendus aan Florida State University aan een interessant promotieonderzoek.[9] Hij vroeg een groep studenten na te denken over hun eindexamen en liet een controlegroep nadenken over het feest waarmee het schooljaar zou worden afgesloten. Van de testgroep die over het examen moest nadenken, vroeg hij bovendien de helft van de studenten een leerplan voor zichzelf op te stellen. Niemand kreeg de tijd om echt te leren.

Om te kunnen bepalen met welke open bestanden de studenten in hun hoofd rondliepen, gaf hij elk van de proefpersonen een reeks van woordfragmenten waarvan ze hele woorden moesten maken. De woordfragmenten (zoals 'uit****') waren zo bedacht dat er even makkelijk studiegerelateerde woorden (uitslag) van te vormen zijn als woorden die niets met leren of school te maken hebben (uitgang). De verwachting was dat de groep studenten die door het nadenken over hun eindexamen een studiegerelateerd bestand hadden aangemaakt meer studiegerelateerde woorden zouden vormen dan de groep die de opdracht had gekregen over het eindfeest na te denken. En dat was ook zo. Maar dat gold niet voor de groep die vervolgens een studieplan had moeten opzetten. Zij bleken het bestand 'Eindexamen' gesloten te hebben en vormden net zoveel studiegerelateerde woorden als de controlegroep. Het eindexamen maalde niet langer door hun hoofd.

Om het malen in je hoofd tegen te gaan, moet je om te beginnen jezelf erop betrappen dat je aan het malen bent – en er vervolgens mee stoppen door even de tijd te nemen om een plan van aanpak met jezelf af te spreken voor datgene waarover je loopt te malen. Wat je daarnaast kunt doen is om, net als veel mensen met wie ik werk, niet te wachten tot je aan het malen slaat, maar om op gezette tijden (bijvoorbeeld aan het begin of het eind van je werkdag) een plan van aanpak te maken. Het opstellen van een eenvoudig plan kost niet veel tijd, maar is het beste middel om je geest te bevrijden van de last van openstaande bestanden zodat je je kunt concentreren op dat wat je doet.

... of structureer het malen in je hoofd

Ad Kerkhof is hoogleraar klinische psychologie, psychopathologie en suïcidepreventie aan de Vrije Universiteit te Amsterdam. Hij doet al ruim dertig jaar onderzoek naar zelfdoding, naar de gebeurtenissen en de gedachten die ertoe leiden dat iemand besluit een eind aan zijn leven te maken. Wat hem opviel was dat een suïcidale crisis gepaard gaat met extreme piekergedachten over het eigen leven. Als behandelaar heeft hij een aantal eenvoudige, op de cognitieve gedragstherapie gebaseerde technieken ontwikkeld die echt werken. Een van zijn strategieën bleek zo effectief dat hij wilde weten of hij daarmee ook mensen kon helpen die in veel mindere mate last hadden van malende gedachten. Zijn onderzoek hiernaar heeft uitgewezen dat zijn piekerstrategie ook werkt bij mensen die lijden aan een relatief milde vorm van tobben.

Kerkhof raadt ons aan om actief en bewust te piekeren gedurende een afgebakende periode: een piekerkwartier 's ochtends en een piekerkwartier 's avonds, in plaats van je de hele dag door je piekergedachten te laten plagen. Tijdens je piekerkwartier maak je een lijst van de dingen waar je mee zit en denk je daarover na. Wanneer het kwartier voorbij is, stop je daarmee.[10] Telkens wanneer zich in de loop van de dag een piekergedachte aandient, zeg je tegen jezelf dat je daar nu niet verder over gaat nadenken, maar bewaar je haar voor je piekerkwartier. Wat je in feite doet, is je gepieker uitstellen.

Dit lijkt misschien een vreemd idee, maar uit de ervaring van talloze mensen is gebleken dat het werkt. Zoals Tom Borkovec, hoogleraar psychologie aan Penn State University, het zegt: 'Als je loopt te piekeren, schiet je er weinig mee op wanneer iemand tegen je zegt dat je niet zo moet lopen piekeren... Maar als iemand tegen je zegt dat je je gepieker even moet uitstellen, dan is dat iets waar je wat mee kunt.'[11] Deze techniek van het gecontroleerd piekeren is een vorm van stimuluscontrole. Door je piekergedachten een eigen vaste plek te geven, word je ze de baas en voorkom je dat ze je andere gedachten beïnvloeden. Je bent vrijer in je denken.

Aandacht vasthouden

Als ik achter mijn bureau zit, ligt er een wereld aan mijn voeten waarvan tot voor kort zelfs de rijkste heersers slechts konden dromen. Een wereld aan informatie, tv-programma's en bizarre filmpjes met koorddansende honden. De vrije beschikking die ik over deze wereld heb, kan maar al te makkelijk leiden tot een verspilling van mijn leven, tot een gedachteloze en betekenisloze consumptie van informatie. Het enige wat me daarvoor behoedt en wat me in staat stelt deze stroom aan informatie van nut te laten zijn voor een psychisch gezond en productief leven, is het centrale executieve netwerk van mijn brein. Onze evolutionaire ontwikkeling toont aan dat we maar al te zeer gespitst zijn op nieuwe kansen, nieuwe mogelijkheden. Bij aandachtmanagement gaat het er dan ook niet alleen om je ergens volledig op te kunnen richten, maar ook om je aandacht vast te houden, om je niet te laten afleiden door nieuwe dingen, om je gedurende langere tijd op een enkele taak te blijven richten.

Beperk het schakelen

Multitasken kan 'twee dingen tegelijk doen' betekenen, maar de term wordt veel vaker gebruikt in de betekenis van voortdurend schakelen tussen taken. Telkens wanneer je je met iets anders gaat bezighouden, heeft je brein eerst tijd nodig om zich te heroriënteren. De tijd en energie die het brein kwijt is om er weer 'in' te komen, noemen we het schakelverlies. In de inleiding van dit boek heb ik al verteld over het onderzoek van David Meyer naar tijd verlies bij multitasken. Zijn eindconclusie was dat een enkele schakeling tussen taken weliswaar slechts een klein verlies oplevert, maar dat dit verlies bij voortdurend heen en weer schakelen, zoals dat bij multitasken vaak gebeurt, kan oplopen tot gemiddeld veertig procent.[12]

Grote porties

De les die we hieruit kunnen trekken is eenvoudig: we kunnen meer doen binnen dezelfde tijd als we ons langer op één taak tegelijk richten. Hoe vaker we heen en weer schakelen, hoe meer werk we ons brein bezorgen en hoe minder mentale energie er overblijft om te denken. We moeten onze tijd in grotere porties opdelen, om grotere porties werk aan één stuk te kunnen verrichten in plaats van beetje bij beetje. Teresa Amabile, hoogleraar bedrijfskunde aan de Harvard Business School, heeft hier uitgebreid onderzoek naar gedaan onder negenduizend mensen die werkzaam zijn binnen de creatieve sector. De resultaten wezen uit dat mensen betere ideeën ontwikkelden wanneer ze een groot deel van de dag aan één project werkten.[13]

Dit klinkt misschien voor de hand liggend, maar voor ons gevoel is het dat niet. Ons gevoel zegt ons juist dat het vele schakelen tot betere ideeën leidt. Telkens wanneer ons brein zich heroriënteert komt er een kleine hoeveelheid dopamine vrij, een neurotransmitter die je een goed gevoel geeft en waardoor je het gevoel krijgt dat je effectief en efficiënt bezig bent. Hoe meer we heen en weer stuiteren tussen het schrijven van een verslag, het aannemen van de telefoon en het lezen van e-mails, hoe effectiever we ons voelen. Hoe sneller we schakelen, hoe meer dopamine er vrijkomt. We moeten leren om onderscheid te maken tussen de dopaminekick van multitasken en het prettige gevoel dat je krijgt wanneer je iets hebt gedaan en je daar tevreden over bent. De dopaminekick houdt de illusie in stand dat we goed bezig zijn. Hoezeer we onszelf voor de gek houden werd voor het voetlicht gebracht door Jonathan B. Spira, een analist bij het bedrijfskundig onderzoeksbureau Basex. Hij schatte dat alleen al in de Verenigde Staten de inefficiëntie en ineffectiviteit ten gevolge van multitasken onder kenniswerkers op jaarbasis een verlies betekende van 28 miljard arbeidsuren.[14]

Verdeel je werktijd in grote porties. Hoe complexer de taak waar je mee bezig bent, hoe groter de portie ononderbroken tijd die je ervoor vrij moet maken. Onderbrekingen heb je natuurlijk niet altijd in de hand, zo kan je baas je bijvoorbeeld komen storen, maar je moet jezelf in ieder geval ten doel stellen om zo ruim mogelijke porties tijd vrij te maken, zodat je ongestoord je aandacht kunt richten op dat wat je doet.

... en het is geen kwestie van oefening baart kunst

Als je dit nu leest en je denkt bij jezelf: 'Oké, ik snap het idee, maar multitasken is iets wat ik al jaren doe... Ik ben erin geoefend,' zou ik je willen vragen toch ook het volgende in overweging te nemen. Je kunt je brein in veel denkfuncties oefenen, maar niet in multitasken. Aan Stanford University is hier onderzoek naar gedaan door een groep ervaren multitaskers en een groep die daar minder ervaring in had eenzelfde multitasktest te laten uitvoeren. De verwachting was dat de deelnemers die in hun dagelijkse werkzaamheden gewend waren om te multitasken beter zouden presteren, maar tot grote verbazing van de onderzoekers bleek juist het tegendeel het geval, ze presteerden slechter dan de deelnemers uit de controlegroep.[15] De verklaring hiervoor is dat geharde multitaskers minder goed in staat zijn om het kaf van het koren te scheiden, waardoor ze te veel aandacht besteden aan niet-relevante en onbelangrijke informatie. Hoe meer je multitaskt, hoe makkelijker je je aandacht verspilt en hoe minder goed je kunt denken. Blijf dus gerust multitasken als je dat per se wilt, maar zeg niet dat je niet gewaarschuwd bent: multitasken vermindert je denkkracht en je prestaties.

Vermijd afleiding

Hoe vaak schakel jij tijdens je werk van de ene taak over op de andere? Wat je antwoord ook is, de kans is groot dat je schatting lager is dan de werkelijkheid. Uit een onderzoek dat is uitgevoerd aan het Boston College en waarvan de resultaten zijn gepubliceerd in het vaktijdschrift met de geweldige naam *Cyberpsychology, Behavior, and Social Networking*, is gebleken dat het werkelijke aantal onderbrekingen tijdens het werken gemiddeld tien keer zo hoog is als mensen zelf denken.[16] Zo werden de deelnemers aan het onderzoek aan het werk gezet achter een computer, in een ruimte waar ook een tv aanstond. De onderzoekers legden op beeld vast hoe vaak de blik van de deelnemers van het ene naar het andere scherm schakelde. De deelnemers schatten zelf dat ze ongeveer elke vier minuten wel even naar het tv-scherm hadden gekeken. Uit het beeldmateriaal bleek echter dat dit gemiddeld elke veertien seconden gebeurde! Een onderzoek onder kantoorpersoneel wees uit dat mensen gemiddeld niet langer dan drie minuten hun aandacht bij een taak houden.[17] Hoe zorgelijk dit is wordt nog eens onderstreept door een onderzoek van Gloria Mark, hoogleraar informatica aan de University of California, waaruit naar voren kwam dat mensen die hun werk moeten onderbreken voor een telefoongesprek of voor het lezen van een e-mail gemiddeld 23 minuten nodig hebben om weer op hetzelfde aandachtsniveau aan hun taak verder te kunnen werken.[18]

Sommige onderbrekingen zijn onvermijdelijk, maar vaak ligt de oorzaak van de afleiding bij onszelf. Uit het onderzoek van Gloria Mark bleek dat 44 procent van de onderbrekingen door onszelf geïnitieerd is.[19] Als we eerlijk zijn, zullen we moeten toegeven dat al dat heen en weer schakelen in veel gevallen helemaal niet nodig is, maar dat we een nieuwe taak gewoon uitdagender vinden, en een eenvoudige taak aanlokkelijker dan een geestelijk inspannende taak als diep nadenken. Zonder al te veel weerstand reageren we op de eerste de beste 'ping' van onze inbox of laten we ons verleiden tot een praatje, in plaats van ons te blijven concentreren op ons denkwerk.

Wat nog beter is dan afleiding weerstaan, is afleiding vermijden. Het eerste wat je dan kunt doen is de e-mailmelder uitschakelen, maar om langere tijd echt ongestoord te werken zou je ook je mailprogramma kunnen sluiten. Je kunt je telefoon op stil zetten, of op zijn minst de berichtmeldingen uitschakelen. En als dat nog niet voldoende is, kun je je telefoon uit het zicht leggen. Zo hoorde ik van een vriend dat zijn vrouw hem er regelmatig op aansprak dat hij zo afwezig kon zijn als ze samen waren, dat hij zich soms meer bezighield met zijn smartphone dan met haar. Ze spraken toen af dat als ze samen uit eten gingen, hij zijn telefoon niet meer naast zich op tafel zou leggen. En het werkte; hij was veel meer op hun samenzijn gericht.

Wat zijn voor jou de grootste afleidingen en hoe zou je deze kunnen vermijden?

Korte metten

Om de ruimte te creëren om je langere tijd op een enkele taak te kunnen richten, moet je vaak eerst bepaalde andere dingen afgehandeld hebben. Onder de e-mails die ik dagelijks binnenkrijg, zit zelden een bericht dat mijn dag op zijn kop zet, maar dat betekent nog niet dat ik het me kan veroorloven om mijn mails maar niet te lezen. Wat ik met deze en andere eenvoudige taken doe, is deze heel doelgericht benaderen en er korte metten mee maken. Ik ruim deze afleidingen bij wijze van spreken uit de weg om me weer volledig op mijn prioriteiten te kunnen richten.

Ik heb drie regels opgesteld voor het uit de weg ruimen van dergelijke onvermijdelijke taken:

- Neem hiervoor vaste tijden. Kijk bijvoorbeeld, verspreid over de dag, alleen op vaste tijden naar binnengekomen e-mails. Dit geldt ook voor andere, vergelijkbare taken. Werk niet eerst een to-dolijstje af voor je met het echte werk begint. Voor wat belangrijk is, heb je geen to-dolijstje nodig.
- Beperk de tijd die je aan deze dingen besteedt. Het ligt in de aard van bijzaken om je het zicht op de hoofdzaken te doen verliezen. Stel jezelf een deadline en zorg dat je een klok bij de hand hebt. Zo snoep je niets af van de tijd die je wilt vrijhouden voor de hoofdzaken en het helpt je om geconcentreerd bezig te zijn met het uit de weg ruimen van alle afleiding.
- Volg voor het afhandelen van deze bijzaken de tweeminutenregel van David Allen: als je iets in twee minuten of minder tijd kunt afhandelen, doe het dan direct. Het afhandelen kost dan namelijk minder tijd dan ervoor zorgen dat je het niet vergeet.

Hernieuwde aandacht

Spieren zijn ervoor gemaakt om na een activiteitspiek weer tot rust te komen. Ze zijn dan ook weinig geschikt voor een continue, zelfde inspanning, zoals je merkt als je langdurig je armen uitstrekt. Al vrij snel voelt dat zeer ongemakkelijk. Hetzelfde geldt voor ons brein: het werkt het best wanneer inspanning wordt afgewisseld met rust. Een hartfilmpje met pieken en dalen geeft een goed beeld van de manier waarop je je brein (evenals trouwens de rest van je lichaam) optimaal gebruikt. Maar in het drukke leven van vandaag de dag zie je dit ritme niet terug. Veel mensen bevinden zich vanaf het moment dat ze opstaan tot ze gaan slapen in een constante staat van drukte – als een rechte lijn op een hartfilmpje.

Een van de grootste belemmeringen voor het inzetten van al onze denkkracht is wat Linda Stone onze 'voortdurend verdeelde aandacht' noemt.[20] We verdelen onze aandacht omdat we niets willen missen. We zijn voortdurend alert op nieuwe informatie, nieuwe berichten, nieuwe prikkels, nieuwe bedreigingen. We zijn voortdurend verbonden en we proberen voortdurend om zo efficiënt mogelijk te zijn.

Hiermee ondermijnen we ons denkvermogen en ook ons aandachtsvermogen, want onze aandacht raakt gefragmenteerd, wordt gehaast en nietszeggend. Om beheersing te ervaren moet je dan ook beslist niet voortdurend alert en honderd procent geconcentreerd zijn. Wat je moet doen is je dag een ritme geven, waarbij de pieken van gerichte inspanning en aandacht gevolgd worden door rust voor herstel.

Maar wat is het juiste evenwicht tussen geconcentreerd bezig zijn en rust? Uit een recent onderzoek dat is uitgevoerd door de makers van DeskTime, een app die toont hoe productief je werkt, is naar voren gekomen dat 52 minuten gericht werken afgewisseld met 17 minuten pauze de optimale verdeling is voor de hoogste productiviteit.[21] Daarmee wil ik niet zeggen dat je een strak '52-17'-werkritme moet aanhouden, maar dat je op tijd voor afwisseling moet zorgen. Tijdens de rustperiode die volgt op activiteit kan je lichaam zich ontspannen en kan je aandachtsnetwerk zich hergroeperen.

Onwillekeurige aandacht

Nu we weten hoe belangrijk aandacht is, is het de vraag hoe je je aandacht weer op peil krijgt wanneer die is uitgeput. Deze vraag heeft psycholoog Stephen Kaplan geïnspireerd tot het ontwikkelen van de 'aandachtshersteltheorie'[22], waarbij hij onderscheid maakt tussen selectieve en onwillekeurige aandacht. Selectieve aandacht is doelgericht en vereist inspanning van het executieve netwerk van ons brein om erop toe te zien dat alle aandacht zich concentreert op een enkele taak. Onwillekeurige aandacht is de aandacht die we schenken aan de dingen die als vanzelf onze aandacht trekken, zoals de schoonheid van een zonsondergang. De aandachtshersteltheorie leert dat door je aandacht de vrije loop te laten na een periode van doelgerichte aandacht het executieve netwerk van je brein zich kan herstellen.

In samenwerking met Marc Berman en John Jonides onderzocht Kaplan het hersteleffect van verschillende soorten pauzes. De deelnemers aan dit onderzoek moesten tijdens hun werkpauze een wandeling maken, waarbij een deel van de onderzoeksgroep een route volgde door een drukke stad en een ander deel door een bosrijke omgeving wandelde. De resultaten wezen uit dat de proefpersonen die een boswandeling hadden gemaakt na hun pauze een meetbaar betere mentale prestatie leverden, terwijl dit niet het geval was bij de proefpersonen die een stadswandeling hadden gemaakt.[23] De reden hiervoor is dat je bij een wandeling door druk verkeer je aandacht erbij moet houden om niet door een auto aangereden te worden. De ontspannende aanblik en geluiden van een bosrijke omgeving nodigen juist uit om je aandacht de vrije loop te laten, waardoor je ook het aansturingssysteem van je doelgerichte aandacht een pauze gunt.

De moraal van dit verhaal is niet dat een bosrijke omgeving essentieel is voor aandachtsherstel, maar dat je brein na een periode van gericht en aandachtig werken gestimuleerd moet worden om onwillekeurige aandacht te schenken. Je brengt je aandacht niet weer op peil met een pauze die je besteedt aan whatsappen, tv-kijken of een spelletje Angry Birds, omdat dit allemaal bezigheden zijn die concentratie vergen.

Herstel inplannen

De gedreven werknemers van de Boston Consulting Group moesten min of meer gedwongen worden om vrije tijd in te plannen. Ze zouden één avond per week niet werken, dat was de afspraak, hoe druk ze het ook hadden. Zelfs deze minimale maatregel veroorzaakte paniek bij de werknemers. Ze waren bang dat ze klanten moesten teleurstellen, dat het werk zich zou opstapelen of dat het hun carrière zou schaden. De resultaten wezen echter uit dat de tevredenheid van klanten was toegenomen en de carrièrekansen waren gestegen. Bovendien hadden de werknemers meer het gevoel zich in hun werk te kunnen ontwikkelen en een waardevolle bijdrage te leveren.[24] Door vrije tijd in te plannen verhoog je de kans dat je je er ook aan houdt. Kijk eens naar je werkschema en probeer pauzes in te plannen.

We zijn meer dan ons brein

Met de toename aan kenniswerk dreigt het gevaar dat we vergeten dat we meer zijn dan ons brein. We brengen een groot deel van onze tijd zittend door, niet alleen op ons werk maar ook in onze vrije tijd. Om je aandacht weer op peil te krijgen, moet niet alleen je brein maar ook je lichaam herstellen. Waar je dan mee kunt beginnen is met je ademhaling. Linda Stone heeft ontdekt dat tachtig procent van de mensen niet goed ademhaalt wanneer ze typen (een schrikbarende gedachte gezien de hoeveelheid tijd die ik alleen al

Brandstof Je kunt jezelf opladen door water te drinken en wat te eten. Ongeveer de helft van de mensen heeft in meerdere of mindere mate een watertekort. Zorg er dus voor dat je voldoende water drinkt. Wat ook goed is, is om iets te eten wat langzaam verterende koolhydraten bevat, zoals noten of bonen, die hun energie meer gedoseerd afgeven.	**Emotie** Wat je herstel enorm bevordert, is een verandering van gevoelssfeer. Hiervoor kun je gebruikmaken van muziek, een gesprek of een activiteit. (Zie voor de omkeringstheorie onder het kopje 'Het omkeren van je motivatie').
Beweging Als je tijdens het werken fysiek passief bent geweest, moet je allereerst bewegen. Stimuleer je hart door even niet te denken en je lichaam aan het werk te zetten. Maak een wandeling, rek je uit of neem de trap. Het maakt niet uit wat je doet, als je je lichaam maar in beweging brengt en goed en diep ademhaalt.	**Aandacht** Simpel gesteld zijn er twee soorten aandacht: selectieve, doelgerichte aandacht en onwillekeurige, diffuse aandacht. Als je scherp geconcentreerd bezig bent geweest, moet je je aandacht tijdens je pauze de vrije loop laten; als je voor je werk naar je scherm hebt zitten turen, ga dan niet tijdens je pauze naar Google, Twitter of Facebook, maar gun je brein de kans te herstellen.

met het werken aan dit boek typend heb doorgebracht!). Dit stokken van de adem bij het mailen, werken, maar ook spelen achter een computer noemt ze e-mailapneu.[25] Wat je dus moet doen is opstaan, in beweging komen en ademhalen! Zorg ervoor dat je lichaamsoefeningen in je routine inbouwt, al is het maar de trap op lopen. Dat helpt je om beter te ademen en om je aandacht weer op peil te brengen.

Optimale pauzes

Als je je maar moeilijk een pauze kunt veroorloven, hoe zorg je er dan voor dat je er zo veel mogelijk baat bij hebt? Er zijn vier dingen die je kunnen helpen om zo goed mogelijk gebruik te maken van de periode van aandachtsherstel voor je opnieuw aan de slag gaat.

... en slaap

Cheri Mah, van Stanford University, liet in het kader van haar onderzoek naar de relatie tussen sportprestaties en slaap een groep topbasketbalspelers eerst enkele weken hun normale slaap-waakritme volgen. Vervolgens vroeg ze hun om vijf tot zeven weken achtereen langer te slapen dan ze gewend waren: om tussendoor dutjes te doen en om te proberen zo'n tien uur per nacht te slapen. Het effect hiervan was dat de spelers tot wel negen procent vaker raak wierpen.[26] Slaap is belangrijk. Slaap herstelt je aandacht, waardoor je beter kunt presteren. Toch slapen we eerder te weinig dan te veel met onze huidige jachtige stijl van leven. Dit gebrek aan slaap betekent een prestatieverlies dat alleen al de Amerikaanse economie jaarlijks naar schatting 63 miljard dollar kost.[27]

Doe wanneer dat mogelijk is tussendoor een dutje. Ik woon zelf het grootste deel van het jaar in Spanje en ik ben dan ook een groot liefhebber van siësta's! Wat ik je echter ook kan adviseren is de raad te volgen van Arianna Huffington, een groot voorstander van voldoende slaap: zet een wekker... zodat je weet wanneer het tijd is om naar bed te gaan.

AANDACHTMANAGEMENT
KERNGEDACHTEN

In zijn complexiteit laat je brein zich met niets in het universum vergelijken. Maar hoe verbazingwekkend het ook is, het is niet afgestemd op de overdaad aan uitdagingen, afleidingen en prikkels waaraan je het blootstelt.

Hoe effectief we zijn en hoe gelukkig we ons voelen hangt direct samen met ons vermogen om iets onze optimale aandacht te schenken, met onze gave om in het moment op te kunnen gaan. Aandachtmanagement is dan ook veel belangrijker dan tijdmanagement.

Ons aandachtssysteem omvat drie netwerken: het executieve netwerk helpt ons de aandacht te richten, het oriënterende netwerk staat open voor nieuwe dingen en 'leidt de aandacht af', en het waaknetwerk houdt bij of de aandacht nog op peil is.

Gerichte aandacht

- Onze hersenen zijn er niet op ingesteld om twee taken tegelijk uit te voeren. Multitasken kan de prestatie van een Harvard-masterstudent terugbrengen tot het niveau van een achtjarige.
- Richt je aandacht op één ding tegelijk door andere dingen **uit je hoofd te zetten** en door **je gedachten te noteren**.
- **Help jezelf om meer op te gaan in wat je doet door je te richten op één enkel aspect van waar je mee bezig bent.**
- **Stop het malen in je hoofd door een plan van aanpak te bedenken met betrekking tot datgene waarover je loopt te malen.**

Aandacht vasthouden

- Het voortdurend heen en weer schakelen tussen verschillende taken maakt je niet productiever maar vertraagt de snelheid waarmee je werkt tot wel veertig procent.
- Beperk het schakelen tussen verschillende taken door je werktijd in grotere porties te verdelen, zodat je langere tijd ononderbroken en ongestoord aan een enkele taak kunt werken.
- Oefening baart niet altijd kunst: hoe meer je multitaskt, hoe sneller je je laat afleiden.

Hernieuwde aandacht

- Het brein is als een spier: het werkt het best wanneer inspanning wordt afgewisseld met rust.
- Met onze **'voortdurend verdeelde aandacht'** bieden we ons aandachtsvermogen niet de kans zich te herstellen.
- De beste manier om je aandacht weer op peil te krijgen is om pauzes in te lassen en deze pauzes te gebruiken om je aandacht de vrije loop te laten.

DOEN

Verdeel je werktijd in grotere porties

Begin vandaag nog met het opstellen van een werkschema waarbij je langere tijd ononderbroken aan een enkele taak kunt werken. Om niet afgeleid te worden schakel je de notificaties van je e-mail en je telefoon uit.

Korte metten met je e-mails

Plan verspreid over de dag een beperkte hoeveelheid tijd in om je e-mails en andere berichten af te handelen. Kies voor dit werk, dat vaak wat minder concentratie vereist, die momenten van de dag waarop je aandacht al wat verslapt en bewaar de momenten waarop je brein op zijn helderst is voor de belangrijkste dingen.

EXPERIMENTEREN

Slaap

Zet een wekker om je te waarschuwen wanneer het tijd is om te gaan slapen!

Malen

Pak de volgende keer dat je jezelf erop betrapt dat je aan het malen bent pen en papier en bedenk een plan van aanpak voor wat er door je hoofd spookt. Het is niet alleen een praktische oplossing voor waar je mee zit, het biedt je hoofd ook ruimte om te denken.

Hoofdstuk 4

Onderhandelen voor je leven

(Geef je grenzen aan)

In 1962 stond de wereld gevaarlijk dicht bij de afgrond. Sovjetschepen met kernkoppen aan boord waren onderweg naar Cuba, waar al was begonnen met de bouw van raketlanceerinstallaties die op de Verenigde Staten gericht stonden. De vraag was hoe de Amerikaanse president, John F. Kennedy, hierop zou reageren. Zou hij toestaan dat de raketten Cuba bereikten en daarmee het risico lopen dat het Amerikaanse vasteland onder direct bereik van kernraketten kwam te liggen, zou hij preventief de aanval inzetten en Cuba bombarderen en binnenvallen, of zou hij de weg openen naar onderhandelingen? Hij was verstandig en koos niet voor de optie het gevaar te negeren. Gelukkig koos hij er ook niet voor om Cuba binnen te vallen, want de Amerikanen zouden zijn opgewacht door een troepenmacht van tweehonderdvijftigduizend goedgetrainde Cubaanse soldaten plus veertigduizend Sovjetsoldaten. Waar hij wel voor koos, was om te onderhandelen. Door behendig manoeuvreren aan beide zijden werd een kernoorlog maar ternauwernood voorkomen.

Iedereen heeft een keus wanneer hij zich geconfronteerd ziet met een mogelijk gevaar, of dat nu raketten zijn of een spervuur aan informatie, prikkels en verwachtingen. Je kunt het gevaar accepteren en maar zien wat er gebeurt, zoals de meesten van ons doen. Je kunt er ook voor kiezen om terug te slaan, om je ontslag in te dienen en te zeggen: 'Bekijk het maar.' Maar wat je ook kunt doen, is het gesprek hierover aangaan. Het is opmerkelijk hoe vaak mensen hier afkerig van zijn. Ze zijn dan bang om als verliezer uit de onderhandelingen te komen of dat aan het licht komt dat ze gesteld zijn op hun vrije tijd – iets wat ze liever geheimhouden uit angst dat men hun zou verwijten niet voldoende betrokken te zijn bij het bedrijf. Het gevolg hiervan is dat ze over hun eigen grenzen heen gaan.

Ook in je privéleven heb je de keus om te onderhandelen. Met de mensen die voor jou het belangrijkst zijn kun je afspraken maken over een juiste verdeling van je tijd en je energie. Kies je ervoor om wat langer te werken, om je zoon met zijn huiswerk te helpen, je dochter bij het voetballen aan te moedigen of om zelf naar de sportschool te gaan? De andere gezinsleden zullen nooit precies kunnen invoelen waar jij je door belast voelt, zoals jij ook hun perspectief nooit honderd procent zult begrijpen. Gesprekken hierover zullen dan ook vaak niet gemakkelijk zijn.

Wanneer je op een gegeven moment zover bent dat je niet maar domweg met de drukte mee wilt blijven drijven en je niet je heil wilt zoeken in radicale oplossingen, zul je het gesprek niet uit de weg kunnen gaan. Voor dat moment wil ik je in dit hoofdstuk wat handvatten bieden.

Onderhandel je een weg uit de drukte

In een onvergetelijke scène uit de Monty Python-film *The Life of Brian* zien we Brian op de vlucht voor Romeinse soldaten. In een wanhopige poging aan hen te ontsnappen wil Brian zich vermommen met een valse baard. Wanneer hij de marktkoopman vraagt hoe duur de baard is en hem het gevraagde bedrag aanbiedt, reageert de koopman met: 'Ho, wacht even. Het is de bedoeling dat je nu gaat afdingen.' Wanneer de koop eindelijk is gesloten, biedt de koopman Brian als extraatje een kalebas aan waarvoor hij tien sjekel vraagt. Wanneer Brian direct akkoord gaat, moet de koopman hem weer uitleggen: 'Nee, nee, nee, nee. Die kalebas is helemaal geen tien sjekel waard. Je moet nu iets zeggen als: "Tien? Daarvoor? Ben je gek!"'

In al zijn absurditeit beeldt deze sketch precies uit wat mensen zich standaard bij onderhandelen voorstellen: pingelen en argumenteren. Maar dat is niet waar het bij onderhandelen om gaat, zouden Roger Fisher en William Ury van het Harvard Negotiation Project daartegen inbrengen (uiteraard zonder daarover in discussie te treden!).[1]

Stel je een vrouw voor in een managersfunctie die zojuist voor haar werk op reis is geweest. Ze heeft een congres bijgewoond over het thema 'levensbalans'. Hierdoor geïnspireerd wil ze een gezonder en fitter leven gaan leiden. Ze is nog maar net thuis of ze deelt haar man mee dat ze direct een flink eind gaat hardlopen. Haar liefhebbende echtgenoot – die tijdens haar afwezigheid in zijn eentje het huishouden draaiende heeft gehouden en voor de kinderen heeft gezorgd – reageert hierop met de mededeling dat hij er hoognodig even tussenuit moet en dat hij nu met wat vrienden gaat afspreken. Als beiden doen wat ze willen doen, blijft er niemand over om voor de kinderen te zorgen. Wat in zo'n situatie gebruikelijk is, is dat er wordt gepingeld en geargumenteerd (of geruzied).

In hun boek *Getting to Yes* (in het Nederlands verschenen onder de titel *Excellent onderhandelen*) zetten Fisher en Ury een manier van onderhandelen uiteen waar beide partijen baat bij hebben. Dit win-winmodel is volgens mij ook de beste basis voor onderhandelingen die ertoe kunnen leiden dat je niet langer door drukte geleefd wordt. De door hen gepropageerde methode van 'principieel onderhandelen' is gestoeld op het blootleggen van de belangen die aan de wederzijdse posities ten grondslag liggen en op het zoeken naar oplossingen die het wederzijds belang dienen.

Concentreer je op onderliggende belangen

Bij elke onderhandeling geldt voor beide partijen dat ze bepaalde belangen of principes hebben en dat ze door te onderhandelen hopen dat aan hun belangen wordt tegemoetgekomen. Elke partij neemt daarmee een 'positie' in. Wanneer de onderhandeling zich op deze posities concentreert, wordt het tussen de twee partijen een kwestie van argumenteren en pingelen. In het geval van de bovengenoemde manager en haar echtgenoot neemt de manager de positie in 'ik wil hardlopen, nu' en neemt haar echtgenoot de positie in 'ik wil er even tussenuit, nu'. Het is duidelijk dat er geen oplossing is waarbij beiden hun positie kunnen behouden. Bij positioneel onderhandelen is er ofwel een winnaar en een verliezer of er wordt een compromis gesloten (wat neerkomt op twee verliezers).

Bij principieel onderhandelen wordt er een oplossing gezocht die is gebaseerd op de onderliggende belangen. Als de manager, bijvoorbeeld, niet zou inzetten op het 'nu willen hardlopen', maar in plaats daarvan zou vertellen over haar wens een beter evenwicht te creëren tussen werk, privéleven en ontspanning, zou haar man vermoedelijk heel anders reageren. De kans is groot dat hij het een mooi voornemen vindt en haar daarin wil steunen. Omgekeerd is het zo dat als hij zijn vrouw zou hebben verteld hoe uitgeput hij zich voelde van het zorgen voor de kinderen en hoe opgesloten hij zich de afgelopen dagen heeft gevoeld, ook zij anders zou hebben gereageerd. Zijn vrouw zou dergelijke gevoelens hebben herkend en ze zou begrijpen dat hij behoefte had aan het gezelschap van volwassenen.

Wanneer de onderliggende belangen eenmaal helder zijn, ligt de weg open naar een win-winoplossing. De echtgenoten hoeven zich niet langer als tegenstanders van elkaar op te stellen, waarbij elk zijn eigen positie verdedigt, maar kunnen samenwerken in het vinden van een oplossing die recht doet aan de behoeften van beiden. Wat bijvoorbeeld een onderhandelingsresultaat zou kunnen zijn, is dat ze besluiten om samen met de kinderen naar het park te gaan. Dat ze een voetbal meenemen en daar een spel gaan doen (om tegemoet te komen aan de behoefte aan beweging). Ze zouden voor daarna een oppas kunnen regelen om 's avonds met z'n tweeën uit eten te gaan (om tegemoet te komen aan de behoefte er even tussenuit te zijn). Het punt is dat voor de meeste behoeftes en belangen geldt dat er meerdere manieren zijn om eraan tegemoet te komen. Als we onze belangen tot uitgangspunt van een onderhandeling maken, staan er ineens veel meer wegen open om samen oplossingen te bedenken waar niemand zich de verliezer bij voelt (en zonder dat beiden iets van hun belang hebben hoeven inleveren).

Ga op zoek naar verenigbare belangen

Heb je wel eens voor advocaat van de duivel gespeeld? Wat je als advocaat van de duivel doet, is argumenten aandragen voor een standpunt dat ingaat tegen het standpunt van een ander. Als iemand bijvoorbeeld beweert dat Diego Maradona de beste voetballer ooit was, zou jij (ook al heb je daar geen uitgesproken mening over) puur om een levendige discussie te beginnen daartegen in kunnen brengen dat jij vindt dat Edson Arantes do Nascimento, beter bekend als Pelé, de beste voetballer ooit was. Wat er dan gebeurt is interessant: hoe langer de discussie duurt en hoe meer argumenten je moet aanvoeren, hoe meer je er zelf van overtuigd raakt dat Pelé inderdaad de beste voetballer ooit was. Dit heeft niets te maken met hoe overtuigend je argumenten zijn (je tegenspeler in de discussie is juist meer en meer overtuigd van Maradona's ongeëvenaarde kwaliteiten), maar alles met cognitieve dissonantie: als de opvatting die we zo krachtig beargumenteren niet in overeenstemming is met onze gedachten, passen we onze gedachten aan om de spanning op te heffen. Het is makkelijker om jezelf te overtuigen dan een ander!

Bij deze manier van onderhandelen, waarbij de een de ander van zijn mening wil overtuigen door het aandragen van argumenten, is de kans groot dat beide partijen zich alleen maar harder gaan opstellen. Een werkbare overeenkomst tussen beiden wordt dan steeds onwaarschijnlijker. Wat je in plaats daarvan kunt doen, is op zoek gaan naar verenigbare belangen en deze als uitgangspunt nemen voor het vinden van een oplossing die voor beide partijen aanvaardbaar is.

Stel dat je nieuwe afspraken wilt maken op je werk, vanuit een behoefte om meer tijd echt vrij te hebben om met je vrienden en je gezin door te brengen. Het is niet zo dat je minder wilt gaan werken; waar het je om gaat is dat het vaak laat wordt, dat je veel tijd aan reizen kwijt bent en dat je ook ’s avonds en in het weekend mail binnenkrijgt. Door al die dingen heb je het gevoel dat je nog nauwelijks echt thuis bent. Wat je dan kunt doen is het kantoor van je leidinggevende binnenstormen en de positie innemen dat je vindt dat je, vanwege je reistijd, om halfvijf met werken kunt stoppen. Je leidinggevende kan dan twee dingen doen: akkoord gaan of niet akkoord gaan. Als je leidinggevende akkoord gaat, is alles prima geregeld, waarbij je echter niet kunt uitsluiten dat je met je gedrag irritatie hebt gewekt en je leidinggevende alleen maar akkoord is gegaan omdat hij zich klemgezet voelde. Maar als je leidinggevende niet akkoord gaat, wat moet je dan? ‘Maar ik wil graag om halfvijf stoppen... [nee]... Maar ik moet zo lang reizen... [nee]... Maar ik zie mijn kinderen nauwelijks nog... [nee]... Vind je kinderen dan niet belangrijk?’ Zo zul je niets bereiken. Je begint vanuit verschillende posities en naarmate de discussie verhitter wordt, wordt de afstand tussen beide partijen alleen maar groter.

Als je daarentegen een gesprek aangaat dat breder van opzet is, waarbij je geen eisen stelt maar je behoeftes verklaart, bied je de ander de mogelijkheid jouw belang niet als tegengesteld aan zijn belang te zien. 'Mijn werk en mijn gezin zijn allebei belangrijk voor me... [akkoord]... Ik wil deze twee dingen graag in goed evenwicht brengen... [akkoord]... Wil je me helpen daarvoor een oplossing te vinden die zowel voor jou als voor mij goed werkt...? [akkoord]...'

Om op een positieve, productieve manier te onderhandelen over nieuwe grenzen moet je als volgt te werk gaan:

- Ga voor jezelf goed na wat precies je onderliggende belangen zijn en waarin deze verschillen van de positie die je in een onderhandeling over hetzelfde onderwerp zou innemen.
- Begin met een omschrijving van je belangen. Vergeet daarbij niet het woord 'omdat' te gebruiken (zoals ik in het inleidende deel van dit boek al aanstipte).
- Stel je open voor de belangen van de ander.
- Ga op zoek naar verenigbare belangen voor je op zoek gaat naar oplossingen.
- Neem deze verenigbare belangen als uitgangspunt voor het zoeken naar creatieve oplossingen die tegemoetkomen aan de belangen van beide partijen.

De compromisstrategie

Williams-Sonoma is een bedrijf dat hoogwaardig kook- en keukengerei maakt. Op een gegeven moment breidde het zijn assortiment uit met een broodbakmachine. Nadat dit apparaat al geruime tijd op de markt was, werd besloten een verbeterde, duurdere versie ervan te introduceren. Het opmerkelijke resultaat hiervan was dat de verkoop van de oorspronkelijke broodbakmachine vrijwel onmiddellijk verdubbelde.

Onderzoeker Itamar Simonson geeft hiervoor als verklaring dat consumenten een voorkeur hebben voor wat hij de 'compromiskeuze' noemt.[2] De nieuwe, kwalitatief betere broodbakmachine is aanlokkelijk, maar duur. Het oorspronkelijke model, dat prima aan zijn functie voldoet, lijkt in vergelijking met het nieuwe model goedkoop en wordt zo ineens een aantrekkelijke en verstandige keuze.

Stel dat je elke week een verslag moet schrijven dat meer tijd kost om uit te werken dan jij het waard vindt. Je zou naar je leidinggevende kunnen toe stappen met een voorstel dat drie opties omvat: als eerste mogelijkheid opper je dat je op de oude manier elke week het verslag blijft schrijven; als tweede mogelijkheid dat je een inhoudelijk volledige maar ingekorte versie produceert; als derde optie bied je aan verslag te doen van alleen de belangrijkste punten. Door je voorstel zo in te kleden is de kans groot dat je baas voor de tweede mogelijkheid kiest, de mogelijkheid die nog altijd tegemoetkomt aan zijn belang bij een gedegen verslag, maar die jou veel tijd en werk bespaart, met de zegen van je baas bovendien.

Een voet tussen de deur

Zou de kans dat je gaat stemmen groter zijn als je van tevoren was gevraagd of je van plan was om te gaan stemmen? Volgens sociaal wetenschapper Anthony Greenwald is het antwoord hierop 'ja'. Aan de vooravond van een verkiezing stelde hij mensen precies deze vraag. Van deze groep, aan wie was gevraagd na te denken over hun stemgedrag, ging 86,7 procent daadwerkelijk stemmen, terwijl dit bij een controlegroep, aan wie van tevoren niets was gevraagd, slechts 61,5 procent was (een verschil van 25 procent dus!).[3] Dit is het gevolg van de menselijke neiging tot het vertonen van consistent gedrag. Als we ons eenmaal op een bepaald gedrag hebben ingesteld, kost het de minste moeite om ons op die manier te blijven gedragen en zullen we dat dus ook doen.

Als je je werk anders wilt invullen en je wilt dit doen met de goedkeuring van je baas, begin dan met het voorstellen van minieme veranderingen waar je baas vrijwel zeker mee akkoord zal gaan. Je baas zal nu eerder geneigd zijn om ook akkoord te gaan met voorstellen tot ingrijpendere veranderingen. Als je bijvoorbeeld een dag in de week thuis wilt gaan werken, kun je beginnen met je baas te vragen of je op een bepaalde dag eenmalig thuis mag werken. Zo effen je de weg voor dat wat je echt wilt.

Het punt waarop je nee zegt

Zou jij iemand een dodelijke elektrische schok toebrengen als een man in een witte laboratoriumjas je zei dat je dat moest doen? Of zou je nee zeggen? In 1961 (kort na aanvang van het proces tegen Adolf Eichmann in Jeruzalem)[4] begon Stanley Milgram zijn onderzoek naar het effect van autoriteit op het gedrag van mensen en voerde daarbij een van de meest schokkende psychologische experimenten ooit uit. Aan de deelnemers werd verteld dat ze meededen aan een onderzoek naar het effect van straf op leerprestaties. Ze moesten als 'leraar' hun leerling bij elk fout antwoord een schok toedienen, die telkens met vijftien volt werd verhoogd. (In werkelijkheid werden er geen schokken toegediend en werd de leerling gespeeld door een acteur, die ook de pijn fingeerde.) De deelnemers kregen de verzekering dat ze niet aansprakelijk waren voor eventuele gevolgen. Ondanks de kreten van 'pijn' en het verzoek van leerlingen om het experiment te stoppen, bleef 65 procent van de deelnemers doen wat hun werd opgedragen, tot aan de maximumschok van 450 volt toe! Er was voor hen geen punt waarop ze nee zeiden.

In werksituaties worden we op talloze manieren met autoriteit geconfronteerd, met mensen die in rang boven ons staan en ons kunnen voorschrijven wat we moeten doen. Als je iets doet wat jou is opgedragen, hoef je zelf geen beslissingen te nemen en is het makkelijker om de verantwoordelijkheid voor je handelen op deze autoriteit af te schuiven. Daar komt nog bij dat het sowieso vaak moeilijk is om nee te zeggen en al helemaal tegen een hogergeplaatst iemand. Toch komt er een punt waarop je dat wel zult moeten doen als je je eigen grenzen wilt bepalen en niet maar domweg wilt blijven doen wat je gezegd wordt.

De kracht om nee te zeggen

Voor we verdergaan over wat je moet zeggen, kijken we eerst eens naar hoe je je voelt. Een van de populairste TED-talks ooit was de lezing die Amy Cuddy hield over haar onderzoek naar de relatie tussen lichaamstaal en zelfvertrouwen. Ze vertelde over het experiment dat ze had opgezet, waarbij ze studenten twee minuten lang een krachtpose had laten aannemen. Het effect hiervan was dat hun testosteronpeil (zelfverzekerdheid) 10 procent steeg, terwijl hun cortisolpeil (stressgevoeligheid) 25 procent daalde. Dit toegenomen zelfvertrouwen kwam tot uiting in hun bereidheid een gokje te wagen, een bereidheid die 50 procent hoger lag dan die van studenten uit een controlegroep, die een krachteloze pose hadden moeten aannemen. En dat na slechts twee minuten![5]

Hoe ziet zo'n krachtpose er dan uit? Maak jezelf groot. Ga met 'open' armen en benen staan, met de schouders breeduit en opgeheven hoofd. Mijn favoriete houding is de 'Wonder Woman'-pose: rechtop, met de voeten op schouderbreedte uit elkaar en met de handen in de zij. Misschien dat je je belachelijk voelt in zo'n bewuste krachtpose, maar dat kan je alleen maar helpen om met een luchtiger gemoed nee te kunnen zeggen. Zoek een plek waar niemand je zal storen, maak jezelf twee minuten 'groot' en gebruik vervolgens de kracht die je voelt en uitstraalt om nee te zeggen.

Een oprecht 'nee'

In 1901 liet Harry Houdini zich geboeid opsluiten in een met water gevulde, manshoge melkbus. Slechts zolang hij zijn adem wist in te houden had hij de tijd om zich te bevrijden. Houdini draaide en wrong tot hij zich van zijn boeien had ontdaan en onder luid applaus van het publiek stapte hij uit de melkbus tevoorschijn. De melkbusontsnapping werd een van zijn meest iconische trucs. Als het om nee zeggen gaat, komt bij ons allemaal de ontsnappingskunstenaar naar boven. Als je je in het nauw gedreven voelt omdat iemand je heeft gevraagd iets te doen wat je niet wilt doen, wring je je liever in allerlei bochten dan dat je op de man af nee zegt.

Stel dat je baas je zojuist heeft gevraagd om komend weekend een zakencongres bij te wonen. Wat doe je dan? Zeg je 'nee', omdat je het weekend met je gezin wilt doorbrengen of kom je met iets creatievers? De wens om te ontsnappen kan zo sterk zijn dat we een overtuigend klinkend verhaal compleet bij elkaar verzinnen om een 'ja' uit te sluiten. 'Een oude schoolvriend, die ik al lang niet heb gezien, maar met wie ik samen in dienst ben geweest, komt op bezoek en hij brengt zijn chihuahua mee, die nog maar drie poten heeft en aan leukemie lijdt, dus dat zou wel eens de laatste keer kunnen zijn dat ik zijn hond nog kan zien.' De drang om een smoes te verzinnen om ergens onderuit te komen kan onweerstaanbaar sterk zijn. We willen op zo'n moment alleen maar ontsnappen, maar het helpt ons niet om toekomstige lastige situaties te voorkomen. 'Wil je vandaag wat langer doorwerken om me te helpen dit verslag af te krijgen?' 'Tuurlijk zou ik dat willen [leugen], maar [nu komt de smoes]... ik moet met mijn parkiet naar de dierenarts.' 'Ach, dat is jammer. Maar morgen dan?'

Over het algemeen ben ik een voorstander van creatieve oplossingen, maar als het om nee zeggen gaat is het beter oprecht te zijn. Een smoes kan je uit een lastige situatie redden en wordt vaak gebruikt met de bedoeling de ander niet voor het hoofd te stoten, maar uiteindelijk lost het niets op. Het zal een grotere uitdaging zijn om de waarheid te zeggen, maar daarmee geef je meteen ook beter aan waar je grenzen en je prioriteiten liggen.

Nog een laatste advies hierover: zeg niet 'Ik heb het te druk', ook niet als dat echt zo is. Zonder expliciet te zeggen waar je het druk mee hebt, klinkt dat te veel als een botte afwijzing.

Een bedachtzaam 'nee'

Een van de dingen die ertoe kunnen bijdragen dat we ja zeggen of een smoes gaan verzinnen wanneer we eigenlijk gewoon nee willen zeggen, is het gevoel dat de ander op ons antwoord staat te wachten. Wanneer we met een onverwacht verzoek worden geconfronteerd, een verzoek dat we misschien wel zouden willen afwijzen, stemmen we toch vaak in omdat we er niet diep genoeg over na kunnen denken. Onder druk kiezen we voor de veilige optie, en dat is instemmen. Soms hebben we meer tijd nodig om goed af te kunnen wegen of een nieuwe verplichting te combineren is met al bestaande verplichtingen. Soms weten we al dat we nee willen zeggen, maar hebben we meer tijd nodig om na te denken over hoe we dit willen formuleren. Wat de reden ook is, wat je nodig hebt is tijd. Zeg daarom 'Daar wil ik even over nadenken' of 'Kan ik je daar over vijf minuten een antwoord op geven?' Overweeg op kalme en rationele wijze wat je antwoord zal zijn. Assertiviteit en snel kunnen denken zijn twee verschillende dingen. Neem de tijd voor het maken van de juiste keuze voor je antwoord geeft.

Een positief 'nee'

Om je 'nee' effectief te laten zijn, moet daar een 'ja' tegenover staan. Een belangrijk 'ja' maakt het veel makkelijker om 'nee' te zeggen omdat je 'ja' de reden is dat je 'nee' zegt en je ook motivatie geeft om 'nee' te zeggen. Wanneer je 'nee' zegt tegen drukte is dat niet omdat je niet actief bezig wilt zijn, maar omdat je de dingen effectiever wilt doen, met meer aandacht, meer energie, meer betrokkenheid. Wanneer je jouw grote 'ja' hebt gevonden zul je ook weten waar je 'nee' tegen moet zeggen.

In zijn boek *The Power of a Positive No* (in het Nederlands verschenen onder de titel *De kracht van nee!*) vergelijkt William Ury een positief 'nee' met een boom.[6] Je grote 'ja' is de krachtbron van je 'nee', het zijn de wortels waaruit de boom oprijst. Je duidelijke, heldere 'nee' is de stam van de boom. De takken en het gebladerte symboliseren het reiken naar een oplossing, een voorstel tot een gezamenlijk 'ja'.

Zo'n voorstel tot een gezamenlijk 'ja' mag niets afdoen aan je 'nee'. Je tweede 'ja' moet consistent zijn met je eerste, grote 'ja' en je duidelijke 'nee'. Je 'ja' mag bovendien geen valse hoop wekken en moet dus een reële optie zijn. Stel dat je wordt gevraagd om in kaart te brengen wat onder het personeel de behoefte is aan bijscholingscursussen. Het gaat er niet om dat jij bepaalt welke cursussen nodig zijn, maar puur om het in kaart brengen, want daar heb jij ervaring mee. De reden waarom je 'nee' wilt zeggen tegen dit verzoek is dat je met een groot project bezig bent en dat je daar al je aandacht aan wilt schenken (je grote 'ja'). Je begint met het uiteenzetten van je grote 'ja', zegt dan helder en beslist 'nee', waarop je met een voorstel komt, bijvoorbeeld: 'Wat wel zou kunnen, is dat ik op de achtergrond aanwezig ben als adviseur. Als jij een plan van aanpak hebt, zouden we dat samen door kunnen spreken. Zou je daarmee geholpen zijn?'

Een restrictief 'nee'

De zogeheten 'duivelsdriehoek' is een binnen het projectmanagement veelgebruikte term die verwijst naar de onlosmakelijke, wederzijdse relatie tussen de drie factoren die voor elk project bepalend zijn. Een verandering van een van deze factoren is van directe invloed op beide andere factoren. Met andere woorden: er is sprake van een drievoudige restrictie, zoals hieronder in beeld is gebracht.

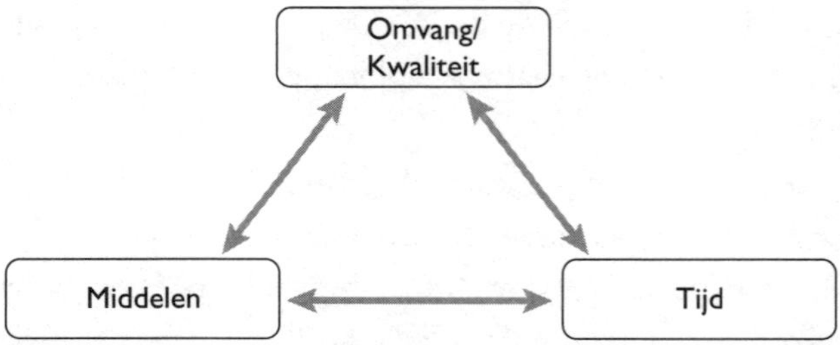

Stel je voor dat je leidinggeeft aan de bouw van een nieuw olympisch stadion. Als er een wijziging is in de omvang of kwaliteit van dit project – als er bijvoorbeeld wordt voorgesteld om het stadion te voorzien van een verwijderbaar dak – zal dit van invloed zijn op de kosten of op de verwachte datum van oplevering, of op beide. Omdat het om een olympisch stadion gaat, zal aan de datum van oplevering niet te tornen zijn, waardoor elke verandering met betrekking tot omvang of kwaliteit van directe invloed zal zijn op de kosten (er zullen bijvoorbeeld meer mensen nodig zijn om het extra werk toch op tijd af te krijgen) of omgekeerd.

Als het gaat om hoe druk je het hebt, moet je een verzoek om iets te doen vaak afwijzen omdat je het al druk genoeg hebt. Je zegt dan nee omdat het inwilligen van dit nieuwe verzoek niet haalbaar is of een te zware belasting zou vormen voor de verplichtingen die je al bent aangegaan. Een restrictief 'nee' houdt in dat je uitlegt wat er zou gebeuren als je ja zou zeggen. Het is een 'nee' op het verzoek zoals dat aan je is voorgelegd, maar het biedt nog wel openingen omdat de ander mogelijk bereid en in staat is om iets aan een van de andere restrictieve factoren te veranderen. Stel dat je wordt gevraagd om voor aanstaande vrijdag een presentatie voor te bereiden van de in het afgelopen belastingjaar door jouw afdeling gemaakte marketingkosten. De kans is groot dat dat voor jou niet haalbaar zal zijn. Wat je wel kunt doen is voorstellen om er een wat minder uitgebreide presentatie van te maken die je niet komende vrijdag maar de vrijdag daarop geeft. Je kunt ook voorstellen om de presentatie en de voorbereiding ervan tot een gedeelde taak te maken of om je andere werkzaamheden door anderen te laten overnemen. Met je 'nee' op het onhaalbare verzoek creëer je zo de ruimte voor iets wat wel haalbaar is.

ONDERHANDELEN VOOR JE LEVEN
KERNGEDACHTEN

We kunnen niet voortdurend meer verplichtingen op ons nemen en meer werk verrichten. Er is een punt waarop we ten behoeve van ons gezin, ons werk en onszelf zullen moeten gaan onderhandelen over onze grenzen.

Onderhandel je een weg uit de drukte

- **Ga niet pingelen** als je wilt onderhandelen! Leg de **onderliggende belangen** bloot van jezelf en van de ander en ga op zoek naar **verenigbare belangen** om van daaruit **creatieve oplossingen** te bedenken die recht doen aan de belangen van beide partijen.

- Bied niet één maar drie opties aan: vaak geven mensen de voorkeur aan de middelste optie, de 'compromiskeuze'. Mensen zijn geneigd tot consistent gedrag. Vraag dus eerst om iets kleins, dan is de kans daarna groter dat een verzoek om iets groots wordt ingewilligd.

Het punt waarop je nee zegt

- Gewone mensen bleken bereid om anderen een dodelijke schok toe te brengen enkel en alleen omdat ze geen nee wilden zeggen tegen een **autoriteit** in een laboratoriumjas. **Leer nee te zeggen** of pluk de zure vruchten.
- Een **oprecht 'nee'**: eerlijkheid duurt het langst. Wie **smoesjes** verzint om ergens onderuit te komen loopt het risico zichzelf hiermee in de vingers te snijden.
- Een **bedachtzaam 'nee'**: we zeggen vaak ja omdat we niet weten hoe we nee moeten zeggen. **Neem de tijd om dingen te overwegen**. Denk in alle rust na over wat je wilt zeggen en ga dan terug om het te zeggen.
- Een **positief 'nee'**: achter elke 'nee' gaat een 'ja' schuil. Concentreer je op de **positieve reden waarom je nee zegt**.
- Een **restrictief 'nee'**: elk project wordt bepaald door drie restrictieve factoren: de benodigde **tijd**, de benodigde **middelen** en de **omvang of kwaliteit** van het project bij voltooiing. Bij een restrictief 'nee' is het niet eens nodig het woord 'nee' te gebruiken. De relatie tussen de drie factoren biedt de mogelijkheid om een verandering van een factor met een verandering bij de andere twee factoren te compenseren.

DOEN

Nieuwe onderhandelingen

Ga het gesprek aan met iemand met wie je een nieuw wederzijds verwachtingspatroon wilt afspreken. Concentreer je op jullie onderliggende belangen en kom tot een voor beiden gezondere overeenstemming.

Zeg nee

Zeg de komende week nee tegen minstens één verzoek waar je normaal gesproken ja tegen zou zeggen. Ervaar hoe dat voelt. Oefening baart kunst.

EXPERIMENTEREN

Manieren om nee te zeggen

Speel met verschillende manieren om nee te zeggen. Welke manier werkt voor jou het best? Wat voelt het meest natuurlijk?

Bied een compromiskeuze aan

Probeer een betere balans te creëren tussen je werk en je privéleven door bij het onderhandelen daarover een compromiskeuze aan te bieden, of begin met het voorstellen van een minimale verandering.

Deel twee

ONDERSCHEIDING

Dit deel behandelt het tweede aspect van drukte: druk bezig zijn als successtrategie. We gaan er ten onrechte van uit dat het onze carrière ten goede komt als we hard werken, prompt reageren en onafgebroken produceren. We denken: als we meer doen, bereiken we ook meer. Maar we zullen nooit aan de drukte ontkomen als we niet loskomen van onze stilzwijgende aanname dat onze productiviteit de route naar succes plaveit. Bedrijfsstrategie verklaart waarom we onze focus moeten verleggen van dingen doen naar impact maken, en hoe we in een informatie-economie alleen succesvol kunnen zijn door onszelf te onderscheiden.

Hoofdstuk 5

Word minder productief!
(en denk strategisch)

In de jaren tachtig van de vorige eeuw leek het alsof Japanse bedrijven niet te stuiten waren. Ze hadden geweldige vooruitgang geboekt op het gebied van productiviteit, waardoor ze producten van betere kwaliteit sneller en goedkoper konden leveren. Maar na een tiental jaren onbetwiste heerschappij op de wereldmarkt begon het tij te keren. Tegen het eind van de jaren negentig belandde Japan in een recessie die meer dan tien jaar zou duren, met economische stilstand, stijgende werkloosheid en deflatie. Andere landen hadden inmiddels de beste elementen van de Japanse industrie overgenomen en Japan verloor zijn voorsprong in de competitie.

Productiviteit kan een belangrijk voordeel bieden boven je concurrenten en zo tot grotere winst leiden, maar zal je vaak niet in staat stellen je voorsprong te behouden. Investering in nieuwe technologieën kan de productie opschroeven maar de concurrentie zit niet stil en zal hier ook snel met een grotere output komen. Hiermee boek je dus geen vooruitgang en geen winst. In feite zie je meestal het volgende scenario: als alle concurrenten steeds productiever worden, lopen de investeringskosten voor de hogere productie op en daalt daardoor de winst. Het wordt een wapenwedloop waarbij iedereen verliest. Op de werkvloer is de productiviteit enorm toegenomen door de introductie van achtereenvolgens de computer, de laptop, de mobiele telefoon, internet, de smartphone en de cloud. Al deze vernieuwingen hebben ons in staat gesteld meer te produceren. Dat is op drie manieren van grote invloed geweest op ons werk. Ten eerste: we kunnen meer produceren, dus doen we dat, en daardoor ontstaat een groeiende hoeveelheid werk voor ons allen. Ten tweede: omdat we allemaal dezelfde technologieën gebruiken, wordt het steeds moeilijker onszelf te onderscheiden door onze productiviteit. En ten derde: als we onze productiviteit nog sterker willen verhogen in de hoop op steeds kleinere voordelen boven de concurrentie, zal dit steeds meer kosten (denk aan de concave relaties van Nassim Nicholas Taleb).

De inzet van het spel is 'meer'

In het industriële tijdperk was productie het voornaamste doel: uitgaande van een bepaalde basiskwaliteit was een hogere productie per definitie beter. Met het verstrijken van de tijd en de verbetering van de productieprocessen begonnen managers te beseffen dat het voornaamste obstakel in de productieverhoging de menselijke factor was. De mensen moesten harder en efficiënter gaan werken. Frederick Winslow Taylor haakte hierop in met zijn benadering van wetenschappelijk management. Taylor maakte een analyse van arbeid door het bestuderen van bewegingen bij de handelingen om zo de meest efficiënte productievorm te vinden. Sindsdien zijn de meeste managers er vooral op gericht hun team tot grotere prestaties op te drijven.

In een opmerkelijke parallel met het industriële tijdperk bericht een recente publicatie over wat vandaag de dag de remmende factor in effectiviteit van computers is. Een onderzoeksgroep aan Carnegie Mellon University stelt dat de huidige computers in hun vermogen niet worden beperkt door de snelheid van de processor, het geheugen of het netwerk, maar (opnieuw) door de menselijke factor. Wij staan de vooruitgang in de weg. Ditmaal zijn het echter niet onze inefficiëntie of zware arbeid die voor vertraging zorgen, maar ons (on)vermogen tot denken en concentreren.[1]

In onze ijver voor steeds meer efficiëntie op de werkvloer, steeds meer betrokkenheid en steeds meer output zijn we vergeten dat onze hersenen geen machines zijn. Hoe meer we doen, hoe minder we denken. Dat is merkwaardig, want in een informatietijdperk is het juist ons denkvermogen dat ertoe doet: de intelligentie, verbeeldingskracht en probleemoplossende vermogens van onze medewerkers. Met andere woorden, de vermogens die onze bedrijven zouden moeten stimuleren worden dag na dag verminderd door 'meer'. Onder de lawine van bedrijfscommunicatie en -richtlijnen kan ons dolgedraaide brein slechts heen en weer flitsen tussen talloze microtaakjes. We zijn productief maar niet creatief. Ons murw gebeukte en verwarde aandachtssysteem vertraagt het hele proces en verhindert de vooruitgang van het bedrijf.

'Meer' remt je carrière

Vanuit een individueel perspectief zien we dat het management productiviteit verlangt. We beseffen: hoe productiever we zijn, hoe waardevoller. Dus we doen allemaal mee met het spel van 'meer'. De regels zijn eenvoudig: de winnaar is wie (zichtbaar) het meeste produceert. Je werkt hard, je maakt lange dagen en je baas merkt dat je meer gemotiveerd lijkt dan je collega's. Je krijgt meer te doen: meer werk en meer verantwoordelijkheden.

Het spel van 'meer' kán ook werken. Als je samenwerkt met mensen die veel minder hard werken, zullen je extra inzet en opbrengst worden gezien en beloond. In de meeste gevallen gebeurt dit echter alleen aan het begin van onze carrière. Op een gegeven ogenblik werkt het niet meer. We bereiken dan een punt waarop we niet meer concurreren met ongemotiveerde collega's maar met collega's die net zo graag carrière willen maken en ook op meer inzetten! Dan begint de wapenwedloop, waarin tijdrovende e-mails, lange werkdagen en hoge productie de criteria voor succes zijn. Als het spel van 'meer' niet de gewenste resultaten oplevert, zetten we nog een tandje bij en worden we nog drukker, geven we nog meer output en vergen we nog meer van ons vermoeide brein. We kunnen steeds minder helder denken, onze verbeeldingskracht neemt af, en onze energie slinkt. Heel geleidelijk glijden we naar de achtergrond.

E-mail: de televisie op de werkplek

Uit de hand gelopen productiviteit blijkt vooral duidelijk uit de manier waarop we e-mails beantwoorden. Uit een onderzoek onder tweehonderd Britse werkers bleek dat 77 procent van hen het legen van hun inbox als een 'productieve dag op kantoor' beschouwt.[2] Volgens onderzoek van Jonathan Spira kost het lezen en verwerken van honderd e-mails (en de meesten krijgen veel meer dan honderd e-mails!) hoger opgeleide werkers de helft van hun werktijd.[3]

E-mail is als het ware de televisie van de werkplek geworden. Het levert weinig op maar het kost ook weinig inspanning. Dus in plaats van een grote klus aanpakken die er echt toe doet openen we de inbox en besteden we hier onze tijd aan (heel productief, natuurlijk).

Een nieuwe successtrategie

We zijn er misschien niet op uit om het druk te hebben maar de meesten van ons zijn niet bereid hun gedroomde carrière op te offeren voor een rustiger bestaan. Dus als ons verlangen naar succes even sterk blijft, is er dan nog een alternatief voor inzetten op 'meer'? Volgens mij kunnen we het antwoord vinden in de verbeten wereld van bedrijfsstrategie. In deze wereld winden ze er geen doekjes om. Strategieën werken, of ze werken niet, en de uitkomst wordt in klinkende munt geteld. Strategie is gericht op succes. Sterker nog: bedrijfsstrategie heeft ons twee belangrijke lessen te leren over succesvol functioneren in een overvolle wereld van 'steeds meer':

1. Het kernprobleem waarop bedrijfsstrategie zich richt is: hoe kun je met je beperkte middelen slagen op een competitieve markt? Geen enkel bedrijf heeft onbeperkte middelen. Er is een beperkte hoeveelheid kapitaal, of een beperkt aantal arbeidskrachten. Elk bedrijf moet harde beslissingen nemen om zijn beperkte middelen optimaal te focussen en in te zetten. Wij mensen hebben beperkte middelen wat betreft aandacht en tijd. In het vorige gedeelte kwam ter sprake hoe we keuzes moeten maken omdat we nu eenmaal niet alles kunnen doen. Michael Porter, een van 's werelds invloedrijkste strategen, zou zeggen dat we keuzes moeten maken omdat we niet alles zouden *moeten* doen. Als we willen slagen, moeten we de impact van onze beperkte middelen maximaliseren en dat betekent focussen op een beperkt terrein.
2. Om succesvol te zijn op de drukke markt van vandaag de dag moeten bedrijven de aandacht trekken van drukbezette klanten die amper kunnen kiezen uit het overstelpende aanbod. Daarom moeten bedrijven zich onderscheiden en iets unieks aanbieden. Ook degenen die bepalen wie in aanmerking komen voor promoties zijn drukbezet en hebben keuze te over. In een economie waarin aandacht een schaars en gewild goed is, hebben bedrijfsstrategen aangetoond dat de route naar succes niet ligt in productiviteit maar in onderscheiding.

Dit hele tweede deel gaat over het omgooien van je successtrategie. Je leest hierin hoe je succesvol kunt zijn met een strategie waarmee je je onderscheidt. Daarbij komen twee onderwerpen uitgebreid aan bod: hoe je je beperkte middelen effectief focust voor een optimale impact, en hoe je de aandacht trekt van drukbezette klanten met keuzestress. In dit hoofdstuk kijken we naar het eerste onderwerp.

Strategische focus

In 1993 lanceerde Continental Airlines een nieuwe, lowbudgetluchtvaartmaatschappij, Continental Lite. De luchtvaartlijn ging met luid tromgeroffel van start om de concurrentie aan te gaan met enkele zeer succesvolle prijsstunters, zoals Southwest Airlines. Continental had alles mee: een groot en kapitaalkrachtig moederbedrijf; lage tarieven en frequent vliegverkeer in vergelijking tot andere lowbudgetluchtvaartmaatschappijen; overstappen zonder je bagage op te halen; en toegewezen zitplaatsen. Het klonk perfect. Maar twee jaar later (en zo'n driehonderd miljoen euro lichter) maakte Continental Lite zijn laatste vlucht. Mede ten gevolg van deze financiële ramp moest Continental Airlines in moeizame onderhandeling met Delta en Northwest Airlines. Uiteindelijk trok Northwest aan het langste eind, in een deal die Continental toestond de naam te handhaven, maar met alle beslissingsrecht bij de raad van bestuur van Northwest.

Waarom kwam deze veelbelovende luchtvaartmaatschappij, die de wind mee leek te hebben, niet van de grond? In misschien wel het beroemdste artikel uit de geschiedenis van *Harvard Business Review*, 'Wat is strategie?'[4], schreef Michael Porter dat de fout lag bij gebrek aan strategische focus. In een uiterst concurrerende markt wilde Continental zowel full service als low budget bieden. Reisbureaus regelden de full service, maar dit was eigenlijk te duur voor de lowbudgetvluchten, en daarom werd de commissie voor de reisbureaus op alle vluchten geschrapt. Continental was verder niet in staat de voordelen voor *frequent fliers* te handhaven voor de lowbudgetvluchten en moest daarom voordelen voor leden schrappen op alle vluchten. Op overstapvliegvelden liepen vluchten ook vaak vertraging op door het overbrengen van bagage, iets waar concurrerende prijsstunters geen last van hadden. Het resultaat: irritatie bij reisbureaus, teleurgestelde klanten en vertragingen. Porter zag de benadering van Continental Lite als een 'spagaat in strategische posities'. Het werd een wansucces omdat er ja werd gezegd op te veel dingen. Continental betaalde een hoge prijs voor zijn gebrek aan strategische focus.

Waar leg jij de focus?

Als voorbeeld voor strategische focus draagt Porter IKEA aan. IKEA verkoopt stijlvolle maar goedkope meubels aan een jong publiek. Dat is niet uniek. Uniek is wel de manier waarop IKEA te werk gaat. De klant wandelt zelf door de showroom, met alleen een catalogus om dingen in op te zoeken, dus dat spaart dure verkoopkrachten; de klant neemt zelf zijn aankopen mee uit het magazijn, dus dat spaart transportkosten; en de klant zet de meubels thuis zelf in elkaar, dus dat spaart opslagkosten. Door deze insteek kan IKEA focussen op stijlvolle meubels met minimale kosten. En dat is nog niet alles: omdat de doelgroep jong is en voltijds werkt, zijn de winkels tot 's avonds laat open en is er vaak gratis kinderopvang. IKEA is anders, niet zozeer omdat de meubels anders zijn maar omdat het bedrijf de markt anders benadert. Waar andere bedrijven zich alleen op concurrerende prijzen of kwaliteit richten, heeft IKEA de focus verlegd. In strategische termen: IKEA heeft een andere strategische positie. En daarmee heeft het bedrijf een duidelijke voorsprong op de concurrentie.

Als we de competitie aangaan door vooral productief te zijn, leveren we hetzelfde als onze concurrenten, maar in grotere aantallen, sneller of efficiënter. Bij competitieve strategie gaat het echter niet om 'meer' maar om onderscheiding. Je doet *andere* dingen dan de concurrenten, of dezelfde dingen op een *andere* manier.

Een strategische positie omschrijft de activiteiten waarop je wilt focussen en de kwesties waar je klanten een oplossing voor zoeken. Door een strategische positie te ontwikkelen, kun je focussen op de manier waarop je waarde kunt toevoegen. Zo besloot IKEA niet te focussen op welgestelde veertigplussers met weinig tijd, ook al is dat een lucratief segment van de markt. Veertigplussers willen snelheid, service en gemak. Als IKEA zowel jongere als oudere klanten had willen bedienen, zouden de kwaliteit van het design of de lage prijzen ten offer vallen aan snelheid en service. Jonge klanten zouden teleurgesteld zijn door het aanbod. Ze maakten niet dezelfde fout als Continental. Door uitsluitend op jonge klanten te focussen kan IKEA veel meer doen dan goedkope kwaliteitsmeubels leveren: het bedrijf kruipt in de huid van zijn doelgroep en biedt hun extra service, zoals lange openingstijden en kinderopvang. Dat zijn dingen die belangrijk zijn voor deze klanten. Op die manier weet het bedrijf zich te onderscheiden.

Je strategische positie in kaart brengen helpt je je prioriteiten te verleggen van simpelweg dingen doen naar je actief en bewust opstellen. Allereerst kies je hoe je je beperkte middelen optimaal tot hun recht kunt laten komen: dit doe je door te focussen op precies die dingen waarmee je de meeste impact maakt. Zo kun je jezelf ook beter onderscheiden, doordat je in beeld krijgt wat jouw aanbod uniek maakt.

Je strategische positie

Ik vertel mijn klanten altijd dat er vier opties zijn voor een carrière: een 'alles voor iedereen'-positie, een kostengerichte positie, een klantgerichte positie en een productgerichte positie. Voor de meeste mensen zijn alleen de twee laatste opties aantrekkelijk.

Alles voor iedereen

Een mij bekend restaurant had een goede reputatie opgebouwd met creatieve gerechten van uitstekende kwaliteit. Overmoedig door het succes betrok het restaurant een groter pand. In de eerste week kwamen er duidelijk veel gasten naar de nieuwe locatie. Maar toen begon het mis te gaan. Om aan de grotere vraag te voldoen besloot het restaurants koks aan te nemen van een bekend restaurant dat veel gasten trok maar gerechten van mindere kwaliteit leverde. In plaats van te accepteren dat ze, terwijl de nieuwe koks werden opgeleid, minder klanten konden bedienen, werden alle gasten ontvangen en deden de koks wat ze konden. Een ander punt was dat niet alle nieuwe klanten gesteld waren op de spannende haute-cuisinegerechten, daarom werd het menu wat eenvoudiger. Dus in plaats van vast te houden aan hun succesformule met spannende gerechten van topkwaliteit, probeerde het restaurant nu alles voor iedereen te leveren. Binnen een paar maanden was de mooie droom van een stralende toekomst alweer verleden tijd. Het restaurant raakte zijn marktpositie kwijt, stelde zijn klanten teleur en moest kort daarna zijn deuren sluiten.

Proberen om alles voor iedereen te leveren ís helemaal geen strategische positie. Als een firma of persoon voor deze benadering kiest, leidt dat tot versnippering en maakt men uiteindelijk heel weinig impact. Deze benadering wordt het vaakst gekozen door mensen die in de eerste plaats focussen op productiviteit – en zich daarmee voortdurende drukte op de hals halen.

Kostengerichte positie

Een goede en vaak toegepaste bedrijfsstrategie is de positie die gericht is op lage kosten. Ook op carrières is deze strategie van toepassing. Dat betekent niet dat de dienst die je verleent of het product dat je maakt van lage kwaliteit is: het betekent alleen dat je het aanbiedt beneden de marktprijs. Ik ken bijvoorbeeld veel consultants die voor zichzelf begonnen zijn, of bij een klein consultancybedrijf werken, en een hoge kwaliteit leveren. De hoge kwaliteit is echter niet wat hun klanten aantrekt, maar waarmee ze hun klanten weten te behouden. Ze winnen klanten door dezelfde service te bieden als de grote, bekende consultancykantoren, maar tegen veel lagere tarieven. Dit model kan voor hen werken omdat ze veel lagere overheadkosten hebben.

Dit is een goede strategische positie maar ik ga hier niet verder op door, aangezien de meeste van mijn klanten weinig voelen voor deze benadering (en niet zonder reden!).

Klantgerichte positie

In zijn artikel in *Harvard Business Review* noemde Porter deze strategie 'behoeftegericht'. Het gaat hierbij om een breed aanbod aan producten of diensten voor een zeer specifieke groep klanten. Neem bijvoorbeeld kleine banken die zich richten op rijke klanten. Door op een kleine doelgroep te focussen kunnen ze de behoeften van hun cliënten goed leren kennen en een goede relatie opbouwen. Ze bieden een pakket geïntegreerde producten of diensten die interessant zijn voor hun cliënten, mensen met vergelijkbare behoeften. Een bedrijf dat voor een klantgerichte positie kiest probeert de concurrentie voor te blijven door een dieper inzicht in de klanten, op maat gemaakte oplossingen voor hun behoeften en betrekkingen waarbij betrouwbaarheid en vertrouwen vooropstaan.

Kun jij jezelf onderscheiden door een specifieke doelgroep te vinden, deze groep beter te begrijpen dan anderen, hechtere betrekkingen met je klanten te onderhouden en hun verrassend goede oplossingen voor hun behoeften aan te bieden? Neem nu Frank, verkoopmanager bij een grote mediaorganisatie. Hij had grote en kleine klanten maar het grootste deel van zijn inkomsten (iets meer dan de helft) verkreeg hij van vijf procent van zijn klanten. Toen hij hier eens over na ging denken, besefte hij dat de manier waarop hij zijn tijd besteedde niet in verhouding stond tot de opbrengst. Hij liet zijn tijdsindeling afhangen van de vraag en behoefte van zijn verschillende klanten. Een goede strategie was gewenst.

Frank besloot het roer om te gooien. Hij zou meer dan de helft van zijn tijd besteden aan de vijf procent topklanten. Niet omdat deze klanten om meer tijd vroegen, maar omdat hij hier zijn beste kansen zag. Hij sprak vaker met ze af, niet om ze iets te verkopen maar om een beter inzicht in hun zaken te krijgen en een persoonlijke band met ze op te bouwen. Zo kwam hij erachter hoe hij hun nog beter van dienst kon zijn. Door de gesprekken met zijn klanten begreep hij dat de advertenties die verschillende mediaondernemers hun aanboden eigenlijk nogal standaard waren. Met zijn kennis van hun behoeften in het achterhoofd ontwikkelde hij een prijswinnende oplossing, waarbij hij een luchtvaartmaatschappij, een reisbureau, televisiemaatschappij en een krant betrok. Nu stond hij boven aan het lijstje van de vijf procent topklanten en zij belden hem niet alleen voor advertenties maar ook als ze een idee of een probleem hadden. Franks tijd werd nu veel effectiever gebruikt: de verkoop steeg, zijn klanten waren op hem gesteld en zijn werkgever zag hoe hij zich onderscheidde.

Denk je dat dit de weg voor jou is, denk dan na over de volgende vragen:

- Als je je voornaamste doelgroep zou moeten bepalen, wie zouden dan daartoe behoren?
- Hoe goed begrijp je de behoeften van je doelgroep?

- Hoe kun je beter focussen op je doelgroep?
- Voor welke problemen die momenteel nog niet eens met jou worden besproken zou je hun een oplossing kunnen bieden?
- Hoe kun je de band met je doelgroep hechter maken en versterken? Hoe kun je het leven van je klanten makkelijker maken?

Productgerichte positie

Bij deze strategie ontwikkel je een klein aanbod aan producten of diensten die een groot deel van de bevolking aanspreekt. Volgens de economen Kjell Nordström en Jonas Ridderstråle zijn er slechts twee effectieve strategieën: de strategie van 'fit' of 'sexy'.[5] Met het woord fit wordt hier bedoeld dat je beter dan anderen een passende oplossing voor een specifieke klantbehoefte biedt. Sexy is hier het leveren van een product of dienst met een emotionele aantrekkingskracht, iets wat een magnetische werking heeft omdat het cooler en verleidelijker is. Een productgerichte positie kan samengaan met beide strategieën. De Duitse firma Henkel ontwikkelde de lijmstift, zodat mensen snel konden lijmen zonder plakkerige vingers te krijgen. De Pritt Stick werd in 1969 gelanceerd en voorzag in een behoefte (waar we ons niet van bewust waren) op scholen en in kantoren: tegen 2001 werden de lijmstiften in 121 landen verkocht. Apple is het beste voorbeeld van sexy. In de tijd dat iPods de markt gingen beheersen, waren er een heleboel andere MP3-spelers, maar niet een daarvan was zo cool als die van Apple. Het komt erop aan te excelleren in een paar dingen, zodat die zich duidelijk onderscheiden op een drukke markt.

Hoe kun jij je onderscheiden door wat je doet? Welke talenten en welke expertisegebieden kun je ontwikkelen zodat je jezelf op een unieke wijze onderscheidt? Welke diensten kun je ontwikkelen of bieden die perfect passen (fit) bij een specifieke behoefte in je organisatie of marktgebied? Of die zelfs echt aantrekkelijk (sexy) zijn?

Amy werkt voor een internationaal levensmiddelenbedrijf dat groot was geworden door een sterke verkoopcultuur en het vermogen andere bedrijven te verwerven en te integreren. Vanwege deze uitbreidingen, en de onrust in de levensmiddelenindustrie, waren er veel initiatieven voor veranderingen en reorganisatie, merkte Amy. Met haar lage vervelingsdrempel zou Amy graag meewerken aan de nieuwe plannen.

Amy besloot dat hier haar toekomst lag, maar... ze werkte op de afdeling financiën. Amy besloot zich als vrijwilliger in te zetten bij initiatieven voor verandering, waardoor ze opgemerkt werd. Bij deze initiatieven toonde ze haar betrokkenheid en talent. Gesteund door haar manager behaalde ze haar master in veranderingsmanagement. Ze schreef een paar artikelen voor de bedrijfskrant en daarna in het vakblad. Ze maakte zich steeds nuttiger voor haar bedrijf en kreeg erkenning voor haar waardevolle ideeën voor verandering binnen het bedrijf, ondersteund door een gedegen kennis van de financiële kant. Ze kon doorbreken toen ze de zakelijke (in plaats van financiële) leiding kreeg over een fabriek die op de nominatie stond om gesloten te worden. Ze redde de fabriek van de ondergang door de veranderingen die ze doorvoerde, waarbij het hele personeel betrokken was en er moeilijke beslissingen moesten worden genomen: zo werd een oude productenlijn beëindigd. Daarna werkte ze samen met de CEO aan de voorbereidingen voor de grootste overname uit de geschiedenis van het bedrijf. Inmiddels is ze managing director – niet omdat ze zo'n goede accountant was of omdat ze zo hard werkte, maar doordat ze zich onderscheidde en voortdurend gericht was op verandering. Door haar expertise in veranderingsmanagement, gecombineerd met haar financiële kennis, kon ze het verschil maken.

Denk je dat dit de weg voor jou is, denk dan na over de volgende vragen:

- Wat maakt jou op een unieke manier nuttig voor je bedrijf? Welke vaardigheden, expertise of ervaringen maken jou waardevol?
- Wat kun jij dat niemand anders kan?
- Met welke van je vaardigheden maak je je momenteel het nuttigst en/of oogst je binnen je bedrijf de meeste bewondering? En in de toekomst?
- Hoe verbeter je je curriculum vitae met successen die je beste kwaliteiten tonen?
- Welke specifieke producten of diensten kun je ontwikkelen of leveren?
- Hoe bekwaam ben je in veranderen en vernieuwen in je bedrijf?

Moeite met kiezen?
Dit soort strategische kwesties op het gebied van je persoonlijkheid en carrière zijn niet altijd makkelijk te beantwoorden. Organisaties doen er vaak jaren over om hun strategische positie helder te krijgen; sommige slagen hier nooit in. Mijn advies is in elk geval de strategie 'alles voor iedereen' te laten varen en uit te vinden waar je de focus moet leggen: op je klanten of op je producten. Als je dat eenmaal weet, kun je je beter verdiepen in je specifieke doelgroep of producten/diensten. Zodra je je strategische positie hebt bepaald, is het veel makkelijker jezelf te onderscheiden.

Waar liggen je sterke punten?

Ik ontmoet vaak mensen die vooral gefocust zijn op snel produceren en iedereen op zijn wenken bedienen. Het gaat hierbij veelal om getalenteerde mensen met veel kwaliteiten, die echter in hun functioneren belemmerd worden door hun streven alles voor elkaar te krijgen. Ze leggen de lat hoog en voelen dat anderen veel van hen verwachten, althans wat betreft efficiëntie, productiviteit, hoeveelheid en snelheid. Maar eigenlijk is dat hetzelfde als een Ferrari beoordelen op zijn benzineverbruik.

Waar ben jij echt goed in? Elke bedrijfsstrategie en elk persoonlijk carrièreplan zou eigenlijk gebaseerd moeten zijn op de kerncapaciteiten van dit bedrijf of deze persoon, niet uitsluitend op wat de markt vraagt. Jouw strategie komt misschien gewoon neer op het verdubbelen van de tijd die je besteedt aan de activiteiten waarin je uitblinkt. Onderzoeksbureau Gallup ontdekte dat slechts een op de drie werknemers in grote bedrijven zijn kerncapaciteiten elke dag toepast.[6] Dat is een waanzinnige verspilling van talenten. Zoek manieren waarop je je kerncapaciteiten veel vaker kunt toepassen en besteed pas dan aandacht aan de vele andere klussen die tot dusver het leeuwendeel van je tijd in beslag namen. Alleen met onze kerncapaciteiten kunnen we onze beste bijdrage leveren op ons werk, in ons gezin en aan de wereld.

Strategische ruil

Ik zag eens een documentaire over Ryanair, een succesvolle Europese lowbudgetluchtvaartmaatschappij, naar model van Southwest Airlines. De documentaire, gemaakt in de begindagen van Ryanair, was bedoeld als schokkende exposé van de abominabele service van deze luchtvaartmaatschappij. De passagiers kregen weinig of geen steun van Ryanair als ze op obscure luchthavens waren gestrand na een gecancelde vlucht, moesten onverwachte toeslagen en boetes betalen en werden ruw bejegend door het norse personeel. Schokkend was het zeker. Aan het einde van de uitzending vroeg de documentairemaker in een kort interview met Michael O'Leary, de directeur, om een reactie. Zijn antwoord was briljant. Hij zei, kort samengevat: 'We doen niet aan klantenservice, we doen goedkope vluchten.' Ik vond het een van de beste voorbeelden van helder strategisch denken die ik ooit was tegengekomen: klantenservice kost geld en dat zou de vluchten duurder maken. Hij had een strategische ruil gemaakt: als je met ons vliegt, krijg je misschien niet de beste klantenservice, maar wel een goedkope vlucht. Ryanairs stellingname spreekt niet iedereen aan en is voor sommige mensen zelfs schokkend; daarmee neemt het bedrijf een risico. Maar de doelgroep van Ryanair voelt zich wél echt aangesproken.

Frank en Amy maakten een strategische ruil waardoor ze konden focussen op hun strategieën. Frank moest een beleid vinden ten aanzien van de andere 95 procent van zijn klanten toen hij besloot minder tijd aan hen te besteden. Amy moest tijd vinden voor haar werk op het gebied van veranderingsmanagement, ten koste van haar werk als accountant. We hebben geen onbeperkte tijd en energie, dus als we succesvol willen zijn op een competitieve arbeidsmarkt zullen we een paar moeilijke knopen moeten doorhakken. Keuzes maken hoort bij strategie. Alleen door strategische keuzes en ruilen kunnen we focussen en ons onderscheiden.

Welke strategische ruil moet jij maken?

- Waar moet je mee stoppen om beter te kunnen focussen op je kernstrategie?
- Wat moet je minderen?
- Welk risico loop je of welk verlies moet je accepteren om gefocust te blijven op je strategie?

Less is more

'Wij zijn het meest gefocuste bedrijf dat ik ken, of over gelezen heb, of van gehoord heb. Wij zeggen elke dag "nee" op goede ideeën. We zeggen "nee" op geweldige ideeën zodat we de hoeveelheid dingen waarop we focussen zeer beperkt houden en

enorm veel energie kunnen steken in de onderwerpen die we kiezen.[7]

– Tim Cook, CEO van Apple

Succesvol zijn in een overvolle wereld gaat in feite niet over 'meer' produceren maar om minder doen, dingen beter doen, en met meer impact. Het gaat om focussen op minder dingen, maar wel belangrijke dingen, met enorme energie. Net als Apple. Hier volgen een paar praktische tactieken die hierbij kunnen helpen.

Doe eerst de belangrijke dingen

Stephen Covey ontwikkelde een experiment met stenen, kiezels en zand. Je neemt een grote pot en vult die met grote stenen. Als de pot propvol is, vul je de leemtes met kiezels tot er niet een meer bij kan. Tot slot vul je de pot aan met zand. Schud de pot leeg en vul hem opnieuw, maar in omgekeerde volgorde: eerst dezelfde hoeveelheid zand, dan dezelfde hoeveelheid kiezels en tot slot de grote stenen. Je merkt (zoals je waarschijnlijk al verwachtte) dat je dit keer maar een paar grote stenen in de pot kunt persen.

Dit is een bekende demonstratie bij tijdmanagement met een eenvoudige maar diepe boodschap, die zelden in praktijk wordt gebracht: focus op de belangrijke dingen en pas de minder belangrijke dingen hieromheen. Als we nadenken over tijdmanagement of productiviteit denken we meestal aan wat we gaan doen, of wanneer het af moet zijn. We staan zelden stil bij de *volgorde* waarop we dingen doen, maar die is juist erg belangrijk. De reden daarvan is dat we vermoeid raken, afgeleid worden en vaak niet alle dingen op ons lijstje afkrijgen. De dingen die boven aan het lijstje staan maken aanzienlijk meer kans afgewerkt te worden.

Een instelling van 'als' en 'zodra' ligt op de loer: *als* ik mijn e-mails eenmaal heb afgewerkt zal ik tijd uittrekken voor mijn strategie; *zodra* ik meer tijd heb, zal ik strategischer te werk gaan. Je maakt pas echt impact door je steeds te blijven focussen op je strategie, de grote stenen. Als je je wilt onderscheiden in deze overvolle wereld, moet je eerst de grote stenen aanpakken en pas dan de kiezels en het zand.

Je voornaamste perspectieven op een *balanced scorecard*

Robert S. Kaplan en David P. Norton introduceerden al in 1992 het concept van de *balanced scorecard* in de zakenwereld.[8] Ze hadden met bezorgdheid waargenomen dat focussen op uitsluitend financiële maatregelen tot onwenselijke situaties binnen het bedrijf kon leiden. De balanced scorecard is een model waarmee een organisatie kan focussen op alles wat van belang is. Het model gaat ervan uit dat mensen willen presteren op gebieden die worden gemeten. Als je dus een meer gebalanceerde set van verschillende aspecten gaat meten, krijg je een evenwichtiger zakelijk beleid, over een langere termijn.

Er is veel veranderd sinds 1992 maar de behoefte aan een bredere kijk op prestaties is alleen maar groter geworden. Is dit model ook bruikbaar voor personen? We houden als vanzelf in de gaten of onze mail beantwoord is, of we onze producten en diensten op tijd leveren, of onze to-dolijst is opgeschoond, enzovoort. Dat zijn dan ook dingen die in het oog springen. Op deze manier krijg je echter niet het totale plaatje in beeld.

De meeste balanced scorecards richten zich op vier perspectieven, waaronder het financiële perspectief. Ik gebruik mijn eigen balanced scorecard om mezelf te herinneren aan mijn belangrijkste focuspunten. Ik heb vier perspectieven. Allereerst Leveren, mijn dagelijks werk; dan Schrijven, waaronder ook research en denken valt; verder Contacten voor het werk; en tot slot Energie, gefocust op twee gebieden: emotionele energie die wordt opgeladen door bewust tijd met familie en vrienden door te brengen, en lichamelijke energie. Ik voel me succesvol als ik in de loop van elke maand focus op alle vier de perspectieven en hierin vooruitgang boek.

Wat zouden jouw vier perspectieven zijn?

Focus op 'horizon 2'

Mehrdad Baghai en zijn collega's van McKinsey & Company introduceerden het concept van drie tijdhorizonnen binnen het kader van bedrijfsstrategie.[9] Horizon 1 is de korte termijn: de bedrijfsvoering voor het komende jaar. Horizon 2 is de middellange termijn: kijken naar nieuwe groeikansen en hiermee aan de slag gaan. Horizon 3 is de lange termijn: het in de week leggen van nieuwe ideeën voor de succesvolle voortzetting van het bedrijf in de verre toekomst. Om succesvol te zijn moet je alle drie de horizonnen in beeld hebben.

Horizon 2, de middellange termijn, is een gevaarlijk tussengebied. Het is leuk om met het hele managementteam een weekeindje weg te gaan en samen te dromen over spannende, geweldige visioenen en strategieën voor de lange termijn. Weer terug genieten deze zelfde managers op de werkplek van hun dagelijkse adrenalineshot, die hun hart sneller doet kloppen. Het middengebied blijft om de een of andere reden vaag. Veel bedrijven die ten onder gingen, zoals Kodak, Sun en Xerox, hadden zwaar ingezet op horizon 3; en alle drie runden ze hun bedrijf op dagelijkse basis heel effectief met de strategieën van horizon 1. Het probleem was: ze slaagden er niet in hun langetermijnplannen te vertalen naar de concrete realiteit. Ze besteedden onvoldoende aandacht aan horizon 2. En geldt dat eigenlijk niet voor veel mensen die het druk hebben? Horizon 2 mist de emotionele aantrekkingskracht van de langetermijndromen en plannen van horizon 3, zoals je MBA halen. Ze geven je ook geen adrenalinestoot, zoals de kortetermijnactiviteiten van horizon 1. Toch zul je de meeste strategische impact maken met op horizon 2 gerichte initiatieven.

Als activiteiten van horizon 2 beschouw ik concrete initiatieven met een duur van drie tot zes maanden. Dat kunnen projecten zijn, of veranderingsprocessen, of netwerkactiviteiten. Activiteiten van horizon 2 worden vaak bewust gepland, gebaseerd op waar je naar je vermoedt de grootste bijdrage kunt maken. Het zijn geen vage intenties maar specifieke reeksen activiteiten die op resultaat gericht zijn, meestal binnen twee kwartalen. Deze activiteiten van horizon 2 vereisen veel focus maar leveren veel resultaat op.

- Welke activiteit voor horizon 2 zal de meeste impact hebben op je strategie?
- Op welke activiteiten voor horizon 2 focus je onvoldoende?
- Wat kun je doen om te voorkomen dat je niet hopeloos vast komt te zitten in de activiteiten van horizon 1?

Liever een breed perspectief dan details

We weten dat we betere prestaties kunnen leveren met een plan – maar welk plan werkt het best? In een goed gecontroleerd onderzoek wilde men te weten komen hoe studenten het beste konden leren hun studievaardigheden te ontwikkelen door planning. De studenten werden in drie groepen ingedeeld. De eerste groep moest per dag plannen wat, waar en wanneer ze gingen studeren. De tweede groep moest dit ook plannen, maar dan per maand. Studenten uit de derde groep maakten geen plannen. De studenten die hun studie per maand planden ontwikkelden de beste studiegewoonten, behaalden de hoogste cijfers en hielden hun studie het beste vol. Een jaar later behaalden de maandelijkse planners nog steeds hogere cijfers dan de dagelijkse planners (maar beide scoorden beter dan degenen die helemaal niets planden).[10]

Het blijkt dat een breed perspectief van je plannen effectiever is en beter motiveert. Wie zich verliest in details, verliest vaak ook de focus. Maak dus een ruim opgezet plan voor horizon 2 en ga hiermee aan de slag.

Hoeveel initiatieven passen er in horizon 2?
Een psycholoog vroeg een paar generaals van het Amerikaanse leger hoe ze hun zaken regelden. Een veteraan, de enige vrouw in het gezelschap, vatte haar benadering samen: 'Eerst maak ik een lijst van prioriteiten: een, twee, drie, enzovoort. Daarna schrap ik alles onder de drie.'[11] Hierboven noemde ik al het belang van een balanced scorecard met vier perspectieven om op te focussen. Dit is een goede manier om je aandacht te richten op de voornaamste gebieden waarop je wilt presteren. Voor grote initiatieven in het gebied van horizon 2 is het advies van de generaal heel nuttig: concentreer je op een of twee projecten, dat is genoeg.

WORD MINDER PRODUCTIEF! KERNGEDACHTEN

Productiviteit is niet de manier voor succes op de lange termijn. Kleine voorsprongen worden al snel ingelopen door de concurrentie. Iedereen werkt hard dus het is gekkenwerk om harder te werken dan ieder ander.

De inzet van het spel is 'meer'

- In het industriële tijdperk was productiviteit de weg naar succes. Sinds die tijd proberen managementteams vooral de mensen hard te laten werken.
- In die context gaan we ervan uit dat op 'meer' inzetten de weg

naar succes is: hard werken, veel produceren, opvallen en slagen. Deze aanpak werkt niet meer (behalve aan het begin van je carrière).

- Je *kunt* niet alles en **je *moet* niet alles doen** als je succesvol wilt zijn in je carrière. Je moet focussen met behulp van een strategie. Zakelijke strategieën kunnen nuttig zijn omdat ze zijn gebaseerd op **succes in competitieve situaties met beperkte middelen**.

Strategische focus

- Een veel betere strategie dan **productiviteit** (op 'meer' inzetten) is **onderscheiding**.
- Er zijn vier strategische posities die we kunnen innemen: **alles voor iedereen** wordt het meest toegepast maar werkt niet. Een **kostengerichte positie** werkt goed maar is weinig aantrekkelijk. Een **klantgerichte positie** betekent dat je je onderscheidt door tegemoet te komen aan de unieke behoeften van je voornaamste klanten. Een **productgerichte positie** houdt in dat je je onderscheidt door unieke capaciteiten en expertise te ontwikkelen.
- **Focus op je sterke punten**: bouw een strategie op waarmee je aanzienlijk meer dan twintig procent van je tijd besteedt aan je sterkste punten.
- **Strategische ruil**: sommige goede ideeën laten gaan zodat je veel meer tijd en energie overhoudt voor andere is moeilijk, maar strategie ís ook moeilijk.

Less is more

- We bereiken meer door minder te doen; door keuzes te maken voor een kleiner aantal grote, belangrijke dingen om op te focussen. Net als Apple.

DOEN

Strategische positie

Neem een stap terug. Wat is jouw strategische positie: klantgericht, productgericht of kostengericht? Heb je dit in beeld, teken dan een strategisch jaarplan om beter te focussen op je voornaamste strategische gebieden.

Een balanced scorecard

Identificeer je vier voornaamste perspectieven om op te focussen en meet regelmatig hoe je hiermee vordert.

EXPERIMENTEREN

Strategische ruil

Stop met dingen die niet tot de kern van je strategie behoren. Sommige dingen zullen problemen opleveren, de meeste kun je zonder problemen loslaten. Door op deze manier op te ruimen krijg je een duidelijk beeld van wat echt essentieel is.

Eerst de belangrijke zaken

Oefen elke dag met voorrang geven aan de belangrijke zaken. De kleinere karweitjes komen vanzelf wel goed: hier kun je je later op richten, als je minder energie hebt.

Hoofdstuk 6

Impact door vernieuwing
(Maak je niet onzichtbaar)

In zijn detectivereeks rondom Father Brown had G.K. Chesterton ook een kort verhaal opgenomen dat *De onzichtbare man* heette. Het verhaal komt erop neer dat alle betrokkenen (behalve Father Brown) perplex staan vanwege een moord die haast wel door een onzichtbare man gepleegd moet zijn: geen van de betrokkenen heeft iemand het huis waar de moord plaatsvond zien binnenkomen of verlaten. De zaak wordt opgelost als Father Brown bedenkt dat het gewone en verwachte vaak onzichtbaar is – in dit geval de postbode. Wie zei dat hij niemand had gezien, bedoelde dat hij niemand had *opgemerkt*. De postbode, die op het verwachte tijdstip kwam, drong niet tot het bewustzijn door en werd vergeten.

Met dit voorbeeld wil ik aantonen dat jezelf onderscheiden de essentie van carrièrestrategie is. Dit hoofdstuk legt net als het voorgaande hoofdstuk uit hoe je jezelf kunt onderscheiden, in dit geval door vernieuwing, in grote en kleine dingen. Zonder vernieuwingen kan een bedrijf niet blijven bestaan, dus vernieuwingen zijn van het grootste belang. Vernieuwingen zijn uit de aard der zaak nieuw en trekken dus de aandacht: ze maken dat je je onderscheidt. In een aandachtseconomie kunnen we niet meer verwachten dat we worden opgemerkt omdat we ons werk goed doen of hard werken. Degenen die bepalen wie in aanmerking komen voor promoties zijn drukbezet en hebben keuze te over. We moeten hun aandacht zien te trekken door impact te maken met een strategische focus (zoals uitgelegd in het voorgaande hoofdstuk) en door vernieuwingen binnen onze afdeling, organisatie of maatschappij. Als dat ons lukt, steken we met kop en schouders boven de massa uit en oogsten we succes.

Vernieuwing is noodzakelijk

In het landbouwtijdperk kon je de competitie aangaan door veel grond te bezitten. In het industriële tijdperk ging je de competitie aan door productiviteit. In het informatietijdperk had je je succes te danken aan informatie en het vermogen deze informatie binnen te halen en te analyseren. Ik heb sterk het gevoel dat het informatietijdperk voorbij is: informatie is niet langer waardevol. In feite is informatie zo alomtegenwoordig dat het een goedkoop of zelfs gratis product is geworden. Wikipedia hielp kostbare encyclopedieën als *Encarta* van Microsoft en de *Encyclopaedia Britannica* om zeep. Twitter vervangt betaald nieuws en is inmiddels de snelste en betrouwbaarste manier om het laatste nieuws te vernemen. Een groot deel van de consumenten wereldwijd kan gratis muziek en films downloaden. Vroeger was informatie van grote waarde maar op veel gebieden gaat die stelling niet meer op.

Als informatie nu goedkoop is, wat is dan wel waardevol? Ik kan het met één woord samenvatten: vernieuwing. Dat is om drie redenen het geval. Ten eerste is er zoveel concurrentie op de markt dat producten en diensten binnen de kortste keren gekopieerd worden. Ten tweede ontwikkelt de technologie zich razendsnel: wat we consumeren en verwachten verandert sneller dan ooit tevoren. Een product dat vandaag de dag het toppunt van cool is, is binnen een paar maanden of jaren al ‘niet meer van deze tijd’. En ten derde: de klanten worden overvoerd en hun informatiekanalen raken zo overbelast dat ze nog maar met moeite ergens op kunnen focussen. Dus tenzij bedrijven echt iets interessants en vernieuwends te bieden hebben, zullen zij en hun producten net als de onzichtbare man uit het verhaal van Chesterton aan ieders aandacht ontsnappen en dus verlies lijden.

Het Nomura Research Institute, een zeer gerenommeerd economisch onderzoeksbureau, stelt dat we ons op de drempel van het vierde tijdperk van economische activiteit bevinden.[1] Het bureau duidt deze nieuwe periode aan als het creatieve tijdperk. In het creatieve tijdperk is het vermogen sneller te innoveren dan de concurrentie het enige waarmee je de competitie voorblijft. Meer dan ooit tevoren is innovatie van commercieel belang. En meer dan ooit tevoren is innovatie van belang voor je carrière, om dezelfde redenen: veel bedrijven, door de recessie afgeslankt, hebben zich ontwikkeld tot geduchte rivalen. Om gelijke tred te kunnen houden met de veranderingen op de markt en in de maatschappij moeten onze organisaties sneller dan ooit tevoren kunnen veranderen en schakelen. En dan is er nog het terugkerende thema van aandachtstekort. Bedrijven schreeuwen om vernieuwing maar binnen de bedrijven heerst de terreur van de inbox met te beantwoorden e-mails, eindeloze vergaderingen en werknemers die voortdurend moeten schakelen tussen talloze microtaakjes. De bedrijfscultuur moedigt kuddegedrag aan. Door te focussen op vernieuwing als carrièrestrategie kunnen we onze echte waarde tonen en inzetten; we vallen op en kunnen ons onderscheiden.

Dit hoofdstuk biedt praktische ideeën voor vernieuwing. Daar hoef je overigens niet zeer ‘creatief’ voor te zijn. De meeste vernieuwingen zijn klein en je hoeft ook niet van elk idee een doorbraak te verwachten. Als je echter gefocust blijft op vernieuwing, met kleine en grote stappen, zul je toch een grote impact hebben op je bedrijf en de aandacht op je vestigen. Bijvoorbeeld zó.

Creativiteit aanboren

Wat dacht je van een piano… gemaakt van beton? Of een betonnen schilderijlijst, bad of kleerkast? Alles van beton maken, dat was het idee van misschien wel de geniaalste uitvinder aller tijden, Thomas Edison. Hij raakte geobsedeerd door beton nadat een van zijn andere projecten op niets was uitgelopen: ijzererts winnen met behulp van magneten en grote walsen. Hij bleef zitten met een dorp vol machinerieën die perfect geschikt waren voor de betonproductie. Daarom begon hij in 1899 met een nieuw project, de Edison Portland Cement Company (een bedrijf dat cement voor de bouw van het Yankee Stadium leverde). Ondanks grote investeringen verloor hij in 1906 veel geld met de cementproductie. Hij besloot daarom zelf de vraag naar cement op te drijven. In een tafelrede in New York City deed hij de wereld kond van zijn nieuwste uitvinding: betonnen huizen. Deze konden in één enkele gietvorm worden gegoten en zouden slechts twaalfhonderd dollar per stuk kosten – betaalbaar voor iedereen, zelfs voor bewoners van sloppenwijken. Deze huizen zouden worden voorzien van betonnen badkuipen, schilderijlijsten en – inderdaad – piano's. Ze hoefden nooit overgeschilderd te worden. Extra verdiepingen konden worden aangebracht door eenvoudige aanpassingen van de gietvormen.

Klinkt dit te mooi om waar te zijn? Dat was het ook. De eerste prototypes waren geen succes en hoewel de gietvormen meermaals te gebruiken waren, moest een bouwontwikkelaar hierin eerst 175.000 dollar investeren. Trouwens: wie wil er wonen in een huis dat wordt aangeprezen als het 'paradijs van de sloppenbewoner'?

Van deze huizen, die het aanzien van de wereld zouden veranderen, staan er vandaag de dag nog slechts twaalf overeind.

Als we denken aan Thomas Edison, dan denken we aan de gloeilamp, de fonograaf en de film. Maar wat mij persoonlijk het meest inspireert in Edisons verhaal is de ongebreidelde creativiteit die hij tentoonspreidde. Hij was een ideeënmachine! Edison nam patent op voor maar liefst 1093 producten die hij had uitgevonden, ook al zaten daar heel wat missers tussen. Constant ontwikkelde hij nieuwe ideeën en werkte hij aan verbeterde productiemethoden. Constant onderzocht hij dingen en voerde hij experimenten uit. Niet al zijn ideeën werkten maar uiteindelijk had Thomas Edison niet alleen veel succes: hij veranderde het leven van ons allen.

Kies voor meer creativiteit

Je krijgt geen nieuwe ideeën als je jezelf geen nieuwe ideeën toestaat.

– Marc Benioff, CEO Salesforce[2]

Ik hoor mensen vaak zeggen: 'Ik ben niet creatief.' Ik vind dat verontrustend. Niet de uitspraak als zodanig, maar de punt aan het eind. Ik hoor hierin een definitieve punt. Mensen plakken zichzelf het etiket van 'oncreatief' op en denken er verder niet meer over na. Ze laten het onderwerp creativiteit over aan mensen die op school goed in tekenen waren. Maar omdenken en nieuwe ideeën ontwikkelen zijn twee van de voornaamste activiteiten op elk terrein. Ik zie 'creatief' als een activiteit, niet als een etiket: eerder als een werkwoord dan als een bijvoeglijk naamwoord. Daarmee raken we de kern van de scheidslijn tussen 'creatief' en 'niet-creatief': mensen die zichzelf als creatief zien, komen vaker met creatieve, alternatieve oplossingen.

Neurowetenschappers maakten hersenscans van mensen die over een probleem nadachten. Daarna vergeleken ze de hersenactiviteit van de proefpersoon voordat hij het probleem aanpakte met de kwaliteit van de oplossing van het probleem. Degenen die met een verstandige, tamelijk voor de hand liggende oplossing voor het probleem kwamen, vertoonden activiteit in andere hersengebieden dan degenen die met creatievere oplossingen kwamen. Degenen die een creatieve oplossing vonden, benaderden het probleem met activiteit in hun anterieure cingulate cortex. Ze speelden graag met verschillende opties en wisselden van benadering; ze stonden in de ideale stand voor creativiteit.

Creativiteit begint met het besluit creatief te zijn. Dat is een keus die we allemaal kunnen maken.

Plan C

Mijn schoonvader gaf les in design. Als hij de studenten een project voorlegde, kwamen ze meestal vrij snel met een ontwerp. Als dit af was, vroeg hij hun of ze tevreden waren over hun ontwerp. Onafhankelijk van het antwoord zei hij dan: 'Goed. Nu leg je dit opzij en maak je een plan B... en daarna liet hij ze ook nog een plan C maken. De studenten begonnen dan altijd te kermen en te klagen. En vrijwel altijd was plan B beter dan plan A, en plan C was nog beter.

Het is zoals Émile-Auguste Chartier heeft gezegd: 'Niets is zo gevaarlijk als een idee, als dat je enige idee is.' Te vaak heb ik gezien hoe teams die aan het werk waren met complexe zakelijke problemen al vrij snel met een oplossing kwamen en dan de rest van de tijd besteedden aan de vraag hoe deze oplossing toe te passen. Dat is eigenlijk onzinnig. Ideeën borrelen vrij gemakkelijk op terwijl het uitvoeren van ideeën vaak maanden of jaren kost. Het is dus zeker zinvol om met plan A op tafel nog even door te brainstormen richting plan B en C alvorens snel aan de slag te gaan. Als er drie opties liggen, kun je rationeel de beste uitkiezen. In het slechtste geval kost dit je dertig minuten; maar waarschijnlijker is dat je jezelf op deze manier maanden ellende bespaart.

Ideeën lenen

Soms kan de oplossing voor een probleem uit onverwachte hoek komen. Devi Shetty is India's leidende hartchirurg; maar hoe goed hij zijn vak ook beheerst, hij slaagde er toch niet in zijn doel te bereiken. Er waren gewoon te veel patiënten die op een operatie wachtten. En dan was er nog het probleem van de hoge kosten: een hartoperatie kost in Europa al gauw zo'n €50.000. Hoe kon hij het aantal operaties opvoeren en tegelijk de prijs drukken? De meeste chirurgen zouden hun schouders ophalen en bedenken dat hartoperaties wereldwijd nu eenmaal kostbaar zijn. Devi Shetty zette echter geen definitieve punt achter zijn gedachtegang. Hij zocht naar ideeën buiten zijn sector en beroep.

Shetty bedacht dat Henry Ford aan het begin van de twintigste eeuw zichzelf voor een vergelijkbare uitdaging gesteld zag. Zijn oplossing was de lopende band. Shetty wilde een medische benadering van Henry Fords principes van massaproductie uitproberen in de hartchirurgie. Normaliter is de opleiding tot hartchirurg langdurig en kostbaar: een hartoperatie is een zeer complexe procedure. In Shetty's model zou elke chirurg echter maar een klein onderdeel van de operatie hoeven uitvoeren, waardoor de opleiding sneller en goedkoper kon en de chirurgen zeer snel specifieke expertise opdeden. Door deze benadering kon een team van veertig cardiologen zeshonderd operaties per week uitvoeren; tegen een tiende van de kosten in een westers hospitaal, maar met hetzelfde succesniveau.[3]

Shetty ging niet op zoek naar een briljant nieuw idee; hij leende gewoon een plan van iemand anders. Hij stelde zichzelf de vraag: 'Wie heeft al eens eerder een dergelijk probleem opgelost?' Als je dus de volgende keer geen oplossing voor een probleem weet, vraag jezelf dan af van wie je een idee kunt lenen.

Van idee naar vernieuwing

In 1959 loofde Henry Kremer een grote prijs (2,5 miljoen euro, omgerekend naar de huidige koers) uit voor het eerste team met een vliegtuig op mankracht dat het Kanaal kon oversteken. Het ene na het andere team nam de uitdaging aan, maar alles tevergeefs. Het leek ondoenlijk.

Ondoenlijk leek het zestien jaar lang, tot de Amerikaanse ingenieur Paul MacCready een poging wilde wagen. Hij kwam al snel tot een verrassend besef: iedereen probeerde het verkeerde probleem te tackelen! Iedereen dacht dat het probleem was om te bedenken hoe je een vliegtuig op mankracht moest bouwen; na maanden van theoretiseren en ontwerptekeningen maken werd dan het vliegtuig gebouwd, en al bij de eerste testvlucht stortte het neer. Mislukt.

MacCready's inzicht was dat er maar één manier was om tot een bruikbaar ontwerp te komen: met vallen en opstaan. Zo zou hij gaandeweg merken wat werkte en wat niet. Het probleem was in zijn optiek dus niet 'Hoe ontwerp en bouw ik een vliegtuig op mankracht?' maar 'Hoe bouw ik vliegtuigen op mankracht die niet in maanden maar in enkele uren kunnen worden herbouwd?'[4]

De vliegtuigen die hij bouwde konden zo snel en goedkoop worden herbouwd dat hij per dag vaak vier testvluchten (en crashes) kon maken. Achttien jaar na Kremers uitdaging vloog de Gossamer Albatross met succes over het Kanaal. MacCready was al na achttien maanden (en aanzienlijk meer dan achttien crashes!) geslaagd in zijn opzet. Het startpunt van vernieuwing is de benadering van het juiste probleem.

Een oplossing voor het juiste probleem

Tussen 1990 en 1995 gaf Mihaly Csikszentmihalyi, in die tijd hoogleraar psychologie aan de University of Chicago, leiding aan een team dat onderzoek deed bij 91 uitzonderlijke personen, onder wie veertien Nobelprijswinnaars. Deze 91 mensen waren allemaal geselecteerd omdat ze algemeen beschouwd werden als personen die belangrijke bijdragen op hun vakgebied hebben geleverd. Hij wilde bovenal begrijpen hoe ze tot hun grote doorbraak waren gekomen. Wat hij ontdekte druiste in tegen het instinct van elke manager: de oplossing vinden was een makkie, de moeilijkheid lag in het vinden van de juiste vraag. Als de vraag was gevonden, borrelden de ideeën vanzelf op.[5]

Mike Marquardt is een inspirerende collega, hoogleraar en een autoriteit in de wereld van Action Learning, een methode voor het oplossen van complexe strategische problemen. Als hij werkt met Action Learning-groepen, stelt hij meermaals een vraag die altijd veel impact heeft: 'Wat is het probleem dat we proberen op te lossen?' Deze vraag raakt de kern van elke kwestie: we spenderen ontzettend veel tijd en energie aan het bedenken van een oplossing en een plan maar we besteden amper tijd aan een beter begrip van het probleem.

Soms onderbreekt hij de discussie en laat hij alle groepsleden afzonderlijk op papier zetten welk probleem volgens henzelf besproken wordt in de groep. Het is verbijsterend hoe vaak mensen die aan hetzelfde debat meedoen het niet eens zijn over het probleem in kwestie of voor verschillende problemen een oplossing zoeken. En dat zelfs na uren discussiëren! De deelnemers zijn er vaak even stil van maar daarna komen ze bijna altijd met betere, creatievere oplossingen.

***

Denk na over een onderdeel van je werk of je leven waar je voortdurend in vastloopt. Stel jezelf de vraag: ben ik bezig het juiste probleem op te lossen?

Een proefondervindelijk proces

Overal om ons heen zien we het levende bewijs van een systeem voor vernieuwing dat de eeuwen heeft getrotseerd: de evolutie. Of, specifieker: wat werkt is variatie en selectie. De theoretisch bioloog Stuart Kauffman heeft aangetoond dat evolutie niet zomaar een praktische methode is voor het oplossen van complexe problemen, maar de beste benadering.[6] Seksuele voortplanting en genetische mutatie zorgen voor veel variatie. Van al deze variaties lopen sommige op niets uit, andere blijven voortbestaan en sommige zijn uiterst succesvol. In de loop van miljoenen jaren ontstaan geweldige oplossingen die nooit zouden kunnen worden gepland maar toch uitstekend werken.

Zoals Tim Harford uitlegt in zijn boek *Adapt: Why Success Always Starts with Failure* (in het Nederlands verschenen onder de titel *Adapt. De kracht van improvisatie*): als je een wasmiddel ontwikkelt is het ontwerp van de schenktuit erg belangrijk.[7] Unilever probeerde precies de juiste tuit te ontwikkelen maar het wilde maar niet lukken. Er werden experts bij gehaald maar succes bleef uit. Uiteindelijk besloten ze een reeks experimenten uit te voeren. Ze maakten tien verschillende tuiten en testten ze. Daarna kozen ze de tuit die als beste uit de test kwam, maakten tien variaties op dit ontwerp en testten die opnieuw. Na nog vijfenveertig experimenten, waarbij telkens de beste tuit werd geselecteerd en er weer tien variaties op dit ontwerp werden gemaakt, stuitte Unilever op het ultieme ontwerp: een ontwerp dat geen ontwerper ter wereld ooit had kunnen bedenken.

De les van Edison is dat vernieuwen niet werkt door gewoon

geniaal te zijn en zomaar een briljant idee te opperen, een idee dat de wereld verandert. Wil je vernieuwen, ga dan te rade bij de evolutie: experimenteer. Doe verschillende dingen. Sommige ideeën zullen werken, andere niet. Ga verder met de ideeën die werken, laat de ideeën die niet werken los en blijf variëren op succesvolle ideeën.

Welk onderdeel van je werk komt niet van de grond? Bedenk drie alternatieve manieren die je nog niet uitgeprobeerd hebt. Experimenteer hiermee en ga verder met de meest effectieve ideeën.

Leren van kleine fouten

Chris Rock is een van de succesvolste komieken van het moment. Begin jaren negentig kwam hij in de belangstelling met zijn optreden op *Saturday Night Live*; hij speelde in een reeks films en werd door Comedy Central uitgeroepen tot de op vier na grootste komiek aller tijden. Chris is voortdurend op zoek naar nieuwe grappen, maar net als de meeste komieken kan hij niet met zekerheid voorspellen welke grappen goed vallen en welke niet. Om succesvol te blijven test hij zijn nieuwe materiaal voortdurend uit in kleine theaters, waar het weinig uitmaakt als een grap verkeerd valt.[8] De verhalen en grappen die in dit testcircuit wel werken zijn degene die met succes over het voetlicht komen in de grote theaters.

Wil je vernieuwen, vraag jezelf dan af hoe je op kleine schaal kunt experimenteren. Hoe kun je je idee uittesten zonder dat je grote brokken maakt?

Kijk objectief naar de resultaten

International Child Support (ICS), een Nederlandse instelling, wilde financiële steun bieden aan een hulpverleningsprogramma voor scholen in Kenia.[9] Zoals de meeste goede doelen heeft ICS beperkte middelen, dus die moesten een optimale impact hebben. Om de impact te testen werden 25 willekeurige scholen gekozen en voorzien van lesboeken. Vergeleken met de niet-gekozen scholen bleken de lesboeken weinig impact te hebben. In plaats van op te geven besloot ICS tot een tweede experiment. Opnieuw werden 25 willekeurige scholen gekozen, die ditmaal geïllustreerde flipoverborden kregen. Ook deze tweede keer stelden de resultaten teleur. Ten slotte verstrekte ICS de kinderen pillen om te ontwormen. De ontwormingspillen bleken een groot succes: de kinderen groeiden beter, hadden minder last van infecties en bleven minder vaak ziek thuis. Vanuit dit succes kon een grotere investering worden gedaan, die een echte impact zou maken.

Het is niet altijd mogelijk om steekproeven uit te voeren, met controlegroepen. Toch is het opmerkelijk hoe vaak we in het dagelijks werk en dagelijks leven de kans voorbij laten gaan om dingen uit te testen. Ernest Hemingway heeft eens gezegd: 'Schrijf als je dronken bent, schrap als je nuchter bent.' We hebben het te druk om tijd te verspillen aan ideeën die niet werken. Probeer nieuwe ideeën uit en kijk dan nuchter naar de resultaten. Succes komt niet voort uit direct de juiste beslissing raden: het komt voort uit verschillende dingen uitproberen, daarna objectief bekijken wat werkt en wat niet, en vervolgens de juiste conclusies trekken. Blijf in beweging. Blijf dingen uitproberen. Blijf schrappen wat niet werkt zodat je tijd overhoudt om nieuwe dingen te proberen. Ga op zoek naar ideeën die echt verschil maken. Als je erachter komt wat echt werkt, investeer dan al je middelen en energie hierin: je weet dan immers dat het welbestede moeite is. Zoals de grote Muhammad Ali al (ongeveer) zei: 'Zweef als een vlinder, dan kun je steken als een bij.'

IMPACT DOOR VERNIEUWING
KERNGEDACHTEN

We leven in een aandachtseconomie. Om succesvol te zijn moeten we de aandacht trekken van drukbezette mensen door onszelf actief te onderscheiden. Dit doen we door strategische focus (zoals besproken in het voorgaande hoofdstuk) en door actieve vernieuwing.

Vernieuwing is noodzakelijk

- Vanwege de pijlsnelle ontwikkelingen op de markt, de wisselende trends en de beperkte aandacht van klanten is het vermogen jezelf voortdurend te vernieuwen het enige waarmee je de concurrentie voorblijft. Dit geldt in gelijke mate voor je carrière.

Creativiteit aanboren

- Vernieuwing begint met het besluit creatief te zijn. De zogenaamd 'creatieve mensen' zijn niet genetisch met ideeën toegerust maar hebben de gewoonte ontwikkeld steeds naar alternatieve ideeën uit te kijken.
- Vermenigvuldig je nieuwe ideeën door steeds te zoeken naar een plan B en een plan C, maar ook door ideeën te lenen uit andere werkterreinen.

Van idee naar vernieuwing

- Neem de tijd om te bepalen of je wel bezig bent om het juiste probleem op te lossen.
- Niet alle ideeën zullen werken. Houd hier niet krampachtig aan vast. Probeer verschillende dingen uit, net als in de evolutie, en ruim op wat niet werkt. Experimenteer en laat de ideeën die niet werken los.
- Experimenteer op kleine schaal, zodat fouten er niet toe doen.

DOEN

Plan C

Stop nu direct met die grote opdracht waar je mee bezig bent en stel jezelf de vraag: 'Is er een compleet andere manier om dit te doen?' Daag jezelf voortdurend uit bij elke grote opdracht: onderscheid je jezelf op deze manier? Heb je tijd uitgetrokken voor plan B en plan C?

Ideeën lenen

Kijk naar volstrekt andere werkterreinen en gebieden. Wie heeft al eens eerder een dergelijk probleem opgelost? Wat valt daarvan te leren?

EXPERIMENTEREN

De kernvraag

Stel deze kernvraag ook eens tijdens vergaderingen en discussies: 'Wat is het probleem dat we proberen op te lossen?' Dat kan een enorme impact hebben.

Fouten maken

Oefen op een constructieve manier met fouten maken, om er iets van te leren of om je faalangst te overwinnen. Kies expres een activiteit of project waarmee je denkt missers te maken en begin hieraan met de intentie ervan te leren.

Hoofdstuk 7

Druk is een waardeloos merk
(Ontwikkel een beter merk)

Op elk van de twintig tafels stonden drie glazen, gemarkeerd met de letters A, B of C. Elk glas was gevuld met een ander merk bier: Budweiser, Coors of Miller. Damian Horner, een briljante marketingstrateeg (en degene aan wie ik mijn beste ideeën over merken te danken heb), en ik vroegen de deelnemers aan elk tafeltje het bier te proeven en ons te vertellen in welk glas Budweiser zat. We hielden onze adem in. We hadden dit experiment nog nooit eerder uitgevoerd en nu probeerden we het uit met honderdveertig topmanagers! We wisten niet of het zou werken maar we hadden wel het onderzoek over deze test gelezen. Om de beurt kwamen de antwoorden van de tafels binnen. Vier tafels hadden de juiste keuze gemaakt, zeven hadden verkeerd gekozen en de andere negen dachten dat het een strikvraag was, en dat alle bieren van hetzelfde merk waren! Het experiment was geslaagd. (Oef!)

In de Verenigde Staten is bijna vijftig procent van al het verkochte bier van Budweiser: een ongelooflijk groot marktaandeel gezien de enorme keuze. Veel Budweiser-drinkers beweren dat ze bij wijze van spreken liever een arm of been zouden missen dan hun smaakpapillen bederven met bocht van Miller of Coors. Maar uit alle onderzoeksresultaten, en onze eigen blinde smaaktest, kon de meerderheid van de Budweiser-drinkers deze drie biersoorten niet uit elkaar houden en al helemaal niet bepalen welke van Budweiser is.

Mensen kiezen Budweiser omdat het een geweldig merk is.

Merken zijn belangrijk

Je staat in een grote supermarkt en je wilt een soep kiezen. Je hebt de keus uit driehonderd soepen. Volgens economische theorieën is keuze goed: door logische gevolgtrekkingen kun je erachter komen welke het meest geschikt voor jou is. Je bestudeert dus alle etiketten, hoeveelheden en prijzen om tot een rationele beslissing te komen. Drie uur later ben je klaar en kun je bij het schap ontbijtgranen opnieuw beginnen met kiezen. Maar nee, zo gaat het natuurlijk niet.

Makkelijker beslissen

Eigenlijk is het verbazingwekkend hoe zelden we vastlopen in complexe beslissingen. Een enkele keer moet je hierbij misschien een staartdeling maken, terwijl je geen rekenmachine bij de hand hebt, maar de meeste beslissingen zijn een koud kunstje. Daar zijn twee redenen voor: de eerste reden is dat we bij een te grote keuze gewoon geen beslissing nemen en verdergaan. De tweede reden dat we hier zelden problemen mee hebben werd vastgesteld door Amos Tversky en Daniel Kahneman, al snel nadat zij begonnen met hun samenwerking. Worden we geconfronteerd met een moeilijke vraag, dan vervangen we die eenvoudigweg door een makkelijke. Het volgende experiment brengt dit mooi in beeld. Duitse studenten kregen een vragenlijst met daarop onder meer de volgende vragen:

- Hoe gelukkig ben je momenteel?
- Hoeveel afspraakjes had je afgelopen maand?

Toen de antwoorden werden bekeken, bleek er hoegenaamd geen verband tussen de antwoorden tussen beide vragen. Maar als de volgorde van de vragen werd omgedraaid, dus eerst 'Hoeveel afspraakjes had je afgelopen maand?', was er een zeer duidelijk verband tussen beide antwoorden. Door eerst naar de afspraakjes te informeren, hadden de onderzoekers de studenten een gemakkelijker vraag aangereikt ter vervanging van de moeilijke vraag 'Hoe gelukkig ben je momenteel?'[1]

Terug naar de supermarkt

We zijn het erover eens dat je geen drie uur doorbrengt met rationele analyses en het bepalen van wat de beste soep is op grond van vooraf bepaalde criteria. Wat gebeurt er wel? Je besluit vandaag geen soep te kopen en loopt door, of je kiest een makkelijkere vraag. In plaats van de vraag 'Welke soep zou de ideale keuze zijn voor mij (en mijn gezin), gebaseerd op mijn smaak, gezondheid en prijsvoorkeur?' vraag je: 'Waar staat de soep die ik vorige week kocht?' of 'Welk etiket spreekt me aan?' Of gewoon 'Waar staat Campbell's kippensoep?' Merken helpen ons vervangende vragen te vinden. Dankzij merken gaat beslissen makkelijker en eenvoudiger. Merken zijn dus zeer belangrijk.

Ook jij hebt een merk, of je dat nu wilt of niet

Dit geldt ook voor onze carrières en prestaties. Om te beginnen hebben mensen onvoldoende informatie over je. Slechts weinig mensen hebben goed zicht op wat je van dag tot dag verricht: dat komt doordat de meeste mensen je niet vaak genoeg aan het werk zien. Toch behoren tot deze groep ook de mensen die beslissingen over jou nemen en je carrière mede bepalen. Dat kunnen grote beslissingen zijn, bijvoorbeeld of ze je een baan aanbieden en hoe ze je beoordelen op je werk. En het kunnen kleine beslissingen zijn, bijvoorbeeld je al dan niet uitnodigen voor een bespreking of project, je wel of niet om advies vragen of (inderdaad) bepalen wat ze achter je rug om over je zeggen. Dit zijn beslissingen die ertoe doen. Gezien het feit dat deze mensen niet de capaciteit hebben objectieve beslissingen over jou te nemen, vervangen ze een moeilijke vraag door een makkelijke. Ze nemen hun beslissing niet op basis van je verrichtingen maar op basis van je merk. Dat vind je misschien moreel afkeurenswaardig, of vervelend, maar dat maakt niet uit: ook jij hebt een merk in de ogen van de mensen in je omgeving. Jouw merk is op dit moment van invloed op je carrière en die invloed zal toenemen naarmate mensen het drukker krijgen. De vraag is niet 'Wil ik een merk hebben of niet?' maar 'Ga ik bewust werken aan mijn merk of niet?'

Druk is een waardeloos merk

Drukte is niet alleen een toestand maar ook een merk. Op honderden manieren laten we elke dag merken hoe druk we het hebben: iedereen mag het weten. Eigenlijk is dat vreemd. Met druk zijn spring je niet in het oog, blijf je anderen niet bij en kun je jezelf niet onderscheiden: iedereen heeft het immers druk. Druk zijn is niet cool, niet boeiend en niet effectief. Maar omdat het als een successtrategie gezien wordt, verspreiden veel mensen als voornaamste boodschap over zichzelf dat ze het druk hebben, echt heel druk.

Dat is een gemiste kans, want als je eenmaal iemands aandacht hebt, dan is het zonde die kans te verspillen door te vertellen dat je niet in staat bent om je leven en je werk te beheersen. Ik zou je liever aanraden te werken aan een merk dat gebaseerd is op je strategie, op de manier waarop je jezelf wilt onderscheiden. Met behulp van je merk kun je duidelijk en eenvoudig overbrengen waar jij om bekend wilt staan en wat jouw voornaamste bijdrage is.

Vind je merk

Waarin zou jij investeren? In een bedrijf dat op de New York Stock Exchange met de afkorting 'KAR' staat aangeduid, of een bedrijf met de aanduiding 'RDO'? Het blijkt dat wie voor KAR koos negen procent meer geld verdiende dan wie voor RDO koos.[2] Dit fenomeen wordt 'vloeiende informatieverwerking' genoemd: het gemak waarmee we informatie kunnen verwerken, de mate waarin we iets moeiteloos of juist moeizaam begrijpen of waarnemen. Het brein houdt van simpel. Deze aantrekkelijke eenvoud heeft een 'halo-effect': dankzij vloeiende informatieverwerking ervaren we dingen als positief. Als we bijvoorbeeld twee teksten lezen, beoordelen we de schrijver van de tekst die eenvoudiger te lezen was als intelligenter; en als een zin gemakkelijk te onthouden is, hechten we er meer geloof aan.[3] Vloeiende informatieverwerking in ons brein maakt dat we iets onthouden, prefereren en er vertrouwen in hebben.

Ook in commercieel opzicht werkt dit. Toen Procter & Gamble de productenlijn van hun voornaamste antiroosshampoo Head & Shoulders (31 producten) met een derde inkrompen, steeg het marktaandeel met vijf procent, een ruime verdubbeling van de verkoop per product.[4] En toen Zurich Insurance Group de brochures voor hun levensverzekeringen eenvoudiger opzette en de technische informatie verving door gemakkelijk te begrijpen klantenverhalen, steeg de verkoop met zeven procent.[5] Het brein houdt van simpel, dus kiezen we voor simpel.

Het merk kan niet simpel genoeg zijn

Een van de manieren waarop merken werken is dat ze zeer complexe zaken uiterst simpel voorstellen. Wie aan Volvo denkt, ziet niet alle verschillende modellen met alle verschillende snufjes voor zich. We maken geen gedetailleerde vergelijking tussen al deze modellen en concurrerende auto's van dezelfde klasse. Nee, we horen het woord 'Volvo' en we denken: 'veilig'. Hoe simpeler het merk te bevatten is, hoe beter de vloeiende informatieverwerking en hoe beter we het merk onthouden, waarderen en vertrouwen.

Een goed persoonlijk merk kan niet simpel genoeg zijn. Met dit merk moeten zeer drukbezette mensen jou moeiteloos kunnen inschatten, begrijpen, vertrouwen, omschrijven en uiteindelijk de goede kansen geven. Je bent misschien bang dat een enkel woord of zinnetje geen recht doet aan al je kwaliteiten, maar daar gaat het niet om. Je toehoorders hebben geen tijd om de ware rijkdom en complexiteit van je karakter te peilen. Simpel moet het zijn want iets simpels zullen ze kiezen.

Om een voorbeeld te geven: ik leidde eens een sessie in Singapore met een groep leidinggevende figuren van hoog kaliber. Op die dag werd de groep toegesproken door twee topmanagers. De eerste sprak over zijn functie en over de lessen die hij had geleerd. Op drie verschillende momenten tijdens zijn toespraak zei hij: 'Het is complex maar ik maak het eenvoudig.' Elke keer dat hij dit deed was het een relevante toevoeging aan zijn betoog, een soort korte samenvatting van wat hij juist had gezegd. Hij zei het ook niet om te pochen: het was gewoon een feit. De volgende spreker was duidelijk en welsprekend maar gaf geen persoonlijke samenvattingen tussendoor.

Ik vond het verschil tussen beide presentatiestijlen zeer interessant. Aan het einde van de dag vroeg ik de groep wat ze zich herinnerden van beide presentaties. Eerst vroeg ik naar de tweede spreker. De groep herinnerde zich allerlei dingen, maar niet dezelfde. Toen vroeg ik naar de eerste spreker. Daar hoefden de leden van de groep niet over na te denken; meteen riepen ze, bijna in koor: 'Als iets complex is, maakt hij het eenvoudig.' Die spreker was er duidelijk in geslaagd zijn merk over te brengen op de groep. De groepsleden herinnerden zich ook andere uitspraken, misschien wel meer uitspraken dan van de tweede spreker, maar het voornaamste dat ze zich herinnerden was zijn kernwaarde voor het bedrijf. Ze konden hem plaatsen. Als ze hem maanden later nog eens zouden tegenkomen, zouden ze zich vermoedelijk nog steeds zijn merk herinneren.

Jij – op een topdag

Berocca is een multivitamine van Bayer. In een van hun reclamespots zie je een man in pak op een vouwfiets stappen, een fietshelm opzetten en naar zijn werk rijden. Maar in plaats van rustig naar zijn werk te fietsen, haalt hij onderweg naar kantoor allerlei stunts uit: hij rijdt op zijn achterwiel, maakt sprongen en draait pirouettes. De commercial vat het samen: 'Berocca. Jij – op een topdag.' Dit is wat jouw merk voor jou moet doen: jou op je best tonen, niet gewoon samenvatten wat je doet. Je merk moet een waarachtige en accurate afspiegeling zijn van jou, maar dan op een topdag.

Denk eens terug aan de dagen waarop je geweldig in vorm was. Waarom functioneerde je zo uitstekend op die momenten? Zoek naar verbindende thema's die deze momenten zo uniek maken.

Houd deze thema's in gedachten bij de volgende oefening. Aan de hand daarvan kun je een merk formuleren dat niet gewoon je strategie verwoordt maar je kernbijdrage aan je bedrijf pakkend omvat.

Wat wordt jouw merk?

Omcirkel in de tabel hieronder de vijf woorden die jou en je carrièrestrategie het beste weergeven.

analytisch	gemotiveerd	probleemoplosser
assertief	gericht op totaalbeeld	productief
begrijpend	goed georganiseerd	realistisch
behulpzaam	grondig	rechtdoorzee
betrouwbaar	klantgericht	relaxed
commercieel	kwaliteit	resultaatgericht
direct	links leggen	risiconemer
doelbewust	logisch denken	scherpzinnig
doorzetter	medewerkend	slim
dynamisch	moedig	spits
eerlijk	nauwgezet	stipt
effectief	onafhankelijk	systematisch
efficiënt	onconventioneel	teamspeler
energiek	ondernemend	vastberaden
enthousiast	openhartig	verbeeldingskracht
expert	oplettend	verhelderen
flexibel	oprecht	vernieuwend
gedisciplineerd	origineel	vooruitzien
geestig	positief	vriendelijk
gefocust	praktisch	wilskrachtig

Waarom geven juist deze vijf woorden jou en je strategie het beste weer? Bedenk een korte zin, of zelfs een enkele term die de kern van je merk raakt. Dat hoeft niet direct perfect te zijn: probeer het gewoon. Dit is je eerste poging tot jouw 'merkhypothese'. Zet dit op papier en leg het ergens neer waar je het regelmatig tegenkomt, en praat erover met vrienden en collega's. Kijk of het werkt voor jou en voor hen. Slaap er een paar nachtjes over en laat er regelmatig je gedachten over gaan. In de loop van de daaropvolgende weken zul je waarschijnlijk meer klaarheid krijgen over wat er goed aan is en wat eraan ontbreekt. Pas het dan aan, schaaf het bij tot het perfect is. En pas het dan toe.

Misschien helpt het als ik een paar voorbeelden geef van merken die mijn klanten hebben geformuleerd:

- 'Ik leg de link.' Deze persoon kon uitstekend mensen en ideeën aan elkaar verbinden.
- 'Verhelderen.' Deze persoon zorgde voor helderheid tijdens discussies en projecten.
- 'Geen probleem!' Deze klant gebruikte gewoon de bijnaam die hij op zijn werk had verworven: hij zei altijd 'Geen probleem!' Zijn collega's herkenden hierin zijn houding van aanpakken. Hij had aanvankelijk termen als 'aanpakken' en 'behulpzaam' gekozen maar realiseerde zich toen dat zijn bijnaam een pakkende merknaam was.

Werk aan je merk

Terwijl ik aan dit onderwerp begin, besef ik dat je erg weinig extra tijd kunt uittrekken om jezelf op de markt te zetten. En je voelt er misschien ook weinig voor jezelf te promoten en elke directeur die je toevallig tegenkomt je reclamepraatje op te dringen. Ook als je overtuigd bent van het belang van je merk heb je geen tijd te over en wil je ook niet opschepperig overkomen. Daarom geef ik je hieronder een paar eenvoudige ideeën om aan je merk te werken zonder dat je daar uren voor in hoeft te roosteren of andere mensen moet lastigvallen.

Marktonderzoek

Stel je voor: er komen twee collega's naar je toe. De een zegt dat hij briljant is in het sluiten van deals, de ander vraagt je waarin hij volgens *jou* goed is. Welke benadering staat je het meeste aan? Die van nummer twee, denk ik. We vinden het allemaal prettiger om onze mening te kunnen geven dan iets aan te moeten horen.

Niemand zal het bezwaarlijk vinden zijn mening te geven over jouw merk of over de manier waarop jij het best bijdraagt aan de organisatie. De meeste mensen vinden het wel irritant als je ze zonder dat ze daarom gevraagd hebben gaat vertellen waar jij goed in denkt te zijn. Als je je merkhypothese hebt verwoord, kun je mensen vragen om hun input. Je vraagt om hun mening, en als ze vragen waarvoor vertel je wat volgens jou je merk is. Luister naar hun feedback. Je krijgt zo nuttige informatie te horen maar hebt hun bovendien duidelijk gemaakt wat je merk is.

Leef naar je merk

Was Einstein goed in organiseren?

Mijn antwoord is kortweg: ik zou het niet weten en ik wil het ook helemaal niet weten. Ik heb wel een vermoeden: zou iemand met zo'n woeste haardos goed in organiseren kunnen zijn? Zijn bijdrage aan de wereld lag echter niet in allerlei kleine dingen maar in één groot ding. De historie vermeldt niet dat hij stipt was, dat hij goed in darts was en dat hij sprankelende feesten organiseerde (ik noem maar een paar dingen, ik heb geen idee of hij daar goed in was of niet); de historie vermeldt zijn uitzonderlijke talent op natuurkundig gebied.

Een van de beste en meest persoonlijke manieren om aan je merk te werken levert meteen ook de meeste voordelen op van een duidelijk merk. De beste vorm van communicatie is actie. Je werkt aan je merk door ernaar te leven. Probeer te focussen, te vernieuwen en te communiceren in overeenstemming met je merk, zo draag je iets bij op de manier waarop je in jouw ogen het beste tot je recht komt. Dat klinkt een beetje als een cirkelredenering en dat is het ook – maar daardoor werkt het juist zo goed!

Stel, je merk is 'verhelderen'. Nadat je dit hebt besloten, kun je voortdurend uitkijken naar manieren om dit in de praktijk te brengen. Zoek naar kansen voor vernieuwing door verheldering te brengen in zakelijke processen of begin een project om de beslissingsprocessen van klanten te verhelderen (misschien noem je dat project wel 'Helderheid!'). In al je presentaties, bijeenkomsten en e-mails kun je het thema van helderheid doorvoeren. Je maakt je e-mails kort en helder, waarbij je het onderwerp bovenaan zet en in het onderwerpsvakje typt. Op vergaderingen word jij degene die helderheid in de chaos brengt, met uitspraken als 'Laten we dit even helder krijgen: de drie voornaamste punten zijn dus...'

Je merk beschrijft waar je goed in bent en door te leven naar je merk word je hier nog beter in.

Merksignalen

Kleine dingen doen er vaak net zoveel toe als grote dingen. Als je voortdurend kleine dingen doet die je merk versterken, laat je hiermee een duidelijke indruk achter en trekken mensen de conclusie dat je dit gedrag ook in grote zaken zult doorvoeren. Dit zijn kleine 'merksignalen'. Een klant van Shell waar ik eens mee werkte had als merk 'betrouwbaar' en 'stipt'. Hij zocht naar een manier waarop hij zijn merk voortdurend kon versterken, en besloot zijn voicemailbericht te veranderen in: 'Laat een bericht achter en ik bel u binnen drie werkuren terug.' Belangrijker was dat hij dat ook altijd deed. Als ik hem belde en een bericht insprak, keek ik altijd even op mijn horloge – om te checken. Elke keer dat hij binnen de gestelde termijn terugbelde, versterkte hij zijn merk. Elke keer dat hij zijn toezegging waarmaakte, bouwde hij zijn reputatie van betrouwbaarheid op: ook als hem een miljoenenopdracht zou worden toevertrouwd zou hij die bijtijds voltooien.

Hier kun je ook een beetje speels mee zijn. Ik had eens een klant die een hoge directiepost bekleedde maar ook creatief en non-conformistisch was. Hij begon felrode sokken onder zijn grijze krijtstreeppakken te dragen. Ik zag ook eens het visitekaartje van een scheidingsadvocaat die wilde laten zien dat hij deze serieuze zaken ook op een menselijke manier en met soms een vleugje humor wilde benaderen. Zijn visitekaartje was over de middenlijn geperforeerd (zodat je het gemakkelijk doormidden kon scheuren!).

Wat zouden jouw merksignalen kunnen zijn?

DRUK IS EEN WAARDELOOS MERK
KERNGEDACHTEN

Wie 'druk' gebruikt als successtrategie, verspreidt als voornaamste boodschap aan anderen dat hij het heel erg druk heeft. Een gemiste kans: het zegt niets over je en is geen manier om je te onderscheiden (en het is ook oersaai).

Merken zijn belangrijk

- Iedereen wordt tegenwoordig overspoeld met informatie en keuzes. Merken kunnen helpen bij beslissingen door een moeilijke beslissing te vervangen door een makkelijke.
- Merken beïnvloeden onze keuzes en voorkeuren, vooral als we het druk hebben.
- Ook jij hebt een merk, of je dat nu wilt of niet. De enige keuze die je hebt is: ga je hieraan werken of niet?

Vind je merk

- Het merk kan niet simpel genoeg zijn.
- Je merk beschrijft jou op je best (en is in overeenstemming met je carrièrestrategie).

Werk aan je merk

- We werken aan ons merk door te leven naar ons merk in al onze woorden en daden. Dit is een van de persoonlijkste manieren en brengt het beste in ons tot uiting.

DOEN

Formuleer je merk
Ontwikkel je eigen merkomschrijving, gebaseerd op je strategie en inzicht in je voornaamste bijdrage aan je bedrijf.

Marktonderzoek
Heb je je eerste 'merkhypothese' verwoord, praat hier dan over met vijf collega's die je goed kennen en vraag hun feedback op je merk. Denk hierover na en schaaf je omschrijving bij.

EXPERIMENTEREN

Leef naar je merk
Hoe maak je je volgende e-mail, verslag, of de volgende vergadering waar je aan deelneemt tot een kans om te leven naar je merk?

Merksignalen
Welke creatieve ideeën kun je bedenken om op een subtiele manier je merk te versterken?

Hoofdstuk 8

Volg je eigen weg
(Radio's repareren door te denken)

Richard Feynman was een van de belangrijkste theoretisch natuurkundigen van de twintigste eeuw en won de Nobelprijs. Als twaalfjarige richtte hij een klein laboratorium op zijn kamer in; hij kocht zijn eerste radio en in plaats van daarnaar te luisteren haalde hij hem uit elkaar. Hij werd al snel erg goed in het repareren van radio's. Dit was aan het begin van de jaren dertig, de tijd van de Grote Depressie, dus een jongen die goedkoop radio's repareerde kon zich nuttig maken. Op een keer werd hij meegenomen door een klant die absoluut niet overtuigd was dat de pogingen van dit knaapje zijn tijd en geld waard waren. Onderweg vroeg hij Feynman voortdurend wat een kind nou van radio's kon weten. Toen ze aankwamen bij zijn armoedige huis zette Feynman, die zich onder druk gezet voelde, de radio aan. De radio begon te loeien; dat duurde een paar minuten en daarna speelde de radio gewoon. Feynman begreep het niet, zoiets was hij nog nooit tegengekomen. Hij zette de radio uit en begon door de kamer te ijsberen. De klant vond het maar niets. Hij wilde dat de jongen aan de slag ging en vroeg zich af of Feynman wel verstand van radio's had. Hij zat te mopperen en vond dat Feynman geen tijd meer moest verspillen: hij moest de radio repareren of vertrekken.[1]

Ondanks het voortdurende gemopper zette Feynman zijn gedachtegang voort. Hij vroeg zich af waarom de radio zo'n geloei voortbracht. De meeste radio's werkten niet als er onderdelen kapot waren of draden loszaten, maar dat leek hier niet het geval. Toen kreeg hij een idee. Radio's uit die tijd werkten met een reeks buizen; als hij ze eruit haalde en in een andere volgorde plaatste, zou het geloei misschien ophouden. Pas nu kwam Feynman in actie. Hij verwisselde de buizen en zette de radio aan. Hij werkte als een tierelier. De man stond versteld. Hij werd een van Feynmans grootste bewonderaars en vertelde iedereen: 'Hij repareert radio's door te denken!'

Geconfronteerd met een dergelijke druk om te presteren zouden de meesten van ons direct aan de slag zijn gegaan om te laten zien hoe ijverig we zijn en hoe goed we weten wat we doen. Daadkracht zou prioriteit hebben gekregen boven denkkracht. We zouden ons zo verdiept hebben in de details van de bedrading dat we geen oog zouden hebben gehad voor de grotere mogelijkheden. Feynman had voldoende zelfvertrouwen om zijn eigen weg te volgen. Hij begreep wel dat friemelen aan de draadjes een goede indruk op de klant zou maken, maar met zijn kennis van zaken begreep hij dat het probleem niet in de bedrading lag. Hij moest nadenken over andere opties. We kunnen een belangrijke les leren van Feynman: zelfs al beseffen we het belang van denken, focussen op onze strategie en vernieuwing, toch moeten we bij de dagelijkse druk en verwachting van actie steeds tegengas geven. Hij had genoeg zelfvertrouwen om zijn overtuiging te volgen; ook wij moeten dat zelfvertrouwen verwerven.

Volg je eigen weg

Voor werknemers is dit misschien wel de beste tijd ooit. Er zijn meer kansen voor vernieuwing en voor zelfstandig en flexibel werken dan ooit tevoren. Nooit hadden we zoveel mogelijkheden in ons leven, zoveel kansen om geweldige dingen voor elkaar te krijgen, zoveel manieren om ons met anderen te verbinden en onze relaties te verrijken. Nooit hadden we het beter. Maar het hangt af van je houding of je deze periode ervaart als een tijd van ongekende drukte of van ongekende mogelijkheden.

De meeste mensen in moderne organisaties zullen het erover eens zijn dat ze zouden moeten focussen op belangrijke dingen, dat ze zouden moeten denken voor ze doen, en zelfs dat ze het te druk hebben. Maar van dag tot dag zetten ze hun goede voornemens toch niet om in actie. Waarom niet?

Ik denk dat daar twee redenen voor zijn: vermijding en angst. Je eigen weg volgen en je eigen kansen scheppen vergt zelfbeheersing en zelfvertrouwen, zodat je afleidingen en de verleiding tot conformeren en druk doen kunt weerstaan. Alle strategieën in dit gedeelte werken niet als het bij goede voornemens blijft. Hoe duidelijk je ook je strategische positie en je voornaamste doelen voor ogen hebt, het loopt op niets uit als je door drukdoenerij geen voortgang op je pad maakt. Hoeveel geweldige ideeën je ook hebt, je zult nooit vernieuwen als je niet bereid bent risico's te nemen.

We kunnen ervoor kiezen de lawine van eisen als willoze slachtoffers over ons heen te laten komen maar we kunnen onze carrière ook op een positievere manier benaderen. Als we onze eigen weg willen volgen en onszelf willen onderscheiden, dan moeten we bovenal korte metten maken met datgene wat ons weerhoudt van voortgang op het gebied van dingen die er echt toe doen. We moeten ophouden de belangrijke dingen te vermijden en ons niet langer defensief opstellen. Zoals de dichter Ted Hughes al zei: 'Wat mensen het meest betreuren is dat ze niet moedig genoeg hebben geleefd.' Hoe je dat wel kunt doen lees je in dit hoofdstuk.

Druk is vermijding

Volgens de *Oxford Concise Dictionary of the Christian Church* is acedia (gemakzucht) een 'staat van onrust en onvermogen tot werk of gebed'.[2] In een moderne werkcontext zou je ook kunnen zeggen: 'een staat van onrust en onvermogen tot denken en je concentreren'. Kortom, gemakzucht uit zich in luiheid en drukdoenerij. Hierboven heb ik het belang van focussen, prioriteiten stellen, problemen oplossen en vernieuwen al toegelicht. Elk van die activiteiten is onmisbaar als we 'onderscheiding' kiezen als carrièrestrategie in plaats van 'meer'. Maar deze activiteiten zijn ook moeilijk. Alle vier vergen ze veel van de prefrontale cortex, en ons brein is lui (of in elk geval zuinig met energie). Eenvoudig gezegd: als er keuze is tussen makkelijke en moeilijke taken, kiest het brein voor makkelijk.

Dat is de verleiding van drukte. Daarmee kunnen we moeilijke dingen vermijden. Met de verleiding van drukte bedoel ik overigens niet de verleiding van lanterfanten en rondhangen op Facebook of YouTube. De grote verleiding is mijns inziens het kiezen van eenvoudige bezigheden in plaats van complexe. Het verlokkelijke van de overvolle wereld is dat er altijd kleine bezigheidjes zijn: we hoeven nooit meer iets moeilijks te ondernemen en kunnen ons toch productief voelen. De eindeloze stroom elektronisch geklets en onze overvolle agenda's geven ons het prettige gevoel dat we ons nuttig maken en dat we hard aan het werk zijn, maar geven ons ook een reden om moeilijke uitdagingen niet aan te gaan. Dat wordt bevestigd door Gloria Mark: zij ontdekte dat mensen zich het prettigst voelden als ze routineklusjes deden die hun hersenen amper belastten; dat deden ze veel liever dan complexe taken, die hun stressniveau verhoogden.[3] In plaats van een belangrijke taak aanpakken duiken we liever in onze e-mails, prikken we een datum voor een vergadering of vinken we een paar klusjes af van onze to-dolijst. Velen van ons zijn bereid een overladen programma te aanvaarden om maar niet iets moeilijks te hoeven doen.

Als je echt meer impact wilt maken, hoe moet je dat dan aanpakken? In mijn optiek zijn er twee dingen om je aandacht op te richten. De eerste is: manieren bedenken om je niet te laten verlokken tot eenvoudige klusjes. De tweede is: minder uitstelgedrag vertonen door direct te beginnen met de grote klussen waarmee je je kunt onderscheiden.

Vermijd de verleiding van drukte

Wilhelm Hofmann, hoogleraar psychologie aan de Universität zu Köln, leidde een onderzoek op het gebied van verleiding. Samen met zijn collega's volgde hij een groep van 205 Duitse mannen en vrouwen, met behulp van piepers die op willekeurige tijdstippen afgingen. Elke keer dat ze de pieper hoorden, moesten de deelnemers aangeven of ze op dat precieze moment de prikkel van begeerte of verleiding ervoeren. Ze ontdekten dat deze mensen ongeveer 25 procent van hun wakende bestaan doorbrachten met weerstand bieden aan verleidingen. Deze verleidingen liepen uiteen van verlangen naar eten, slapen en seks tot hedendaagse begeerten als de inbox controleren of op het internet surfen. Het bleek dat de verlokkingen van drukte (e-mailen en internetten) moeilijker te weerstaan waren dan eten en seks! Vijftig procent van de deelnemers kon de verleidingen van drukte niet weerstaan.[4] Willoos geven we ons over aan het verlangen naar een snelle informatieprikkel, een vluchtige blik op onze mobiel.

Zelfbeheersing is door de jaren heen een van de voornaamste voorspellers van succes op school, werk, sport en huwelijk gebleken. Mensen die hun aandacht weten te richten op wat belangrijk is te midden van een baaierd van technologische verleidingen bereiken meer, kunnen zich beter met anderen verbinden en halen meer uit het leven. Maar hoe weersta je zo'n verleidelijke 'ping' of 'tring'?

Van weerstaan naar vermijden

Bij een analyse van verschillende onderzoeken naar zelfbeheersing hoopten wetenschappers te ontdekken hoe goed wilskrachtige mensen verleidingen konden weerstaan; daar zouden ze vast heel goed in presteren, vermoedden ze. Maar dat bleek niet de uitkomst van de onderzoeken. Wilskrachtige mensen vertonen veel zelfbeheersing omdat ze krachtige en effectieve gewoonten hebben ontwikkeld.[5] In andere woorden: wilskracht helpt je bij het ontwikkelen van goede gewoonten; het helpt je niet verleidingen te weerstaan maar ze uit de weg te gaan. Ze aten niet gezond doordat ze de aangeboden chocoladetaart afsloegen maar door hun koelkast te vullen met uitsluitend gezond eten.

Dat geldt in het bijzonder voor drukte en afleidingen die tot nog meer drukte leiden. De truc is: word je bewust van welke verleidingen jou van belangrijk werk afleiden en tref preventieve maatregelen. In een extreem voorbeeld uit een ander onderzoek van Gloria Mark was een organisatie bereid de e-mail voor een week uit te schakelen. Die ene verandering maakte dat de werknemers aan het einde van de week minder gestrest waren, minder van taak naar taak schakelden en langer gefocust bleven op belangrijke werkzaamheden.

Ik zei het al en ik herhaal het: als je meer gefocust wilt zijn, zet dan de e-mailmelder van je computer af; beter nog, open je inbox niet terwijl je werkt aan een belangrijke klus. Hetzelfde geldt voor appjes en zelfs voor oproepen. Of werk een dag per week thuis, of beter nog: op een plek zonder wifiontvangst. Of gebruik een app als Freedom, die ervoor zorgt dat je per keer acht uur lang geen toegang hebt tot het internet. Je hebt geen ijzeren wilskracht nodig, maar ijzersterke gewoonten.

Slik de kikker

Ik houd altijd erg van eenvoudige ideeën. Een goed voorbeeld is Brian Tracy's strategie 'Slik de kikker'.[6] Zelden zag ik een eenvoudiger techniek om je niet van je pad te laten afleiden door minitaakjes. Als je er even over nadenkt, is het zonneklaar. Het idee is: als je de dag begint met het doorslikken van een kikker, is alles wat daarna komt minder erg! Tracy stelt voor dat je nog voordat je je inbox opent of voicemail beluistert, eerst wat tijd besteedt aan het grootste, belangrijkste en benauwendste project waar je momenteel aan werkt.

Een van de redenen waarom dit idee zo goed werkt is dat we voor we beginnen met werken een emotionele afstand hebben en daardoor een beter zicht hebben op wat belangrijk is. We bevinden ons in een koele, rationele stemming en kunnen daardoor betere keuzes maken over de beste indeling van onze tijd en aandacht. Op het moment dat we op kantoor aankomen, de inbox openen, enzovoort, worden we door verleidingen van kleine klusjes en dringende vragen weggezogen van ons voornaamste doel. Het is een goede en effectieve gewoonte om niet 's ochtends vroeg meteen je e-mail aan te zetten maar eerst vastberaden te focussen op de gebieden die je met je koele, rationele verstand hebt bepaald.

Hoelang houd je het uit voor je je mailprogramma opent? Ik adviseer je het eerste uur van elke dag zonder afleidingen en e-mails door te brengen, maar zelfs als je slechts een halfuur kunt vrijhouden zul je zien dat je veel beter kunt focussen op belangrijke zaken.

Check jezelf

Waarom worden mannelijke gevangenen geleidelijk dikker? Waarschijnlijk niet doordat het eten in de nor zo lekker is, en ook niet omdat er geen mogelijkheden tot sporten zijn. Brian Wansink denkt dat het komt doordat gevangenen geen riem dragen![7] Omdat ze geen broekriemen en knellende kleren hebben, krijgen ze niet van dag tot dag het signaal dat hun buik dikker aan het worden is. Een van de eenvoudigste en effectiefste manieren om ons vermogen om verleidingen te weerstaan te vergroten is door regelmatige check-ups. Verder onderzoek van Wansink toont dan ook aan dat wie wil afvallen en zichzelf elke dag weegt meer gewicht verliest dan lijners die minder vaak op de weegschaal gaan staan.

Het lijkt erop dat zelfbewustzijn er onder meer toe leidt dat we meer zelfbeheersing ontwikkelen. Zelfs een spiegel ophangen verandert al het gedrag van mensen: ze worden eerlijker en ijveriger. Zo is er de app RescueTime, die je computergebruik bijhoudt. Blijkens deze app gebruikt de gemiddelde persoon dagelijks zestien verschillende computerprogramma's, bezoekt hij veertig websites en wordt hij elke 5,2 minuten gestoord door een bericht. Tony Wright, de man die deze app ontwikkelde, merkte tot zijn ontsteltenis dat hij bijna een derde van zijn dag doorbracht met de 'ongelimiteerde hoeveelheid informatieporno' (zijn woorden, niet de mijne!): rondkijken op websites die niets met zijn belangrijkste werkzaamheden te maken hebben.

Er bestaan briljante apps voor het checken van je gedrag. Maar je kunt jezelf ook gewoon timen. Zet de stopwatch voordat je begint aan een grote klus. Kijk hoelang je het volhoudt voordat je wordt afgeleid. Houd de tijd bij en probeer steeds je records te breken! Beter leren focussen kan ook een leuk en uitdagend spelletje zijn. Meten is weten, is focussen, is je onderscheiden.

Stop met uitstelgedrag!

Uitstelgedrag gaat gepaard met drukte. In feite zou ik zelfs willen beweren dat veel drukdoenerij niets anders dan uitstelgedrag is. We maken onszelf wijs dat we gewoon niet toekomen aan alle belangrijke dingen die een echte impact maken *doordat* we het zo druk hebben, in plaats van te erkennen dat we druk zijn *doordat* we vermijd- en uitstelgedrag vertonen.

Het is moeilijk om aan een grote klus te beginnen maar vaak minder moeilijk het werk door te zetten. Als je er eenmaal ingezogen bent, kan je stemming omslaan van 'ik heb er geen zin in' naar echt werkplezier en betrokkenheid, de zogeheten 'flow' (nader toegelicht in hoofdstuk 11). Zelfs als je niet in een flow komt zul je toch voldoening scheppen uit het feit dat je vordert met je taak; je beseft dat je bezig bent met iets wat ertoe doet en dat versterkt je motivatie. Het is een beetje als zo'n avond waarop je weet dat je eigenlijk naar fitness moet maar totaal geen zin hebt. Als je erin slaagt jezelf toch naar de fitnessstudio te slepen heb je er waarschijnlijk een prima avond en voel je je daarna opgeruimd en energiek. Teresa Amabile (Harvard) deed een onderzoek naar twaalfduizend dagboeknotities waaruit bleek dat vorderingen maken in belangrijk werk een van de voornaamste drijfveren op het werk is. Sterker nog: het was een van de belangrijkste factoren op 76 procent van de topdagen van alle deelnemers. Dit fenomeen duidde ze aan als het progressieprincipe.[8] We kunnen dus met één heel kleine verandering onze impact en motivatie sterk vergroten: die verandering is ons uitstelgedrag verminderen en sneller beginnen aan belangrijke taken.

Uitstelgedrag DIMT *je zichtbaarheid*

In dit deel hebben we het uitgebreid gehad over de aandacht op je vestigen en impact maken. Als je veel last hebt van uitstelgedrag kun je die aandacht en impact vergeten. Uitstelgedrag DIMT je impact en je zichtbaarheid. Dat ligt volgens mij aan drie oorzaken van uitstelgedrag: Doorschuiven, Inertie en Matheid: D.I.M. Waarschijnlijk heb je last van een van deze drie factoren. Word je hiervan bewust, ga ermee aan de slag en maak meer impact.

Doorschuiven. Het woord 'daarna' speelt hierbij een grote rol: 'Ik moet eerst mijn inbox afwerken, *daarna* ga ik dit doen'; 'Ik wacht tot ik antwoord heb van John, *daarna* ga ik dit doen'; 'Ik verzamel alle informatie en *daarna* ga ik dit doen'.

Inertie. Volgens de traagheidswet, bekend uit de natuurkunde, is het moeilijk om in beweging te komen. En het is vooral moeilijk voor degenen die zichzelf onredelijk hoge eisen stellen. Hoe hoger ze de lat leggen, hoe groter hun traagheid.

Matheid. 'Ik ben er niet in de stemming voor.' Te vaak wachten mensen tot ze in de juiste stemming komen voor ze überhaupt aan de slag gaan.

Stel jezelf voor je verder leest de volgende vraag: van welke dimmende factor heb ik het meest last? Ik begin met inertie, traagheid, omdat dit volgens mij veel problemen oplevert voor de meesten van ons.

Inertie

Inertie is 'een weerstandskracht waardoor elk lichaam zo veel mogelijk tracht zijn huidige staat te behouden, hetzij in rust hetzij in een eenparige voorwaartse beweging in rechte lijn'. Aldus Isaac Newton in zijn baanbrekende werk *Principia Mathematica*, de hoeksteen van de klassieke natuurkunde. Zijn eerste bewegingswet in dit boek was gericht op inertie, traagheid. Traagheid staat met recht bovenaan want zonder het vermogen traagheid te overwinnen zal niets ooit in beweging komen of veranderen. De traagheidswet is van toepassing op voorwerpen, maar ook op jezelf in beweging zetten. Traagheid kan verlammend werken. Met name perfectionisten hebben te lijden van traagheid: ze vrezen dat hun werk niet voldoet, of hebben zulke hoge verwachtingen dat ze zich passief opstellen. In beide benaderingen zien ze een grote klus als een gigantische onderneming en hoe groter de taak, hoe groter hun tegenzin om te beginnen.

Traagheid wordt overwonnen door een impuls (Newtons tweede bewegingswet). Begin met bewegen en uitstelgedrag verdwijnt naar de achtergrond. Een goede manier om jezelf een impuls te geven is door jezelf voor te houden dat je eigenlijk al bezig bent. Alia Crum en Ellen Langer waren geïnteresseerd in lichaamsbeweging tijdens het werk. Ze bestudeerden de werkgewoonten van kamermeisjes in hotels en bekeken hoeveel calorieën de meisjes verbrandden. Het bleek dat hun werkzaamheden aanzienlijk meer beweging met zich meebrachten dan de door de overheid aanbevolen minimale hoeveelheid lichaamsbeweging. Crum en Langer vroegen de kamermeisjes of ze dachten dat ze voldoende lichaamsbeweging kregen. Twee derde van de meisjes dacht van niet, en meer dan een derde van de meisjes dacht dat ze helemaal niet aan lichaamsbeweging deed.[9]

De kamermeisjes werden ingedeeld in twee groepen. Aan beide groepen werd verteld hoe gezond lichaamsbeweging is. De eerste groep kreeg vervolgens te horen hoeveel beweging al deel uitmaakte van hun dagelijks werk: zo verbruikten ze al honderd calorieën door een halfuur stofzuigen. De andere groep kreeg deze toelichting niet. Vier weken later waren de meisjes uit de eerste groep bijna 1 kilo afgevallen; de meisjes uit de tweede groep waren niet afgevallen. De wetenschap dat ze al aan 'fitness' deden had de meisjes uit de eerste groep een impuls gegeven: ze vonden het makkelijker zich extra in te spannen omdat ze zich toch al inspanden.

Recentelijk zat ik helemaal zonder inspiratie. Ik moest een aankondiging schrijven voor een belangrijke voordracht die ik zou houden, maar ik kon maar niet bedenken wat ik moest opschrijven. Uiteindelijk pakte ik mijn traagheid aan door mijn mappen door te nemen en alle voorgaande artikelen die ik had geschreven eruit te halen. Opeens stond ik niet meer aan het begin van een moeilijke klus: ik had teksten om van uit te gaan en mijn uitstelgedrag verdampte als sneeuw voor de zon. Als je jezelf een impuls moet geven, begin dan met te bedenken en te bekijken wat je al gedaan hebt (of wat anderen al gedaan hebben) voordat je zelf iets moet produceren. Voor je het weet zit je er helemaal in en maak je vaart.

Traagheidstruc: eventjes aan de slag

Marla Cilley, oftewel de 'FlyLady', zoals ze zichzelf noemt, is een zelfhulpgoeroe met de focus op het huishouden. Ze beschrijft hoe sommige van haar klanten niet weten hoe ze hun vieze, rommelige huizen weer schoon moeten krijgen. Ze zijn als verlamd. Iedereen wil natuurlijk een opgeruimd huis waarin alles spic en span is, maar we weten niet waar we moeten beginnen als we zien wat een enorme uitdaging het is. De FlyLady ontwikkelde daarom de strategie van het 'Vijf minuten reddingsplan': je loopt de rommeligste en stoffigste kamer van je huis binnen en zet een keukenwekker neer. Je begint als een wilde met opruimen en schoonmaken, maar slechts vijf minuten; dan kun je stoppen. Maar de meeste mensen gaan dan door, omdat ze toch al in beweging zijn gekomen. Als je de vijf minuten volmaakt, heb je met deze benadering al succes geboekt, en het volmaken van de gestelde tijd is veel beter haalbaar dan het voltooien van de hele taak.[10]

Ik geloof beslist in regelmatige, korte periodes van activiteit om in een werkstemming te komen. Vijf minuten vind ik echter te kort voor een intellectuele bezigheid; ik baken liever een periode van dertig minuten af. Grote projecten zijn vaak een stuk makkelijker te beginnen als je er elke dag een periode van dertig minuten voor inplant. Vooral als je dankzij het Zeigarnik-effect de hele dag over dit 'open bestand' nadenkt!

Matheid: dan *maak* je maar zin!

Soms ga je gewoon niet aan de slag omdat je je te moe of te mat voelt om je ergens toe te zetten. Ik hoor mensen wel eens zeggen dat ze 'niet in de stemming zijn' om te beginnen met een groot project: ze wachten tot ze beter in de stemming zijn of tot de omstandigheden precies perfect zijn voordat ze voortgang gaan maken. Je kunt wachten tot je in de stemming bent maar er zijn een paar manieren om jezelf toch aan de slag te krijgen, al voel je je nog zo mat. Je kunt om te beginnen de in hoofdstuk 1 besproken omkeringstheorie toepassen: schakel van een serieuze motivatie om naar een speelse motivatie om in de juiste stemming te komen. Voor mij zijn bewegen, chocola, muziek en spel de beste manieren. Als ik tegen een grote klus opzie, is dat vaak omdat ik het te zwaar opneem. Ik draai wat opmonterende muziek, eet wat chocola of (bijna even fijn) pak gekleurde stiften om een beetje te spelen met ideeën waar ik aan wil werken. Ik verander mijn doel van serieus en toekomstgericht naar iets leuks en speels. Ik vraag mezelf af: wat zou nu helemaal cool zijn? – al weet ik dat het juist niet cool is om zoiets te denken! Stemmingen kunnen snel omslaan. We hoeven niet eindeloos in een matte stemming te blijven hangen.

Lukt het je niet je stemming te verbeteren, bedenk dan met welk aspect van de grote klus je wél voort kunt en begin daarmee. Sommige onderdelen van de klus vergen intense concentratie van de prefrontale cortex; andere zijn praktischer en makkelijker. Als je bijvoorbeeld een enorme datatabel moet analyseren, en het duizelt je al als je ernaar kijkt, kun je er eerst op een speelse manier naar kijken: je kunt kolommen die niet relevant lijken afdekken of de kolommen in een andere volgorde zetten. Akkoord, je bent nog niet echt aan het werk, maar je bent er al wel mee bezig. En dus maak je al vorderingen.

De chemische kant van je stemming

Amy Arnsten ontdekte dat de mate waarin de prefrontale cortex effectief kan werken afhankelijk is van het juiste evenwicht tussen twee chemische stoffen: dopamine en norepinefrine.[11] Met onvoldoende dopamine in je brein voel je je mat en lethargisch, maar met te veel dopamine voel je je onrustig en verward. Met te weinig norepinefrine voel je geen haast maar met te veel voel je je gestrest en zorgelijk. Als je niet in de stemming bent, kun je dat 'onbestemde' gevoel dan benoemen?

Chemisch evenwicht	***Wat helpt***
Onvoldoende dopamine	Pas de omkeringstheorie toe. Verschuif het doel: zie het niet als een taak die volbracht moet worden maar als iets leuks om te doen.
Te veel dopamine	Schakel alle afleidingen uit.
Onvoldoende norepinefrine	Maak jezelf (een beetje!) bezorgd: visualiseer wat er misgaat als je je werk niet op tijd af hebt.
Te veel norepinefrine	Breek het werk op in kleinere brokken. Maak een concreet werkplan... en haal diep adem.

Doorschuiven

De derde grote oorzaak van uitstelgedrag is doorschuiven. Het woord 'daarna' speelt hierbij een grote rol: 'Ik moet eerst mijn inbox afwerken, *daarna* ga ik dit doen'; 'Ik wacht tot ik antwoord heb van John, *daarna* ga ik dit doen'; 'Ik verzamel alle informatie en *daarna* ga ik dit doen'. Als we weer even teruggaan naar Newtons bewegingswetten, dan komen we bij zijn derde wet: actie is reactie, oftewel: elke actie leidt tot reactie. Het probleem is dat mensen die doorschuifgedrag vertonen deze wet omgekeerd toepassen: ze wachten op een actie van buitenaf voordat ze zelf met een reactie komen. Het is veel beter om zelf in actie te komen: jouw actie leidt onvermijdelijk tot een reactie. In plaats van eindeloos te wachten op het verslag van John kun je denken: 'Wat kan ik zelf alvast doen zonder Johns informatie?' Of beter nog: 'Wat zal ik John sturen zodat hij wel moet reageren?'

Als je uitstel- en doorschuifgedrag vertoont omdat je wacht op meer informatie, bedenk dan dat deze afhankelijkheid kan uitgroeien tot informatieverslaving. In het volgende gedeelte ga ik daar dieper op in. Voor nu wil ik vast twee dingen zeggen. Ten eerste dat het verlangen naar een beetje meer informatie waarschijnlijk veel te maken heeft met het feit dat dit je een goed gevoel geeft, niet zozeer met het feit dat je die informatie echt nodig hebt. En ten tweede dat je werk met meer informatie intellectueel moeilijker te doen wordt (er is meer om op te reageren). Door meer informatie te zoeken verbruik je de beschikbare tijd op dit moment én maak je je toekomstige werk complexer en tijdrovender! Dus de moraal van dit verhaal: als je jezelf betrapt op vertragende smoezen met woorden als 'daarna' en 'zodra', weet je dat je op deze manier alleen maar je eigen uitstelgedrag goedpraat. Het is tijd om daar iets aan te doen.

Druk is defensief

Als we iets willen bereiken is een zekere mate van zelfbeheersing van belang. In de psychologie spreekt men van zelfregulering: bewuste sturing van en controle over onze activiteiten teneinde ons doel te bereiken. Uit onderzoeken blijkt dat het vermogen tot zelfregulering van grote invloed is op allerlei dingen, waaronder prestaties op het werk en tevredenheid met het leven.

In 1997 ontwikkelde Edward Tory Higgins, hoogleraar psychologie aan Columbia University, een concept dat hij de 'theorie van reguleringsfocus' noemde en waarmee hij twee fundamenteel verschillende vormen van zelfregulering beschreef.[12] Onze motivatie en de manier waarop we ons gedrag sturen varieert, afhankelijk van de behoeften waarin we willen voorzien. De eerste set behoeften zijn veiligheid en risicovermindering; de tweede bestaat uit onze behoefte aan groei en ontwikkeling. Higgins stelde dat elke groep behoeften op een andere manier wordt gereguleerd: hij sprak van respectievelijk preventiefocus en promotiefocus.

Bij preventiefocus draait het om het vermijden van negatieve effecten en bij promotiefocus draait het om het bereiken van positieve effecten: het streven naar doelen die van belang zijn voor ons. In 2012 onderwierpen geleerden van de Michigan State University alle studies naar zelfregulering aan een uitgebreid onderzoek.[13] Met behulp van meta-analyse, een slimme statistieke techniek, analyseerden ze onderzoeken waarbij meer dan 25.000 mensen betrokken waren. Ze waren benieuwd naar het verband tussen reguleringsfocus en prestaties. Het bleek dat promotiefocus sterk verband hield met goede prestaties op het werk. Verder was er een positief verband te zien met andere waardevolle dingen, zoals openheid, vernieuwing, hulpvaardigheid, werkvoldoening en betrokkenheid bij de organisatie. Preventiefocus daarentegen was niet van invloed op prestaties op het werk; dat wil zeggen dat problemen vermijden het werk niet ten goede komt. Bovendien bleken mensen met een preventiefocus minder open, vernieuwend en hulpvaardig, minder tevreden met hun werk en minder betrokken bij het bedrijf waar ze werkten. De reden is waarschijnlijk dat mensen die veel beren op de weg zien liever op safe spelen. Preventiefocus lijkt een uitstekende manier om jezelf tegen te werken.

In dit gedeelte heb ik betoogd dat veel mensen druk bezig zijn als successtrategie kiezen, echter zonder veel resultaat. Mensen met een preventiefocus zien drukte echter meestal niet als successtrategie maar als strategie om mislukkingen te vermijden. Voor hen is drukte een preventiestrategie. Angstige gevoelens kunnen je in de weg staan bij een positievere, promotiegerichte benadering. Hoe je met die gevoelens omgaat ga ik nu uitleggen.

Angst en preventie

Steve Peters is een psychiater die veel ervaring heeft opgebouwd met de gevaarlijkste criminelen in maximaal beveiligde gevangenissen. In 2001 begon hij te werken met topwielrenners van het Britse team, onder wie Chris Hoy, Victoria Pendleton en Bradley Wiggins, om hen te helpen hun emoties beter te controleren. De kwakkelende Britse wielersport maakte in de jaren daarop een enorme spurt en werd al snel toonaangevend op olympisch niveau, met negen medailles tijdens de Olympische Spelen van 2012. Chris Hoy zegt dat hij zijn olympische overwinning aan Steve Peters te danken heeft; Pendleton, met twee olympische medailles en negen wereldkampioenschappen op zak, noemt Steve Peters 'de allerbelangrijkste persoon in mijn carrière'.

Peters is veel te weten gekomen over hoe zorg, angst en boosheid onze prestaties kunnen hinderen. Om zijn ideeën over te brengen ontwikkelde hij een uiterst vereenvoudigd model van emoties.[14] Het spreekt mij enorm aan: in alle eenvoud en met een vleugje humor toont het een uiterst complex wetenschappelijk principe. Peters beschrijft in dit model twee hersensystemen: het frontale en het limbische systeem. Het frontale systeem noemt hij de Mens; het limbische systeem noemt hij de Chimp.

De Mens is rationeel en logisch. Als we aan onszelf denken, zien we de Mens voor ons. Het is de Mens die plannen maakt en de uiteindelijke beslissingen neemt dus theoretisch is het de Mens die de scepter zwaait. De werkelijkheid is helaas vaak anders. De Chimp denkt emotioneel, ziet overal rampen, voorziet worstcasescenario's; de Chimp is ook paranoïde en voelt zich continu bedreigd in zijn veiligheid of status. En zoals een echte chimp vijf keer zo sterk is als een mens, zo kan onze Chimp ook moeiteloos onze Mens uitschakelen. Dat is een van de voornaamste redenen waarom we vaak niet doen wat het verstandigst is, of wat we graag zouden willen doen: als de Chimp onrustig is, heeft de Mens het nakijken.

Wanneer we ons weer eens verliezen in drukdoenerij of ons laten weerhouden van doorzetten op gebieden die er echt toe doen, komt dat ten dele door de angstige gevoelens van de paranoïde Chimp in ons, die overal gevaar ziet: het is een ramp als we geen verslagje aanleveren of als we dat ene levensbelangrijke mailtje missen omdat we onze inbox niet helemaal hebben doorgespit. We vrezen dat anderen ons scherp zullen beoordelen als we niet alles afkrijgen. We zijn bezorgd dat we tekortschieten en afvallen in de race om erkenning en promotie als we ons niet tot het uiterste inspannen. De Chimp zal nooit kalmeren, hij wil dat we steeds harder werken en steeds meer output leveren. De Chimp ziet al deze drukke bezigheden als het bewijs van betrokkenheid bij ons bedrijf, als garantie voor veiligheid in tijden van crisis. Dit zijn allemaal vormen van defensieve drukte die bescherming moeten bieden: een preventiestrategie.

De Mens beseft best dat hij belangrijke zaken prioriteit moet geven boven elektronische ruis, dat denken en creatief zijn een rustig tempo vergen en dat een tekort aan aandacht funest is voor zinvolle relaties. Maar de Mens staat machteloos zolang de Chimp onrustig is. Dezer dagen is er zoveel druk op de ketel en zoveel concurrentie dat de Chimp amper tot rust kan komen. We wachten tot we 'in rustiger vaarwater' komen maar de jaren verstrijken en alles blijft hetzelfde. We ploeteren voort, we besteden al onze energie aan het handhaven van drukte, waarmee we onszelf bewijzen, maar houden weinig energie over voor wat echt belangrijk voor ons is. Als we op de bank neerploffen en onze onvrede sussen met wijn en televisie is de Chimp tevreden, maar de Mens beseft dat dit niet de oplossing is.

Kalmeer je Chimp

Als je de Mens in jezelf de juiste keuzes wilt laten maken, moet je de Chimp weten te kalmeren. De Chimp zal nooit veranderen: zijn driften en instincten zijn wat ze zijn. De Mens moet erachter zien te komen hoe hij kan functioneren zonder gehinderd te worden door deze driften, zodat hij aan het roer blijft en rationele keuzes kan maken.

Opkroppen helpt niet

Het is vooral van belang te beseffen dat het negeren van je emoties niet gaat werken. James Gross, hoogleraar psychologie aan Stanford University, toonde aan dat emoties die worden onderdrukt in feite krachtiger worden.[15] Als mensen proberen hun emoties te verhullen tegenover anderen, voelen ze zich verward omdat ze twee dingen tegelijk proberen te doen; het gevolg is dat hun bloeddruk stijgt en dat de mensen in hun omgeving zich ongemakkelijk voelen. Emoties opkroppen werkt dus niet goed en heeft bovendien een averechts effect op de mensen om ons heen. Er is dus duidelijk een andere benadering nodig om de Chimp te kalmeren.

Herwaarderen

Een betere tactiek is herwaarderen. Het gaat hierbij om een herwaardering of evaluatie van een gebeurtenis, gedachte of ervaring – denk aan de gevangenen in het concentratiekamp die in staat waren ondanks de gruwelijke gebeurtenissen om hen heen toch enige vreugde te ervaren. We voelen geen zorg of angst vanwege de gebeurtenissen op zichzelf maar door de betekenis die we er zelf aan geven. Als we er een andere betekenis aan geven, veranderen onze emoties.

Gross mat de hersenactiviteit van proefpersonen die griezelfilms bekeken. Hij constateerde toegenomen activiteit in het limbische systeem bij deelnemers die probeerden hun emoties te onderdrukken; bij degenen die het gebeuren herwaardeerden was minder limbische activiteit waar te nemen. Door herwaarderen wordt de angel uit de dreiging gehaald en daardoor kalmeert de Chimp. Gross ging nog verder: hij verzamelde gegevens van honderden proefpersonen en deelde deze in naarmate ze hun emoties onderdrukten of herwaardeerden. Daarna onderzocht hij hoe het gesteld was met hun optimisme, tevredenheid over hun leven, omgevingsbeheersing en de kwaliteit van hun relaties. Degenen die de gebeurtenissen herwaardeerden scoorden beduidend beter op al deze gebieden en functioneerden beter.

Herwaarderen is een cognitieve vaardigheid die van levensbelang is. Als we de Chimp niet kunnen kalmeren door herwaardering van de gebeurtenissen, blijven we in de greep van angst en stress. Nog belangrijker is dat we dan niet helder kunnen nadenken over onze prioriteiten en in plaats daarvan terugvallen op de 'veilige' modus van drukte. Zoals Kevin Ochsner, het hoofd van sociaalcognitieve neurowetenschap aan de Columbia University, zegt: 'Als onze emotionele responsen voornamelijk voortvloeien uit onze interpretaties of overwegingen van de wereld, en we zijn in staat deze interpretaties te herwaarderen, dan moeten we dat zeker proberen. Soms kan het zelfs onverantwoordelijk zijn dat niet te doen.'[16]

Toen ik begon met voordrachten geven had ik het vaak benauwd. Ik voelde een knoop in mijn maag, mijn mond voelde kurkdroog en mijn hart bonkte zo hard dat ik de slagaders in mijn hals voelde kloppen. Als ik door angstige emoties beheerst werd, begon ik onduidelijk te spreken en had ik geen contact meer met mijn toehoorders. Toch wilde ik graag leren mijn verhaal over het voetlicht te brengen, dus ik wilde hier graag een oplossing voor vinden. In die tijd gedroeg ik me ook als een adrenalinejunkie: ik was met surfen begonnen, luisterde naar harde gitaarrock en ging paragliden. Het was een schijnbeeld, zoals ook al een beetje bleek uit mijn sikje en lange haar, maar voor mij was dat uiterlijke beeld toen heel belangrijk. En dit beeld is ook wat me hielp om totaal anders tegen voordrachten aan te kijken. Ik weet niet meer hoe het precies gegaan is, maar op een dag, toen ik voorafgaand aan een voordracht weer de spanning voelde stijgen, zei ik tegen mezelf: 'Goh, ik zou een smak geld betalen om uit een vliegtuig te kunnen springen en net zulke heftige emoties te ervaren!' Deze herwaardering had een ongelooflijk effect. Het was een herinterpretatie van mijn zenuwachtige gevoelens als iets wat ik juist zo graag ervoer: adrenaline en spannende ervaringen.

Als je je een nieuwe weg wilt banen in deze overvolle wereld, zul je op zoek moeten gaan naar manieren om veel ervaringen en emoties een nieuwe plek te geven, zodat je brein helder wordt. Zoals je op een nieuwe manier moet omgaan met je stille paniek bij de aanblik van 171 nieuwe e-mails, zo zul je ook anderen nieuwe manieren moeten aanreiken om jouw gedrag te interpreteren. Een tijdje geleden merkte ik dat een bepaalde klant irritatie voelde omdat ik zijn mails niet direct beantwoordde, tot ik hem uitlegde dat ik mijn e-mails slechts eenmaal per dag bekeek zodat ik de rest van de tijd kon besteden aan nadenken, schrijven en focussen op belangrijke zaken. In plaats van geïrriteerd te blijven over mijn gedrag voelde hij zich geïnspireerd door dit denkbeeld.

Deze vier strategieën voor herwaardering zijn mij goed van pas gekomen:

- Maak het minder schrikwekkend en voeg een speels element toe. Denk bijvoorbeeld aan mijn herinterpretatie als adrenalinejunkie. En zoals bekend hebben velen er baat bij zich hun interviewer in ondergoed voor te stellen.
- Uitzoomen. We raken vaak over onze toeren over situaties die in

bredere context lachwekkend zijn. Bijvoorbeeld wat betreft je zorg over 171 ongelezen e-mails: bedenk dat het ongelezen laten van deze mails je veel minder schade berokkent dan het loslaten van je gekozen strategie. Een andere vorm van uitzoomen is de situatie vanuit een punt in de verre toekomst te bezien: 'Als ik over tien jaar zou terugkijken op deze situatie, wat zou ik dan tegen mezelf zeggen?'

- Leren. Misschien wel mijn favoriete manier van herwaarderen is moeizame situaties als leermomenten te bezien. Ik kan mezelf en mijn zorgelijke gevoelens observeren en zeggen: 'Dat is interessant!' Dankzij mijn angsten kan ik mezelf beter leren begrijpen. Vlak voor een belangrijk radio-interview hield ik mezelf voor: 'Ik ben niet volmaakt maar ik zal in elk geval veel leren door deze ervaring.' (Dit hielp ook na afloop, toen ik bleef malen over een verschrikkelijk slecht antwoord dat ik had gegeven: 'Nou, daar heb ik in ieder geval veel van geleerd!')
- Aanvaarden. De ultieme vorm van herwaarderen is gewoonweg: je emoties aanvaarden en beseffen dat ze voorbijgaan.

Het juiste perspectief

Heb je ooit de aanvechting gevoeld om te schreeuwen, te huilen, tegen de muur te beuken en in een hoekje te kruipen... en dat allemaal tegelijk? Ik wel, een paar maanden geleden. Het werk stapelde zich op, deadlines dreigden, een onverwachte en urgente kwestie was opgedoken en ik had de volgende dag een groot event waar ik me zorgen om maakte. Ik had meer tijd nodig. Maar er was niet meer tijd beschikbaar. Help!

In een krankzinnige uitbarsting van activiteit had ik geprobeerd me erdoor te werken maar ik had nauwelijks vordering gemaakt. Gelukkig had ik een vlucht geboekt. Ik moest mezelf wegsleuren van mijn bureau voor de 65 minuten durende rit naar het vliegveld. In geen geval zou ik op dat moment uit mezelf een pauze hebben ingelast. Ik zat tot mijn nek in het werk, de Chimp was in alle staten, ik was niet meer in staat rustig na te denken, te werken of zelfs in te zien hoe nutteloos mijn inspanningen waren. Deze gedwongen pauze werd mijn redding. Tijdens de rit kon ik een stap terug doen, kreeg ik een bredere kijk op de zaak en zag ik alles weer in perspectief. Het autorijden zorgde voor voldoende afleiding, waardoor ik me minder overspoeld voelde door zorgen en angsten. De krijsende Chimp kalmeerde. Ik kreeg weer duidelijk mijn prioriteiten in beeld. Ik kon weer gewoon nadenken. Tegen de tijd dat ik op het vliegveld aankwam, had ik niet alleen de Chimp gekalmeerd maar ook een werkplan geformuleerd. Ik kon weer nuttig en gefocust werken.

Als we door dat soort innerlijke stormen worden getroffen, lijkt het het beste om moedig door te ploeteren en zo veel mogelijk voor elkaar te krijgen. Twee dingen weet ik bijna zeker: wie in de grip van dit soort emoties is, kan amper nog rationele beslissingen nemen en prioriteiten stellen; en het lijkt dan misschien dwaasheid om een pauze in te lassen, maar toch is dat wat we nodig hebben.

Zelfvertrouwen

Onze emoties leren beheersen is de eerste belangrijke stap bij de overgang van preventie- naar promotiefocus. Maar er komt meer kijken bij het opgeven van een defensieve strategie voor een positieve strategie dan alleen maar het leren beheersen van onze negatieve emoties. We moeten ook zelfvertrouwen voelen. We moeten bovenal krachtiger gaan geloven in onze talenten, in ons vermogen echt iets waardevols bij te dragen en niet alleen maar druk bezig te zijn. Als we vertrouwen hebben in onze vermogens, kunnen we betere keuzes maken en durven we het aan om onze eigen weg te gaan.

Zelfeffectiviteit: geloof in eigen kunnen

151 rokende studenten kregen ieder vier korte wetenschappelijke teksten. Elke tekst had als onderwerp een overtuigend argument tegen roken, ondersteund door bewijs en met citaten uit onderzoeken. De volgende vier onderwerpen werden belicht in de teksten:

1. Hoe erg is het om longkanker te krijgen? (Ernst)
2. Hoe groot is het risico op longkanker als je rookt? (Waarschijnlijkheid)
3. Vermindert het risico als je stopt met roken? (Effectiviteit)
4. Hoe succesvol zijn de meeste studenten in stoppen met roken? (Zelfeffectiviteit)

Van elke tekst waren twee versies gemaakt en de deelnemers kregen ofwel de ene, ofwel de andere versie. In het geval van tekst nummer 1 konden de deelnemers bijvoorbeeld een versie krijgen met een onaangename, indringende beschrijving van de ziekte, of een tekst (gebaseerd op gefingeerde gegevens) die uitlegde dat longkanker best meeviel. Hoewel alle teksten de studenten aanzetten tot stoppen met roken, was er geen enkele die een zo grote uitwerking had als de tekst over zelfeffectiviteit. De studenten kregen hierdoor vertrouwen dat ze konden stoppen met roken en dat had een grotere impact op hun intenties dan de teksten over de ernst van de ziekte, de risico's of de voordelen van stoppen met roken.

Zelfs als de teksten een minder dreigend beeld van de ziekte schetsten, of de voordelen van stoppen als weinig effectief afschilderden, konden proefpersonen uit de vierde tekst de indruk krijgen dat ze *in staat* waren tot stoppen met roken en werden ze in dit voornemen gesterkt. Ze dachten misschien iets als 'Het is misschien niet zó belangrijk, maar potverdorie, ik kán stoppen, dus ik gá stoppen met roken!'[17]

Zelfeffectiviteit, ofwel geloof in eigen kunnen, versterkt je overtuiging dat je kunt slagen, maakt dat je langer volhoudt als het moeilijk wordt en vergroot de kans dat je flow ervaart. Het vergroot de kans dat je nieuwe dingen gaat uitproberen. Moeilijke dingen. En aangezien bijna alles wat we moeten doen om ons los te maken van drukte nieuw en moeilijk is, is geloof in eigen kunnen van het grootste belang. Denk eens aan een doorsnee dag. Ongetwijfeld werk je keihard. Ongetwijfeld sta je onder grote druk. En ongetwijfeld doe je elke dag ook een heleboel onbelangrijke routineklusjes, die ongetwijfeld zeer urgent zijn. Maar als je in plaats daarvan plannen zou maken om iets te doen wat echt zou aansluiten op wat belangrijk is voor jou, dan zou dat ongetwijfeld een echte uitdaging zijn. Om je eigen weg te volgen moet je in jezelf geloven. Er zullen moeilijkheden op je pad komen waar je nu nog geen idee van hebt maar je moet geloven in jezelf en vasthouden aan dit ene denkbeeld: je zult alles aankunnen. Die eerste stap vol vertrouwen vergt moed en geloof in je zelf, dat wil zeggen 'zelfeffectiviteit'.

Stel niet successen maar verrichtingen als doel

Als je Engels voetbal een beetje volgt, ben je bekend met de Liverpool Football Club, een club die ondanks een grootse geschiedenis gedurende de laatste jaren flink aan belang heeft ingeboet. Liverpool wilde graag weer scoren en nam contact op met niemand minder dan Steve Peters om hen weer naar de hoogste categorieën omhoog te stuwen. Peters zag dat de spelers en coaches het glorieuze verleden en de hoge verwachtingen van de supporters als een zware last ervoeren. Hij besefte dat angst de hele club in zijn klauwen hield: stel dat het voorgoed uit was met de roem en dat deze generatie spelers tot mislukken gedoemd was. Peters besefte bovenal dat het eeuwige doel van het team, de competitie te winnen, eigenlijk geen goed doel was. Want hoe hard ze ook zouden trainen, hoe goed ze ook zouden worden, de competitie winnen zou misschien toch onmogelijk blijken, aangezien ze geen controle hadden over de prestaties van hun tegenstanders.[18]

Bij Peters' werk met andere topsporters was gebleken dat zelfvertrouwen versterken alleen werkt als je jezelf doelen stelt die je zelf kunt verwezenlijken. Zelfeffectiviteit bouw je op door ervaring op te doen met doelen bereiken, dus dit moeten haalbare doelen zijn. Voor Peters is er een groot verschil tussen dromen en doelen. Het is prima om te trainen voor de competitie en te dromen van de overwinning, maar dat zou niet het concrete doel van Liverpool moeten zijn. Het team kon zich beter ten doel stellen de eigen prestaties en hun eigen fitheid te vergroten. De spelers moesten doelen kiezen die hen stimuleerden, een plan maken om deze doelen te realiseren en vertrouwen ontwikkelen dat ze die doelen zouden realiseren.

Ook wij moeten onszelf doelen stellen die gebaseerd zijn op vertrouwen in onze verrichtingen, niet op gedroomde successen. In welke aspecten van je leven zijn je doelen te veel op te verwachten effecten en successen gericht? In welk opzicht vertrouw je op dingen die zich aan je controle onttrekken? Hoe zou je beter kunnen focussen op goed werk leveren in plaats van geweldige resultaten boeken?

Goed omgaan met mislukkingen versterkt je zelfvertrouwen

Als je vernieuwingen wilt doorvoeren, en zaken anders wilt aanpakken, is de kans groot dat je ook wel eens onderuitgaat. Hoe kunnen we voorkomen dat we na een mislukking meteen ons zelfvertrouwen verliezen? Het antwoord is eenvoudig en tegelijk diepzinnig: bouw je zelfvertrouwen op door te oefenen in de omgang met voorén tegenslag.

Uit een recent onderzoek door Joachim Stoeber en Dirk Janssen aan de University of Kent bleken de meest effectieve strategieën voor goed omgaan met mislukkingen: herwaarderen (zoals we hierboven al zagen), aanvaarden en humor.[19] Opmerkelijk genoeg werkten deze drie beter dan sociale steun en het uiten van je frustraties. Als je dus onderuitgaat, ga dan niet klagen maar pas herwaardering toe ('Wat heb ik hiervan geleerd?'), aanvaard het ('Ik ben nu eenmaal niet volmaakt') of lach erom ('Hoe háálde ik het in m'n hoofd?!'). Vertrouw erop dat je alles wat op je pad komt aankunt; je zult er altijd overheen komen. Zelfeffectiviteit wil zeggen dat je een moeilijke situatie tegemoet kunt treden in de wetenschap dat je je goed hebt voorbereid, met het zelfvertrouwen dat je je best gaat doen, en in het vertrouwen dat je, wat je ook voor reactie krijgt, je hier altijd mee om zult kunnen gaan.

Oefening baart kunst

De betrouwbaarste en beste manier om je zelfeffectiviteit te versterken is door beheersing te ervaren: door te oefenen met dingen uitproberen en successen te behalen. Wanneer we dingen bereiken en hindernissen nemen krijgen we een beter gevoel over onze capaciteiten en een sterker geloof in eigen kunnen. Het is gebleken dat zelfeffectiviteit op het gebied van specifieke taken zich van daaruit verbreidt en het zelfvertrouwen op andere gebieden in je leven eveneens vergroot, vooral gebieden die raakvlakken hebben met de taak die je onder de knie hebt gekregen.

Begin klein: experimenteer met een activiteit die voor jou van betekenis is. Misschien iets wat je al eindeloos uitgesteld hebt (omdat je het zo vreselijk druk hebt), of een verandering in gewoonten, zoals alleen op gezette tijden je e-mail checken, wat misschien onveilig aanvoelt. Begin hoe dan ook met kleine experimenten. Naarmate je hierin succesvol bent, groeit je zelfeffectiviteit, je geloof in eigen kunnen.

Welke kleine stap kun jij zetten om je zelfeffectiviteit te laten groeien?

VOLG JE EIGEN WEG
KERNGEDACHTEN

We weten allemaal wat we moeten doen, maar elke dag opnieuw laten we na te **focussen** op de belangrijke dingen die ertoe doen en die een impact maken. Waarom?

Druk is vermijding

De grootste verleiding ligt niet in lanterfanten maar in het doen van **makkelijke routineklusjes** in plaats van complexe taken. Door druk te zijn **voelen we ons productief terwijl we moeilijk werk vermijden**.

Vermijd de verleiding van drukte

- Probeer verleidingen niet te weerstaan. Mensen met veel wilskracht zijn niet beter in dingen weerstaan: ze hebben gewoon goede gewoonten ontwikkeld.
- Gevangenen worden dik doordat ze geen broekriem dragen. We kunnen onszelf beter beheersen door bewuste check-ups.

Stop met uitstelgedrag!

- Je overwint uitstelgedrag door in beweging te komen. Het is moeilijk om je tot een grote klus te zetten, maar als je er eenmaal aan begonnen bent is doorgaan veel makkelijker en geeft het veel voldoening.

- Als we de effecten van dopamine en norepinefrine beter begrijpen, brengen we onszelf makkelijker in de juiste stemming voor denkwerk.

Druk is defensief

Bij het reguleren van ons gedrag en onze emoties kennen we twee strategieën: **preventie** (van mislukkingen) en **promotie** (onze doelen actief nastreven). Promotie als strategie levert meer succes, motiveert je beter en geeft meer (werk)voldoening. **Drukte is een preventiestrategie.**

Angst en preventie

- Onze emoties leren beheersen is een belangrijke eerste stap in de richting van een **promotiestrategie**.
- Onze emoties lijken op die van een **onbeheerste chimp**. Je **kunt de Chimp niet veranderen** maar het is wel je **verantwoordelijkheid hem te beheersen**.
- **Herwaarderen** is een krachtige methode om je emoties te bedwingen. Verander je interpretatie van een ervaring en je emoties veranderen mee.

Zelfvertrouwen

- Je hebt zelfvertrouwen nodig om te kiezen voor een minder defensieve, positievere strategie.
- Zelfeffectiviteit, oftewel: geloof in eigen kunnen, versterkt je overtuiging dat je kunt slagen, maakt dat je langer volhoudt als het moeilijk wordt en vergroot de kans dat je flow ervaart.
- Bouw zelfvertrouwen op gebaseerd op je prestaties en verrichtingen, niet op gewenste successen.
- Zelfeffectiviteit is het vertrouwen dat je alles wat op je pad komt aankunt.

- We bouwen onze zelfeffectiviteit op door het ervaren van beheersing, dus oefen met dingen uitproberen en successen behalen.

DOEN

Slik de kikker

Begin elke dag met een uur zonder e-mails en focus in plaats daarvan op je voornaamste, grootste project.

Het juiste doel

Stel jezelf duidelijke, concrete doelen die haalbaar zijn: denk daarbij eerder aan wat je verrichten kunt dan aan effecten en successen die zich aan je controle onttrekken.

EXPERIMENTEREN

Traagheidstruc: eventjes aan de slag

Begin met een grote klus door er een korte, afgebakende periode (bijvoorbeeld dertig minuten) aan te werken. Voor je het weet zit je er helemaal in en maak je vaart.

Herwaarderen

Oefen met omgaan met negatieve emoties door hun betekenis te herwaarderen. Bezie mislukkingen met humor en aanvaard dat je niet volmaakt bent (en dat is prima).

Deel drie

BETROKKENHEID

In dit gedeelte zoeken we de verdieping. We kijken naar het derde aspect van druk zijn: 'drukte als middel tot geluk'. Voortbouwend op het vorige gedeelte wordt toegelicht waarom het spel van 'meer' ook niet tot meer geluk leidt. Sterker nog, onze inspanningen ons leven te verbeteren door meer geld te verdienen, meer status te verwerven en meer vrienden te maken zijn tot mislukken gedoemd; en een overvloed aan lege prikkels en zinloze bezigheden draagt niet bij tot ons welbevinden. Dit gedeelte verklaart hoe we gelukkiger kunnen worden door prioriteit te geven aan onze waarden en onze aandacht te richten op wat we werkelijk belangrijk vinden. Het legt uit hoe we meer geluk kunnen ontlenen aan een sterkere betrokkenheid bij minder vrienden. Het reikt je ideeën aan hoe je je leven vult met echte geluksmomenten, die je meer vervulling zullen geven dan de oppervlakkige prikkels van elektronische gadgets. Tot slot vind je hierin adviezen hoe je aan de drukte kunt ontkomen door je goede voornemens tot vaste gewoonten te maken. Al met al is dit een praktische gids voor meer geluk in een overvolle wereld.

Hoofdstuk 9

Stop met streven naar meer!
(Stel innerlijke waarden voorop)

Imperial Chemical Industries (ICI) kon terugzien op een roemrijke geschiedenis. Het bedrijf ontstond in 1926 uit het samengaan van vier bedrijven, waaronder Alfred Nobels dynamietbedrijf, een organisatie die met haar explosieven grote bouwwerkzaamheden mogelijk maakte, zoals de aanleg van het Suezkanaal. Voor een groot deel van de twintigste eeuw genoot ICI met recht de reputatie als een van de meest vernieuwende bedrijven ter wereld, met 150.000 patenten voor vele uitvindingen en ontdekkingen die het leven van ons allen veranderden. Ook zakelijk gezien was het een van de meest succesvolle bedrijven die uit het Verenigd Koninkrijk voortkwamen, met grote invloed op de verwerkende en chemische industrieën. Op zijn hoogtepunt was ICI de grootste fabriek van het Britse rijk. Binnen het bedrijf heerste een sterke traditie van wetenschap en vernieuwing. In 1990 was de officiële doelstelling ''s werelds grootste chemische bedrijf te worden en internationale klanten te bedienen door vernieuwende en verantwoorde toepassing van chemie'.

In de loop van de jaren negentig werd het traditionele beleid, waarin winst en verkoop ondergeschikt waren aan de chemie, losgelaten. Gezien de toenemende competitie wereldwijd richtten de ambitieuze CEO's de focus van het bedrijf op maximale winst en rendement voor aandeelhouders. In 1997 werd de strategie van ICI gewijzigd: de strategie werd samengevat in de doelstelling uit te groeien tot 'industrieleider die grote waarde oplevert voor klanten en aandeelhouders door marktleiderschap, technologische voorsprong en een wereldwijd competitieve kostenbasis'. Chemie kwam helemaal niet meer voor in deze doelstelling. Deze nieuwe, op winst gerichte benadering werkte niet voor ICI. Na tachtig jaar wetenschappelijke vorderingen, vernieuwende uitvindingen en aanhoudend commercieel succes ging het hollend achteruit met het bedrijf. In 2008 viel het doek voor ICI.

Het was niet zonder reden dat ICI zo lang buitengewoon succesvol kon zijn, en die reden was níét het vermogen om met minimale kosten het onderste uit de kan te halen. Het bedrijf was succesvol vanwege zijn waarden: waarden als expertise en een passie voor wetenschap. Chemie vormde de ziel van het bedrijf en de vernieuwingen op dit gebied leverden winst op. Door de focus te verschuiven naar winst verloor het bedrijf zijn levenskracht. De chemici werden niet geïnspireerd door spreadsheets, kostenbesparingen en inventarisbeheer. Tijdens de laatste tien jaren van zijn bestaan, waarin ICI geleidelijk zijn unieke marktpositie verloor, werd slechts gezocht naar efficiëntere productievormen.

De moraal van dit verhaal: het is gevaarlijk om de ziel van een bedrijf te verkopen ten behoeve van een fraaiere jaarbalans. En de moraal is ook dat we acht moeten slaan op alarmsignalen in onze omgeving. In dit hoofdstuk zal ik toelichten hoe ons leven ernstig geschaad wordt als we voortdurend focussen op de balans tussen kosten en baten en steeds meer geld, status en spullen willen. Het belangrijkste is dat we geluk en welbevinden niet bereiken door te streven naar steeds meer, maar door ons leven te vullen met mooie momenten en contact met dierbaren. In dit hoofdstuk zal ik uitleggen hoe we ons kunnen richten op mensen en dingen die echt belangrijk zijn.

Contactverlies

Hoeveel maaltijden zijn er niet bedorven doordat een van de aanwezigen nog even zijn e-mail moest checken of een telefoontje plegen? Hoeveel avonden heb je verspild door voor de tv te hangen? Op hoeveel avonden kwam je moe en mat thuis van je werk? Op hoeveel avonden ging je afgelopen maand naar bed in het besef dat je echt het beste van jezelf hebt kunnen geven?

Ik zie in mijn omgeving vaak hoe mensen van hun eigen uitgestippelde pad af stappen en een paar passen of zelfs mijlenver verwijderd raken van hun oorspronkelijke koers, van hun geliefden en van zichzelf. Ik zie mensen opgewekt en hoopvol beginnen aan hun carrière, maar met elke dag en elke e-mail een beetje afdrijven van wat ze vroeger belangrijk vonden. Het probleem is dat gebrek aan aandacht voor belangrijke dingen mettertijd zijn tol zal eisen. Als we ons contact met belangrijke waarden verliezen, hebben we hiervoor altijd een heel goede reden paraat; en vaak geloven we ons verhaal zelf ook nog. Maar als we even tot rust zijn gekomen voelen we iets van somberheid ons leven binnensluipen, iets onbehaaglijks of zelfs iets van oerangst, iets wat pas naar de achtergrond kruipt als we weer druk bezig zijn. Drukte kalmeert (en verdooft) onze geest.

Het probleem is niet de technologie. We verliezen niet het contact met onze waarden doordat het zo makkelijk is om even op Facebook of naar onze e-mails te kijken, of omdat we door de vele computer- en telefoonschermen om ons heen zo snel geprikkeld kunnen worden. Het probleem is ook niet het werk. We verliezen niet het contact met onze waarden omdat ons werk zo zwaar en veeleisend is. Het probleem ligt in de keuze van onze waarden.

'Meer' leidt tot contactverlies

In het vorige gedeelte ben ik uitgebreid ingegaan op het spel van 'meer': het eindeloze (en vruchteloze) najagen van succes door productiviteit. 'Meer' speelt ook een grote rol bij dit gevoel van contactverlies. De drukdoenerij die gepaard gaat met ons streven naar 'meer' maakt dat we minder aandacht besteden aan de dingen die er werkelijk toe doen. Zo ontstaat een destructieve driehoek, opgebouwd uit de drie elementen 'drukte', 'meer' (uiterlijke dingen als geld en status) en 'contactverlies'.

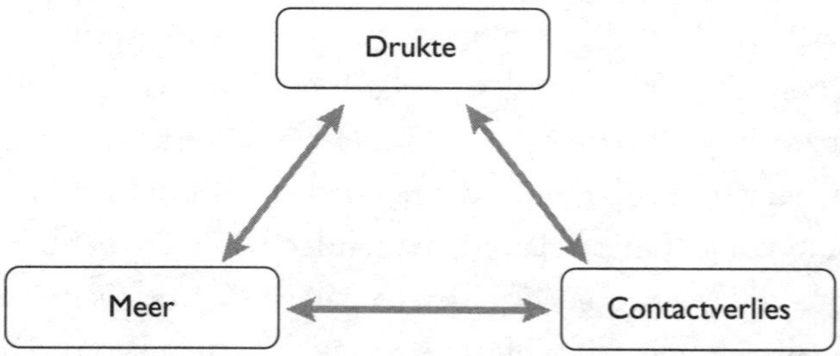

Het werkt zo: we worden aangespoord tot succes in de vorm van inkomen, status en/of beroemdheid. Om deze uiterlijke doelen te bereiken krijgen we het drukker. Door meer drukte verliezen we contact met onze kernwaarden en de mensen en bezigheden die ons vervulling geven. Daardoor voelen we ons eenzaam en inhoudsloos, dus proberen we de leegte in ons op te vullen met nog meer drukte, die je een kick geeft, maar geen echte vreugde. Dat leidt tot een nog sterker gevoel van contactverlies; we leggen meer contacten op de sociale media, maar hebben minder echt contact met mensen. We rechtvaardigen onze drukte en dit contactverlies tegenover onszelf omdat we streven naar 'meer'; ons gevoel van leegheid proberen we te verhelpen met materialisme en consumptie: 'Omdat ik het verdien.' Maar 'meer' kan ons nooit bevrediging schenken. Het is als kiezen voor chocola in plaats van voor voedzame levensmiddelen. Het voedt ons niet, helpt ons niet in onze persoonlijke groei en geeft geen bevrediging: het kweekt alleen verlangen naar nog meer.

In dit gedeelte houd ik een pleidooi voor diepgang in plaats van verstrooiing, voor betrokkenheid in plaats van overprikkeling en voor echte vriendschap in plaats van Facebookvrienden. Met een opgeruimd hoofd kun je je in deze overvolle wereld opnieuw oriënteren op de fundamentele waarden in je leven: dit zijn de bronnen van het ware geluk en welbevinden.

Wat is echt succes?

Ik wil graag een bredere betekenis verbinden aan het woord 'succes'. Met 'succes' bedoel ik niet alleen financiële beloningen en hoge posities die met status omkleed zijn, maar nog veel meer: werk dat steeds boeiender en uitdagender wordt, een sterkere verbondenheid met de mensen die je dierbaar zijn, en meer levensvreugde. Succes is het steeds vaker ervaren van waardevolle momenten die het dagelijks leven doen oplichten en die voorgoed in je hart gegrift staan: een bepaalde gezichtsuitdrukking, een gesprek tijdens een zonsondergang of een grappige opmerking van een koddig kind. Succes is gaan slapen in het aangename besef dat je afgelopen dag je medemensen, collega's en familie het beste van jezelf hebt kunnen laten zien en dat je morgen weer nieuwe kansen te wachten staan.

Ik vertelde het verhaal van ICI omdat ik wil waarschuwen tegen een al te nauwe en beperkte, op uiterlijke zaken gerichte definitie van succes. ICI veranderde zijn strategie van 'betere chemie leidt tot succes' naar 'meer winst betekent succes'. Dat deed het bedrijf de das om. Dezelfde mentaliteit zie ik vaak bij mensen met wie ik werk, en ook zij gaan eraan onderdoor. Ze streven naar uiterlijkheden en verlangen altijd meer: meer geld, meer status, meer roem, meer spullen om indruk mee te maken of gewoon meer dan de buurman! Ze werken zich over de kop om hun jaarcijfers te verbeteren maar veronachtzamen hun hart en ziel. Voor 'meer' verkwanselen ze alles wat hun echte vreugde en voldoening zou geven. Het probleem is: als 'meer' het doel is, kunnen we ons doel nooit bereiken. 'Meer' kent geen grenzen: als we meer hebben, zullen we nog grotere offers moeten brengen in ons streven naar nog meer. Dit werkt gewoon niet.

'Meer' is niet genoeg

Laat ik even verduidelijken: ik ben geen hippie, ik ben een psycholoog en een zakenman. Maar ik vind wel dat er meer aandacht moet komen voor de duidelijke bewijzen dat 'meer' niet hetzelfde is als 'gelukkiger'. Zo bevonden David Myers en Ed Diener in een studie naar enkele onderzoeken in de Verenigde Staten dat rijkdom opmerkelijk weinig verband houdt met welbevinden.[1] Hoewel Amerikanen tweemaal zo rijk zijn als in 1957, is het aantal mensen dat zichzelf tegenover de onderzoekers van het National Opinion Research Center (NORC) beschreef als zeer gelukkig gedaald van 35 procent naar 29 procent. Degenen die op de *Forbes*-lijst van de honderd rijkste Amerikanen stonden omschreven zichzelf als slechts ietsje gelukkiger dan de gemiddelde Amerikaan zichzelf omschreef. Als proefpersonen tien jaar gevolgd werden, bleken degenen wier inkomen in die periode aanzienlijk gestegen was niet gelukkiger dan degenen wier inkomen gelijk was gebleven. Bovendien blijkt uit vergelijkende onderzoeken wereldwijd dat er alleen in de allerarmste landen, zoals Bangladesh, een duidelijk verband is tussen rijkdom en geluk.

Verkeerde waarden

Tim Kasser is waarschijnlijk 's werelds voornaamste onderzoeker naar de effecten van materialisme op welbevinden. Als we zeggen dat mensen verschillende waarden hebben, bedoelen we meestal dat alle waarden gelijkwaardig zijn. Kasser vroeg zich af of bepaalde waarden waardevoller waren dan andere, vanuit psychologisch gezichtspunt. Eerst analyseerde hij de waarden van verschillende mensen; daarbij ontdekte hij dat mensen geneigd zijn tot clusters van uiterlijke of juist innerlijke waarden. Uiterlijke waarden zijn bijvoorbeeld streven naar rijkdom, imago, status, populariteit en beroemdheid. Innerlijke waarden zijn bijvoorbeeld persoonlijke groei, hechte betrekkingen met familie en vrienden en gemeenschapsgevoel, het verlangen de wereld tot een betere plek te maken. De meeste mensen hebben al deze waarden wel, in meerdere of mindere mate. Kasser onderzocht hoe belangrijk de deelnemers deze waarden vonden: welke waarden ze het belangrijkst vonden, welke waarden ze zouden kiezen als het erop aankwam.

Uit zijn vele onderzoeken, waaraan duizenden Amerikanen (volwassenen en studenten) deelnamen, kwam een opmerkelijk consistent patroon naar voren. Degenen die sterker naar uiterlijke waarden streefden dan naar innerlijke waarden, en die zich dus meer om rijkdom, imago of populariteit bekommerden, ervoeren minder voldoening, voelden zich minder veilig, minder energiek, meer terneergeslagen en angstiger. Bovendien klaagden ze meer over hoofdpijn, gaven ze hun dagelijkse ervaringen een lager cijfer, beleefden ze minder plezier, waren ze minder tevreden over hun leven en hun familieleden, hadden ze meer narcistische persoonlijkheidskenmerken en waren ze meer verslavingsgevoelig. Wereldwijd onderzoek bleek vergelijkbare gegevens op te leveren.[2]

Enerzijds zijn Kassers bevindingen niet zo opmerkelijk. Ze bevestigen immers de oude zegswijze 'geld maakt niet gelukkig'.

Maar anderzijds zijn deze uitkomsten schokkend. Onze hele maatschappij is gegrondvest op uiterlijke waarden, onze motivatie op het werk wordt gedreven door behulp van uiterlijke waarden en de argumenten waarmee we onszelf en onze familie overtuigen dat we het druk hebben zijn gebaseerd op uiterlijke waarden. Opmerkelijk in Kassers onderzoek is ook dat de hoeveelheid geld die men bezit geen invloedrijke factor is, maar wel hoezeer men *verlangt* naar rijkdom.

In antwoord op de beginvraag blijkt inderdaad dat bepaalde waarden wel degelijk waardevoller zijn dan andere. Vanuit psychologisch gezichtspunt zijn uiterlijke waarden (het streven naar rijkdom, imago, status, populariteit en beroemdheid) vrijwel waardeloos. Dus als je graag minder gelukkig en gezond wilt zijn, zijn dit de waarden om na te streven!

Opzichtige consumptie

Voordat hij begon met Silicon Graphics zei Jim Clark dat hij met een fortuin van tien miljoen dollar tevreden zou zijn. Toen hij Netscape oprichtte, meende hij dat hij heel gelukkig zou zijn met honderd miljoen dollar. Toen hij myCFO en Healtheon oprichtte, geloofde hij dat hij een miljard dollar nodig had. Recentelijk zei hij: 'Ik ben tevreden als ik meer heb dan Larry Ellison.'[3] Ellison, de oprichter van softwaregigant Oracle, is dertien miljard dollar waard. En hoeveel zou genoeg zijn voor jou? Bespaar je de moeite van het nadenken over deze vraag: op het moment dat je in de buurt van dat bedrag komt, zal je definitie van 'genoeg' al veranderd zijn.

In 1899 opperde de socioloog en econoom Thorstein Veblen de term 'opzichtige consumptie' voor de geldsmijterij van een bepaalde groep mensen die tijdens de industriële revolutie onmetelijke rijkdommen had vergaard. Deze mensen, nouveaux riches, gebruikten geld om hun status en macht te tonen.

Ruim een eeuw later doen we hier allemaal aan mee. Ons verlangen naar rijkdom heeft niets van doen met een bedrag op een rekeningafschrift maar alles met hoe we op de buren overkomen. Uiterlijke waarden als status, imago en populariteit zijn namelijk allemaal met elkaar verbonden en hebben allemaal hetzelfde effect op ons welbevinden. Daardoor kan ons verlangen naar uiterlijke waarden nooit bevredigd worden: het zijn geen absolute maar relatieve waarden, die afhangen van anderen, en er zijn altijd mensen die rijker zijn dan wij.

'Meer' geeft geen voldoening

Doelen stellen heeft zich bewezen als een van de eenvoudigste en krachtigste motivatiemechanismen die we kennen. Dus zelfs als streven naar succes in termen van uiterlijke beloningen, zoals rijkdom of populariteit, in verband staat met lagere niveaus van welbevinden, moet er toch enige voldoening liggen in werken en vorderingen maken voor deze doelen. Een van de aantrekkelijkste kanten van uiterlijke doelen is vermoedelijk dat vorderingen maken op dit pad zo zichtbaar is voor anderen. Het is moeilijk te meten of je inzicht en je relaties zich verdiepen, terwijl stijgende cijfers op je bankafschriften duidelijk in het oog springen. Zou voortgang bij het streven naar uiterlijke doelen ons dan niet tóch een beter gevoel geven, ook al verschuift het einddoel steeds?

Bij verder onderzoek ontdekte Tim Kasser dat vorderingen op het gebied van uiterlijke, materialistische doelen het welbevinden niet vergroten, niet op korte termijn noch op lange termijn. Vorderingen op het gebied van persoonlijke doelen – zoals relaties onderhouden en persoonlijke groei – maakten daarentegen groot verschil op ieder gebied van welbevinden, inclusief drugsgebruik en eigenwaarde.[4]

Ieder van ons heeft een cocktail van waarden en doelen die ons inspireren en in beweging zetten. Veel mensen denken dat streven naar 'meer' op zichzelf goed en natuurlijk is, maar ik heb daar mijn twijfels bij. In onze overvolle wereld lijkt het vanzelfsprekend dat we offers moeten brengen en keuzes moeten maken om een bepaalde promotie te verkrijgen of om meer te kunnen verdienen. Maar ik zet een groot vraagteken bij die ambities en de offers die ons gevraagd worden. Het bereiken van uiterlijke doelen als rijkdom, status, macht, populariteit of beroemdheid is een pyrrusoverwinning. Dit soort doelen vergen veel van ons, we hebben geen voordeel bij de vorderingen die we op deze weg maken en de eindstreep schuift steeds verder op.

We zullen onze vastgeroeste overtuigingen over hoe we geluk en voldoening in ons leven kunnen ervaren moeten aanpassen, anders lopen we ernstig gevaar ons te laten meeslepen door de uiterlijke, oppervlakkige kanten van succes. En dat brengt ons weer bij drukte: hoe meer we focussen op uiterlijke doelen en waarden, hoe meer we ons gedrongen voelen onze tijd en aandacht aan een leeg doel op te offeren en hoe meer we ons leven verspillen met duizeligmakende, desastreuze drukdoenerij. Verblind door onze opwinding merken we amper dat we steeds meer het contact verliezen met de dingen die er werkelijk toe doen en die ons werkelijk geluk en voldoening kunnen geven. In ons streven naar 'meer' storten we ons in de drukte, ten koste van ons geluk en onze gezondheid.

Maar waar moeten we dan naar streven?

Een ander soort succes

In 1973 voerden de psychologen Mark R. Lepper en David Greene van Stanford University en Richard Nisbett van de University of Michigan een experiment uit met kinderen die van tekenen hielden. Ze vroegen alle kinderen zes minuten lang te tekenen. Het verschil was: sommige kinderen kregen te horen dat ze een beloning zouden krijgen en andere kinderen niet. De kinderen gingen aan de slag. Sommige kinderen kregen daarna een beloning, andere niet. Gedurende de weken na het experiment gebeurde er iets merkwaardigs. De onderzoekers hielden bij hoe vaak de kinderen uit eigen beweging besloten te gaan tekenen, zonder dat hun een beloning in het vooruitzicht werd gesteld. Degenen die geen beloning hadden gekregen, besteedden tweemaal zoveel tijd aan tekenen als degenen die beloond waren.[5] Dit is het klassieke onderzoek dat als eerste de focus richtte op intrinsieke of innerlijke motivatie: motivatie die voortkomt uit de bezigheid zelf en niet uit beloning. Alle kinderen hielden van tekenen, maar na een beloning te hebben gekregen waren ze minder geïnteresseerd in tekenen, *tenzij* ze beloond werden. In dat geval hadden ze een reden om te gaan tekenen, en die reden was niet dat tekenen leuk is. Door de beloning veranderde spel in werk – en dat bleef zo. Uit herhaalde onderzoeken bleek dat dit zowel voor kinderen als voor volwassenen opgaat. Als mensen dingen doen voor een beloning, worden interessante bezigheden minder aantrekkelijk.

Het gaat goed met ons als we houden van ons werk, van ons leven en van onze dierbaren. Dat is succes. We zijn succesvol als de reden waarom we ons inspannen voor ons werk en de reden waarom we proberen steeds beter te worden is dat we houden van deze bezigheden. Werk ís intrinsiek interessant, vooral vandaag de dag, nu we zoveel mogelijkheden hebben om zelf ons werk vorm te geven. Het probleem is alleen: als geld, status of roem de voornaamste redenen en drijfveren zijn bij al onze beslissingen, verandert spel in werk. Het wordt minder interessant, minder aantrekkelijk. Als deze omslag plaatsvindt, lopen we kans dat we een groot deel van onze dag besteden aan geestdodende bezigheden. Dat kunnen we toch geen succes noemen?

Om dit gevaar af te wenden kunnen we het beste omschakelen en onze innerlijke waarden vooropstellen in onze carrière. Dat wil zeggen: ook al willen we misschien meer verdienen en promotie maken, onze kernwaarden worden onze voornaamste focuspunten en beslissingscriteria. We focussen op wat we belangrijk en boeiend vinden, op het toepassen van onze beste talenten en op werk waar we van houden. Op die gebieden streven we naar verbetering. Als we onze innerlijke waarden prioriteit geven, verandert dat onze werkmotivatie. Werk wordt dan minder vermoeiend en geeft meer plezier. We versterken het spelelement in ons werk en ons leven.

Stel innerlijke waarden voorop in je carrière

John Stuart Mill was een voorstander van het utilitarisme, misschien wel de voornaamste voorstander van deze stroming. Utilitaristen geloofden dat wat direct resulteert in maximaal geluk en minimale pijn de juiste handelwijze is. Het grootste deel van zijn leven was hij overtuigd van een directe en eenvoudige benadering om goede dingen te bereiken, maar tegen het einde van zijn leven realiseerde Mill zich dat de beste manier om iets te bereiken vaak de indirecte weg is. In zijn boek *Obliquity* (in het Nederlands verschenen als *De omweg naar succes*) stelt John Kay dat dit ook geldt voor succesvolle bedrijven en mensen.[6] ICI was succesvol zolang dit bedrijf zich meer op chemie en vernieuwing richtte dan op zakelijk succes; dat Bill Gates en David Beckham succesvol zijn, komt niet doordat ze probeerden rijk te worden maar doordat ze wilden uitblinken met datgene waaraan ze hun hart hadden verpand. Toen ICI de focus verlegde naar minimale kosten en maximale winst, verloor het bedrijf zijn kracht en ging het snel achteruit.

Te sterk focussen op uiterlijke vormen van succes, oftewel geld vooropstellen, kost je je geluk en je gezondheid. Als we geld vooropstellen in onze carrière, proberen we voor elkaar te krijgen wat anderen van ons verwachten en willen we hen bovenal tevredenstellen, op het gevaar af ons te veel drukte op de hals te halen. Als we de keus hebben tussen twee manieren om ons doel te bereiken, kiezen we meestal voor de directe, probleemvermijdende benadering die anderen tevredenstelt. Maar deze keus leidt tot drukte en ondermijnt in feite succes.

Verder onderzoek naar intrinsieke motivatie toont aan dat mensen die op beloningen gericht zijn niet alleen minder gemotiveerd raken, maar ook minder creatief worden en slechter in staat zijn oplossingen te vinden. Ze zijn ook minder betrokken. Maar als we in de eerste plaats gericht zijn op onze kernwaarden, zoals kennis vergaren, een verschil maken, of (zoals in mijn geval) creativiteit, dan verplaatst de focus zich als vanzelf naar de langere termijn. We willen tijd en energie investeren in het vergroten van onze vaardigheden en we zijn sterker gemotiveerd om uit te vinden waar onze passie ligt. Het resultaat: onze interesses sturen ons op natuurlijke wijze naar de juiste focus, die in het vorige hoofdstuk al ter sprake kwam. We focussen op grote, echt belangrijke dingen; we ontwikkelen ons en daardoor kunnen we ons onderscheiden. Dit lijkt een indirecte weg naar succes, maar bewust onze innerlijke waarden vooropstellen en proberen steeds beter te worden op deze gebieden is (zoals de geschiedenis van ICI bewijst) de ware weg naar duurzaam succes.

De Indiase econoom en Nobelprijswinnaar Amartya Sen stelt voor dat we bij een begrip als rijkdom niet denken in termen van wat we bezitten maar wat we kunnen doen. Ik adviseer een vergelijkbare omschakeling voor het begrip succes. Laten we ons succes niet zien in termen van beloningen maar in termen van wat we kunnen bijdragen. Je zou zelfs kunnen zeggen: succes is de mate waarin je je leven leidt in overeenstemming met je waarden.

Wat zou er veranderen als je je innerlijke waarden vooropstelt in je carrière? In hoeverre zouden je prioriteiten veranderen? Hoe kun je jouw succes opnieuw definiëren als je bedenkt wat jij kunt bijdragen?

Uiterlijke successen maken minder gelukkig dan je denkt

Stel je voor: je krijgt te horen dat je morgen twee dingen kunnen overkomen: ofwel je wordt permanent verlamd vanaf je nek, ofwel je wint 27 miljoen in de loterij. De vraag is: kun je voorspellen hoe gelukkig je een jaar later zou zijn, als verlamde of als multimiljonair? Hoe groot schat je het verschil tussen de geluksniveaus van deze extremen?

Dan Gilbert, hoogleraar psychologie aan Harvard University, gebruikt dit voorbeeld om te laten zien hoe slecht we toekomstig geluk kunnen inschatten. In de praktijk zou er amper verschil in geluksniveau te meten zijn![7] Het klinkt ongelooflijk maar het is waar. Dit is een voorbeeld van wat Gilbert *impact bias* noemt. Dat wil zeggen dat we de impact die gebeurtenissen op ons hebben enorm overschatten, evenals de duur van deze impact.

Wat betekent dat voor ons drukke mensen? De potentiële successen, alle ballen die we in de lucht moeten houden en waarvan er niet eentje mag vallen, die baan die je net wel of net niet krijgt: ze zullen veel minder impact op je geluk hebben dan je denkt. Impact bias maakt dat we de effecten van successen overschatten, waardoor we er te veel offers voor brengen terwijl we er weinig voor terugkrijgen. We zijn als de dood voor mislukkingen die er in feite niets toe doen.

We hebben allemaal redenen te over om het nu op te offeren voor een aanlokkelijk klinkend succes in de toekomst (of om een onverdraaglijk falen te vermijden), maar succes en geluk zul je niet verwerven als bekroning van je werk: ze liggen besloten in de reis erheen.

Richt je daarom op wat voor jou van waarde is, focus op wat je sterke punten zijn en waar je hart in ligt. Als we ons verliezen in drukte omdat we denken daarmee in de verre toekomst successen te scoren, geven we onze talenten, onze relaties en ons welbevinden op voor een hersenschim. Toekomstige successen of mislukkingen komen en gaan; het heeft geen zin daarop te focussen. Focus liever op wat voor jou van waarde is.

Wat zijn jouw waarden?

Een belangrijke drijfveer voor drukdoenerij is, zoals ik al uiteenzette, het streven naar meer: het materialistische verlangen steeds meer uiterlijke dingen te verkrijgen. Het zou makkelijk zijn de oorzaak van dit verlangen te zoeken in het wereldwijde kapitalisme: in onze moderne wereld zijn het de markt, reclameboodschappen en normen die ons influisteren dat we betere mensen worden als we meer spullen hebben. Maar ik denk zelf dat er nog een andere belangrijke oorzaak voor is, die op een subtielere manier op ons inwerkt.

Ik zal het uitleggen aan de hand van een voorbeeld: denk aan onze doelstellingen op het werk. De meeste mensen hebben als doel of taakomschrijving een lijstje met dingen die makkelijk meetbaar zijn. Zijn alleen meetbare dingen van belang bij het uitvoeren van je werk? Natuurlijk niet, maar dingen als 'betere communicatie' zijn gewoon te ingewikkeld om te meten, daarom stellen we onszelf keurig nette (maar eigenlijk vrij betekenisloze) SMART-doelen (specifiek, meetbaar, acceptabel, realistisch, tijdgebonden), bijvoorbeeld 'klachten halveren voor het einde van het jaar'.

Zo is ook materialisme eenvoudiger als persoonlijk doel, deels omdat iedereen eraan meedoet maar deels ook omdat het zo makkelijk meetbaar is: duizend euro is beter dan vijfhonderd euro, een iPhone 6 is beter dan een iPhone 3G, en je kunt beter senior manager zijn dan manager. Materiële, uiterlijke waarden liggen voor de hand, zijn vanzelfsprekend en makkelijk als doel te kiezen: ze zijn kant-en-klaar beschikbaar! Dus als we niet hebben uitgewerkt wat onze waarden zijn, dan vult materialisme die leemte.

Helder in beeld krijgen wat voor jou belangrijk is, wat jouw persoonlijke waarden zijn, vraagt meer inspanning. Veel mensen hebben een vaag besef van wat ze belangrijk vinden, een wazige wolk van waarden, gedachten en plannen. Maar pas als ze samengebundeld worden hebben ze het vermogen om verhelderend te zijn bij beslissingen en onduidelijkheid. Als onze persoonlijke waarden en prioriteiten niet uitgekristalliseerd en gefocust worden, laten we ons misleiden door de heldere eenvoud van materialisme.

Wat zijn jouw kernwaarden, en waarom?

Lijstjes maken, op persoonlijk of bedrijfsniveau, is in de meeste gevallen tijdverspilling. Je krijgt dan niet meer of minder dan een lijstje met leuke woorden die je belangrijk vindt. Mijn geheim is: beperk je wat betreft je waarden tot de twee of drie belangrijkste. Het is gewoon niet mogelijk om je van vijf of zes waarden bewust te zijn. Op bedrijfsniveau behoren de waarden tot de belangrijkste strategische beslissingen die het bedrijf maakt. Op persoonlijk niveau zou dat ook moeten gelden. Neem de tijd om je kernwaarden op te sporen, de waarden die je energie geven. Met die kernwaarden duidelijk voor ogen kun je je heel je leven laten inspireren als je je werkzaamheden en bezigheden hierop afstemt.

Drie kernwaarden

Deze oefening helpt je je innerlijke waarden voorop te stellen in je carrière. Hiermee kun je je lijstje waarden toespitsen, zodat de wazige wolk van wat belangrijk is voor jou zich verdicht in concrete, gefocuste waarden die als leidraad en kompas in je manier van leven dienen. Dat werkt zo:

- Omcirkel op dit lijstje alle waarden die je echt aanspreken.
- Voeg waarden die volgens jou ontbreken in op de lijst, in de lege vakjes.

resultaten leveren	vooruitgang	kennis	veiligheid	energie
afwisseling	plezier	maatschappelijke bijdrage	vrede	verandering
kwaliteit	relaties	integriteit	voldoening	erkenning
competitie	tijd	erbij horen	creativiteit	trots
nieuwsgierigheid	status	verschil maken	vriendschap	rijkdom
je grenzen verleggen	wijsheid	reputatie	snelheid	onafhankelijkheid

- Reduceer je lijstje nu tot drie waarden (misschien had je dat al gedaan). Geef prioriteit aan de waarden die het belangrijkst voor jou persoonlijk zijn.
- Laat dit nu een tijdje op je inwerken. Als het goed is, voelen die waarden levendig en krachtig. Misschien wil je de waarden anders omschrijven en in je eigen woorden weergeven.

Heb je je kernwaarden duidelijk in beeld, pas ze dan toe. Geef ze prioriteit. Herinner jezelf regelmatig aan je kernwaarden. Bedenk in hoeverre je die kernwaarden elke dag toepast in je leven.

Waarom?

> *Wie een waarom heeft waarvoor hij kan leven, kan bijna elk hoe verdragen.*
>
> – Friedrich Nietzsche

Vijfenhalf jaar geleden kwam mijn veertigste verjaardag in zicht. Dertig worden had me niet veel gedaan en ik maakte me dan ook weinig zorgen over het getal veertig. Toch merkte ik dat me een eigenaardig gevoel bekroop. Niet een sterk gevoel, zoals neerslachtigheid of frustratie, maar toch onmiskenbaar iets negatiefs. Na een tijdje begon ik het gevoel te herkennen als een soort verlangen, een lege plek in mijn leven die ik kennelijk niet wist op te vullen. In theorie ging het allemaal geweldig goed in mijn leven. Wat ontbrak er dan aan? Rond die tijd had ik een gesprek met een collega, die coach was. Ze begon me allerlei vragen te stellen. In eerdere gesprekken met anderen hadden we het vooral gehad over mijn gevoelens. Maar zij vroeg me: 'Waarom?' Waarom voelde ik me zo? Ik wil heus niet beweren dat ik tijdens dit gesprek een baanbrekend inzicht kreeg, maar het zette me wel aan het denken: waarom? Mettertijd kwam ik tot het besef dat ik verlangde naar iets wat ik nooit als een van mijn waarden had beschouwd: creativiteit. De reden dat ik dit nooit overwogen had was dat ik op school slecht in tekenen was en mezelf meer als een wetenschapper zie. Het is ook best mogelijk dat creativiteit eerder in mijn leven minder belangrijk was. Ik weet het gewoon niet. Wat ik wel weet, is dat ik omstreeks mijn veertigste verjaardag tot het besef kwam dat ik creatief wilde zijn, dat ik zelfs creatief móést zijn. In de loop der jaren sinds dit besef ben ik gaan fotograferen en schrijven. Ik ben zelfs (met veel plezier maar weinig succes) gaan schilderen. Belangrijker nog is dat mijn creativiteit me stimuleert in mijn werk en mijn aanpak, dat het me inspireert in mijn bezigheden. Ik kan me nauwelijks meer een leven voorstellen zonder de krachtige overtuiging dat creativiteit de kern vormt van alles wat ik doe. En deze overtuiging kwam voort uit de simpele vraag: 'Waarom?'

Ik denk dat de meesten van ons onvoldoende profiteren van onze crisisperiodes, onze somberheid en onze frustraties. We schreeuwen het van de daken dat we er geen probleem mee hebben veertig te worden. We zien het als een teken van kracht dat de grote keerpunten in ons leven ons niets doen. Misschien is het inderdaad een teken van kracht, maar ik vermoed dat het eerder een gebrek aan opmerkzaamheid is! Hoe dan ook: als je je bewust wordt van een onverklaarbaar neerslachtig gevoel, een verlangen of vage onvrede, dan heb je misschien op onderbewust niveau problemen met iets wat echt belangrijk is. Laat dit moment niet voorbijgaan, sta erbij stil en geef er aandacht aan.

Sakichi Toyoda, zoon van een arme timmerman, werd als oprichter van Toyota een van de beroemdste industriëlen van zijn land. Hij zocht naar manieren om tot de kern van problemen door te kunnen dringen: zo zou hij effectief de kwaliteit kunnen verbeteren en snel vernieuwingen kunnen toepassen. Hij ontwikkelde daartoe een denkproces, dat hij 'Vijf keer waarom' noemde. Dit proces wordt tegenwoordig in talloze fabrieken wereldwijd toegepast.

Vijf keer waarom is een ongelooflijk eenvoudig proces waarmee je snel de diepte in gaat. Je benadert een onderwerp met de vraag 'Waarom?' Nadat je het antwoord hebt, stel je opnieuw de vraag 'Waarom?' Voel je je hierdoor onzeker, negeer dat gevoel dan niet: ook dat geeft je belangrijke informatie! Herhaal je vraag (niet noodzakelijkerwijs vijfmaal) tot je bij de oorzaak van het probleem bent. Je waaroms doorgronden helpt je je waarden te doorgronden. Per slot van rekening zíjn onze waarden onze grote waaroms.

Wat is jouw levensdoel?

Sir Galahad was een legendarische held. Hij was verwekt door Sir Lancelot, die door tovenarij in de waan verkeerde dat Elaine van Corbenic zijn geliefde koningin Guinevere was. De kleine Galahad werd grootgebracht door een oudtante. Pas toen hij volwassen was ontmoette hij zijn vader, die hem meenam naar het hof van koning Arthur. Na binnenkomst bracht men hem bij de beruchte *siege perilous*, de 'gevaarlijke zetel', die betoverd was door Merlijn: wie hierop ging zitten viel terstond dood neer. Sir Galahad bleef ongedeerd. Koning Arthur was diep onder de indruk en nam hem mee naar een zwaard dat in een steen stak (zijn specialiteit, naar het schijnt) met daarop de woorden: 'Niemand zal mij hieruit kunnen trekken dan de man aan wiens zijde ik dien te hangen, en hij zal de beste ridder ter wereld zijn.' Galahad trok het zwaard moeiteloos uit de steen en Arthur riep hem uit tot de beste ridder.

Al sinds de middeleeuwen is de legende van Sir Galahad mateloos populair. Niet vanwege de tweegevechten, veroveringen of uit steen getrokken zwaarden maar vanwege de queeste naar de heilige graal. Meer dan enige andere ridder van de ronde tafel legde Galahad hierin zijn ziel en zaligheid. Volhardend trotseerde hij gevaren, bevrijdde hij jonkvrouwen en redde hij Sir Percival tot hij uiteindelijk de graal vond. Sir Galahad had een belangrijke en waardevolle queeste. Die gaf hem kracht, energie en een doel. Sir Galahad werd een legendarische ridder omdat hij een duidelijk doel voor ogen had, een levensdoel dat hem kracht gaf ondanks alle tegenspoeden.

Joseph Campbell, hoogleraar mythologie, denkt dat de heilige graal ons levensdoel symboliseert, onze eigen queeste.[8] Het is een mythisch symbool voor de levensreis die wij allen maken om datgene waartoe we in staat zijn te bereiken. Ik vind dit een mooie en diepzinnige gedachte, of je nu in mythologie geïnteresseerd bent of niet. In essentie is deze queeste een kwestie waarmee we allemaal op enig moment worden geconfronteerd. En zoals onze waarden aansluiten op wat voor ons van belang is, zo verheldert ons levensdoel wat we willen bereiken met deze waarden. Wanneer we ons levensdoel duidelijk voor ogen hebben, gaan we in de juiste richting, kunnen we onze unieke bijdrage leveren en zijn we op weg naar echt succes.

Nu is de grote, belangrijke vraag: wat is jóúw levensdoel?

STOP MET STREVEN NAAR MEER!
KERNGEDACHTEN

Ons leven heeft **zin en een doel** als het gebaseerd is op onze kernwaarden. Dit zijn onze bronnen van energie, creativiteit en veerkracht. Als we **contact verliezen met onze kernwaarden, verliest ons leven aan potentieel** en vitaliteit. **Sterke betrokkenheid bij wat we belangrijk vinden** is goed voor ons welbevinden. **Succes** is niet roem of rijkdom verwerven maar **betrokkenheid** en zinvolle relaties ervaren.

Wat is echt succes?

- **Niet alle waarden zijn even waardevol**. Mensen die focussen op uiterlijke waarden en op 'meer', die verlangen naar **rijkdom, status en populariteit**, zijn **minder gelukkig** en minder gezond. Waarden die innerlijke bevrediging geven, zoals **persoonlijke groei**, **hechte relaties** en **gemeenschapsgevoel**, houden sterk verband met welbevinden.
- Verleg je focus van **uiterlijke** naar **innerlijke waarden** die echte voldoening geven en je gezondheid ten goede komen.

Een ander soort succes

- Als we in de eerste plaats op beloningen focussen, verandert ons spel in werk; we voelen minder intrinsieke of innerlijke motivatie.
- Stel je **innerlijke waarden voorop in je carrière** en focus in de eerste plaats op wat je echt belangrijk vindt. Leg je hart in je werk en kijk wat je kunt bijdragen; daaruit kan succes volgen.
- Als je uiterlijke doelen en successen nastreeft, zullen die je minder gelukkig maken dan je denkt. **Richt je op wat voor jou van waarde is en offer dit niet op** voor gedroomde successen in de toekomst.

Wat zijn jouw waarden?

- Leef naar je kernwaarden: denk na over wat jouw kernwaarden zijn en of ze **tot uiting komen in de manier waarop je je tijd doorbrengt**.
- Denk na over je belangrijkste waarden, en kies dan uit het lijstje **twee of drie kernwaarden** om op te focussen: deze zullen je je hele leven **helpen je richting te bepalen en vormen een bron van energie**.

DOEN

Een ander doel

Als 'meer' het nastreven niet waard is, waar moet je dan naar streven? Stel jezelf een duidelijk doel voor ogen, met succes in een totaal andere vorm.

Wat zijn jouw waarden?

Het is moeilijk je manier van leven te veranderen als je niet geïnspireerd wordt door sterke persoonlijke waarden. Zoek je eigen kernwaarden aan de hand van de oefening 'Drie kernwaarden' (blz. 232-233).

Pas je waarden toe in de praktijk

Teken een cirkeldiagram en geef daarin aan hoe je je tijd besteedt. In hoeverre is je tijdsbesteding in overeenstemming met je kernwaarden? Verander één ding in de manier waarop je je tijd besteedt, zodat je meer leeft volgens je waarden.

EXPERIMENTEREN

Vraag 'Waarom?'

Voel je je weer eens somber, onzeker of gefrustreerd zonder dat je weet waarom, neem dan de tijd om hierover na te denken. Maak een wandeling en vraag jezelf af: 'Waarom?' Herhaal je vraag tot je begrijpt wat je onderbewustzijn je probeert te vertellen.

Hoofdstuk 10

Relaties

(Waarom we beter af zijn met minder vrienden)

Het was in 1990 dat de Britse hulpverleenster en voormalig onderwijzeres Monica McDaid een grauw gebouw betrad in het centrum van de middeleeuwse stad Siret in Roemenië. Wat ze daarbinnen zag was, zoals ze het zelf omschreef, 'ongelooflijk'. Ze zag kinderen, drie of vier per bed: lusteloos, verwaarloosd, smerig en ziek bij gebrek aan medicijnen en wasgelegenheid. In dat jaar zouden hulpverleners als McDaid nog meermaals vergelijkbare taferelen zien in Roemenië. Het weeshuis Cighid, een negentiende-eeuws landhuis, was zo'n onderkomen voor driehonderd kinderen, een weeshuis waar de kinderen gespeend van menselijke omgang en warmte opgroeiden. De slecht opgeleide en overbelaste staf moest zichzelf harden tegen de ellende en hield afstand van de weesjes: kinderen kregen minimale verzorging en vrijwel geen aandacht. De kinderen kregen zelfs slaapmiddelen zodat ze goed doorsliepen en de staf even rust had. Baby's groeiden op in instituten die erger waren dan een hondenasiel: kil, hardvochtig en liefdeloos. Tussen 1987 en 1989 stierven alleen al in het weeshuis Cighid 137 van de driehonderd kinderen.

Na de Tweede Wereldoorlog werd in veel landen met grote inspanning gewerkt aan de wederopbouw en onderwijl groeiden duizenden kinderen op als wezen. Weeshuizen in het Verenigd Koninkrijk boden uitstekende zorg. De Britse wezen groeiden op in een veilige, schone en warme omgeving, met gezonde voeding. Kinderartsen waren echter verontrust over het hoge sterftecijfer in deze tehuizen en vroegen zich af of de staf wel de juiste prioriteiten stelde. Eén arts ging zelfs zo ver dat hij het bordje WAS UW HANDEN TWEEMAAL VOOR U DEZE RUIMTE BETREEDT verving door een bordje met de tekst NEEM ALTIJD EEN BABY IN UW ARMEN ALS U DEZE RUIMTE BINNENGAAT.

Vele jaren later blijkt uit onderzoek onder de kinderen die de Roemeense weeshuizen overleefden dat ze bovenal langetermijnschade opliepen door gebrek aan aandacht, stimulering en affectie. Inmiddels weten we dat aanraken, aandacht geven, en tijd en liefde investeren de geestelijke ontwikkeling van kinderen niet alleen bespoedigt maar hier zelfs essentieel voor is. Zonder deze liefdevolle aandacht en aanrakingen konden zelfs veel goed verzorgde en gevoede Britse kinderen niet goed gedijen: ze stierven door gebrek aan aandacht en liefde. Dokters gaven dit verschijnsel een naam: *failure to thrive*, oftewel 'niet gedijen'.

Wat deze voorbeelden aantonen is hoe belangrijk relaties zijn, hoezeer mensen behoefte hebben aan aanrakingen en hoeveel schade eenzaamheid hun kan berokkenen. Ik ben ervan overtuigd dat het niet alleen baby's zijn die wegkwijnen bij gebrek aan aandacht en liefde; een geïsoleerd bestaan is slecht voor ons. Geen mens kan floreren zonder de liefde en aandacht van zijn dierbaren.

Iedereen heeft relaties nodig

Lisa Berkman is een expert op het gebied van de effecten van sociale en beleidsinvloeden op de gezondheid, en haar werk vindt internationaal erkenning. Na vele jaren van onderzoek en zorgvuldige statistische analyse van bevolkingsgroepen is het voor haar duidelijk wat gezondheid en welzijn bij uitstek bevordert: relaties van goede kwaliteit, of zoals zij het noemt: 'sociale verbondenheid'.[1] In een onderzoek onder zevenduizend volwassenen bleken degenen met minder sociale betrekkingen aan het begin van het onderzoek twee- tot driemaal meer kans te hebben op overlijden gedurende de negen jaar dat het onderzoek duurde dan degenen die veel relaties hadden.[2] Zij vermoedt dat dit de reden is dat de Verenigde Staten, die meer dan enig ander OESO-land aan gezondheidszorg uitgeven (per hoofd van de bevolking ongeveer tweemaal zoveel als de volgende in de reeks OESO-landen), behoren tot de drie OESO-landen die het laagst scoren op het gebied van levensverwachting: in andere landen heerst een cultuur van sterkere sociale verbondenheid. Jonathan Haidt, een briljante hoogleraar psychologie en auteur van *The Happiness Hypothesis* (in het Nederlands verschenen als *De gelukshypothese*), vat het onderzoek samen met de stelling dat goede relaties het immuunsysteem versterken, het herstel na een operatie bevorderen, geestelijke vermogens op hoge leeftijd bestendigen en het risico op angst en depressies minimaliseren.[3] Relaties verbeteren zelfs de stemming en het welbevinden van introverte mensen die geen behoefte denken te hebben aan meer relaties.[4] In feite blijken eenzaamheid en isolement grotere gezondheidsrisico's dan roken of obesitas![5] En dat is niet omdat we dankzij relaties steun krijgen: uit onderzoek komt naar voren dat steun geven nog meer effect heeft dan steun krijgen.[6]

We zijn niet alleen gezonder dankzij goede relaties maar ook gelukkiger. Ed Diener, als wetenschapper werkzaam voor onderzoeksbureau Gallup, deed samen met Martin Seligman onderzoek naar zeer gelukkige mensen om erachter te komen wat we van hen kunnen leren. Ze ontdekten als gemeenschappelijke factor van de gelukkigste mensen 'hun sterke banden met vrienden en familie en hun streven veel tijd met hen door te brengen.'[7] Ander onderzoek toont aan dat de allerbeste manier om meer in het moment te leven en geluk te ervaren is om meer exclusieve aandacht te besteden aan onze dierbaren: mensen zijn het gelukkigst als ze tijd doorbrengen met vrienden, gevolgd door wanneer ze tijd doorbrengen met familie, en het minst gelukkig in hun eentje.

Relaties onder druk

Als we ons sterk betrokken voelen bij degenen die belangrijk voor ons zijn, gaat het goed met ons. Als we dat niet doen, gaat het slecht met ons. Dat is eigenlijk het verhaal in een notendop. We kunnen niet floreren zonder echt goede relaties, en relaties kunnen het niet stellen zonder onze tijd en aandacht.

Maar hoe belangrijk ze ook zijn, de dierbaarste relaties vallen vaak tussen wal en schip bij grote werkdruk. Familie en vrienden zijn de eerste slachtoffers en zij hebben het meest te lijden van onze lijfelijke en geestelijke afwezigheid. We plegen roofbouw op onze relaties met hen en besteden onze tijd, aandacht en energie liever aan e-mails, Facebook en dat verslag dat maandag klaar moet zijn. We doen onze relaties tekort omdat we ermee wegkomen. We vertrouwen erop dat onze dierbaren zullen *begrijpen* dat we dit werk *moeten* doen, dat dit telefoontje *noodzakelijk* is. We vertrouwen erop dat ze zich tevreden zullen stellen met onze restjes, met de kruimels die van de tafel vallen nadat we al onze energie, creativiteit en aandacht hebben gegeven aan drukke bezigheden die de dopamine door ons lijf doen gieren.

Onafgebroken drukte verwoest onze relaties van binnenuit, onmerkbaar en langzaam maar zeker. En daarmee wordt ons fundament verzwakt, daarmee wordt het enige wat echt van belang is in ons leven aangetast. De aandacht die van onze dierbaren wordt afgeleid betekent niet direct het einde van de relatie met hen maar wel dat alle rijkdom en gloed eruit wordt gezogen. Onze relaties worden armetieriger, waardoor ze ons niet meer kunnen voeden of voldoening geven, waardoor wij (en onze geliefden) minder gelukkig zijn. En dat brengt ons terug bij de driehoek van drukte: naarmate onze relaties ons minder voldoening geven, voelen we ons meer geïsoleerd en eenzaam, en de leegte die we ervaren vullen we weer op met drukte.

Drukte is een sluipend vergif waarvan de gevolgen pas na een jaar of tien duidelijk worden, als de problemen de pan uit rijzen. Maar tegen de tijd dat de symptomen zichtbaar worden, is het voor veel mensen helaas al te laat.

Focus op minder mensen: less is more

In voorgaande hoofdstukken heb ik besproken hoe een van de onderliggende oorzaken van drukte het voortdurend streven naar 'meer' is: we proberen succesvol te zijn door meer te doen en we voorzien in onze behoefte aan drukte door te streven naar meer spullen. De behoefte aan 'meer' besmet ook onze relaties. We willen meer relaties, meer betrokkenheid en meer populariteit. Veel mensen lijken zich onzekèr te voelen en zoeken bevestiging in de omvang van hun sociale netwerk, in het aantal likes dat ze scoren, of in hun Klout-score, een onlineservice die berekent hoe invloedrijk je bent op het gebied van sociale media. Inhalig proberen ze Facebookvrienden en Twittervolgers binnen te slepen: hoeveel het er ook zijn, ze willen er altijd meer.

Ontegenzeggelijk helpen e-mail, Facebook, Twitter, LinkedIn, WhatsApp, sms en instant messaging ons om makkelijker en met meer mensen contact te onderhouden. Wie van ons heeft niet de opwinding gevoeld van een hernieuwd contact met een uit het oog verloren schoolvriend? Wie heeft niet vreugde ervaren toen een oude kennis weer in ons leven kwam, al is het op bescheiden wijze? Technologische communicatietools maken het massaal delen van berichten makkelijk, dus oude banden kunnen weer worden aangehaald zonder tijdrovende telefonische speurtochten (we hebben die oude kennissen trouwens toch niets zinnigs te zeggen). Met een paar steekwoorden op hun Facebookpagina zijn we weer helemaal bij. Dankzij sociale media en elektronische communicatie ligt de hele wereld binnen ons bereik, inclusief het verleden; we zijn krachtig en almachtig.

Maar aan dit gemak en fijnmazige netwerk van verbondenheid hangt ook een prijskaartje. Als je teksten verzendt en contact maakt, kun je respons verwachten. Veel mensen laten van zich horen, en vaak. Al gauw heb je er haast een dagtaak aan om al die berichten te checken en al die relaties te onderhouden. Uit angst dat onze populariteit daalt, gaan we aan de slag om de elektronische stroom van updates, foto's en berichten in goede banen te leiden. Waren we die e-mails maar kwijt, verzuchten we. We overwegen onze hele sms-inbox te legen. Ook buiten het werk kunnen deze sociale 'relaties' een vervelend karwei en zelfs een zware belasting vormen. Schenkt dit eindeloze elektronische geklets voldoening, verrijkt het je leven? Voor je het weet is het onderhouden van de contacten met familie, vrienden en kennissen weer een extra karwei op je lijstje en weer iets wat alleen maar bijdraagt aan de drukte.

Toen Sherry Turkle, auteur van *Alone Together*, de zestienjarige Sanjay sprak, vertelde deze tiener hoe sterk hij de druk ervoer van het bijhouden van alle tekstberichten die hij kreeg. Aan het einde van het interview zei hij: 'Ik hoop dat dit niet meer nodig zal zijn als ik ouder ben.' En hij voegde er zachtjes aan toe: 'Hoelang moet ik zo nog verder?'[8]

Affiniteit of populariteit

Een van de boeiendste dingen uit Tim Kassers onderzoek is het onderscheid dat hij maakt tussen affiniteit en populariteit. Met affiniteit bedoelt hij samen zijn en belangrijke relaties verdiepen. Dit staat in sterk contrast met het verlangen van de meeste mensen naar populariteit. Toen ik dit las zette het me aan het denken. Ik had zelf eigenlijk nooit onderscheid gemaakt tussen verschillende soorten sociale contacten. Ik had weinig verschil gezien tussen diepe relaties met familie of vrienden, en (hooguit in gradatie) de smalltalk die ik op een feestje met de andere gasten uitwisselde. Maar was dat allemaal wel ongeveer hetzelfde?

Kassers onderzoek heeft te maken met de prioriteiten die mensen stellen. Streven ze naar diepere relaties met intieme vrienden en familie, of willen ze populairder worden en meer vrienden krijgen? Uit zijn bevindingen blijkt dat degenen die vooral focussen op affiniteit meestal gelukkiger en gezonder zijn en zich beter voelen. Het omgekeerde geldt voor degenen die in de eerste plaats streven naar populariteit: die zijn minder gelukkig, depressiever en angstiger. Alles wijst erop dat het streven naar versterking en verdieping van belangrijke relaties voldoening geeft en je leven verrijkt. Inzetten op 'meer' is een uitstekende manier om de kansen op een belabberd leven flink te verhogen.

In tegenstelling tot wat je op de tv ziet, komt echte vreugde niet voort uit *meer* maar uit *minder*. We worden gelukkiger als we onze aandacht richten op een kleine groep bijzondere mensen, van wie de meeste waarschijnlijk amper in beeld komen in je digitale netwerk, maar die toch een spilfunctie in je leven vervullen. Sterker focussen op onze voornaamste relaties is iets wat zich door de eeuwen heen bewezen heeft maar wat nu denkelijk meer dan ooit van toepassing is. We hebben beperkte tijd en aandacht dus we moeten kiezen hoe we die gebruiken. We kunnen onze energie dan ook het beste richten op een selecte groep mensen. Als we focussen op het versterken, verdiepen en verrijken van belangrijke relaties kunnen we opruiming houden onder onze oppervlakkige contacten. Het is hiermee zoals met zoveel aspecten van drukte: zodra we beter focussen en onze aandacht minder versnipperen, ervaren we al snel dat het beter met ons gaat.

Wie staan in jouw top vijftien?

Primaten hebben complexe sociale groepen. De contacten tussen de verschillende groepsleden worden vaak onderhouden door middel van *social grooming*, een mooie term voor 'vlooien'. Door het vlooien leren de dieren hun groepsgenoten kennen en weten ze hoe ze zich tot elkaar verhouden. Als een groep groter wordt, kost het vlooien meer tijd. De Britse antropoloog Robin Dunbar bewees deze theorie toen hij een sterk verband aantoonde tussen het formaat van de primatenhersens en de gemiddelde groepsgrootte.[9] Het blijkt dat als groepen apen en mensapen te groot worden, ze uit elkaar dreigen te vallen: het kost gewoon te veel moeite de contacten te onderhouden. Op basis van zijn werk met andere primaten berekende Dunbar de omvang van sociale groepen die mensen konden bevatten op basis van hun hersencapaciteit. De uitkomst was honderdvijftig. Dit getal staat sindsdien bekend als het getal van Dunbar. Vervolgens ging Dunbar een stap verder en begon hij historische bronnen te analyseren om te zien of de gegevens over sociale groepen in verschillende culturen aansluiten op zijn theorie. Het bleek dat in dorpen uit de nieuwe steentijd gemiddeld circa honderdvijftig mensen woonden. Uit bronnen blijkt ook dat Amerikaanse hutterietengemeenschappen opsplitsen als het aantal groepsgenoten dat getal nadert. In veel legers was honderdvijftig de basiseenheid en ook vandaag de dag bestaan compagnies uit ongeveer dat aantal soldaten.

Dunbar dook nog dieper in de materie: hij bestudeerde sociale groepen en ontdekte een opmerkelijke consistentie in de opbouw van sociale structuren. Hij zag dat menselijke relaties kunnen worden voorgesteld als cirkels rond een middelpunt. We hebben meestal vijf mensen die ons heel na staan, vaak onze directe familie en onze partner. De volgende kring omvat vijftien mensen, de kring daarbuiten vijftig mensen, en de buitenste kring omvat honderdvijftig mensen. Als ik de bevindingen van Dunbar vergelijk met die van Tim Kasser, zie ik als implicatie dat we welbevinden, voldoening en vreugde ontlenen aan onze kring van vijftien. Het zijn deze vijftien fantastische mensen, je dierbaarste vrienden en familieleden, die flow in je leven brengen, die de kwaliteit van je leven verhogen en die je opbeuren als je je down voelt. Vijfhonderd Facebookvrienden stellen weinig voor naast deze vijftien intimi. Ik wil niet beweren dat je geen plezier kunt beleven in grotere groepen mensen met wie je een minder sterke band voelt, maar dit oppervlakkige plezier weegt niet op tegen de diepgang die je groep van vijftien je biedt.

Wat mij betreft mag je alles vergeten in dit hoofdstuk, behalve dit: investeer zo veel mogelijk tijd en aandacht aan jouw vijftien dierbaarste mensen; geniet van het samenzijn met hen, geef ze je steun, leer ze goed kennen. Verbetering in de verhouding met hen zal je leven in het algemeen verbeteren. Als je niet handig bent met sociale media, en geen grote Facebookvriendengroep hebt, dan is dat nauwelijks van invloed op je kwaliteit van leven. Maar zonder goede relaties met een vijftiental vrienden en familieleden kun je niet echt gelukkig zijn en niet floreren.

Wie staan er in jouw groep van vijftien?

Je steunnetwerk

Als we het druk hebben sluiten we ons soms af voor onze vrienden, onze groep van vijftien, omdat we ons te moe voelen om tijd aan hen te besteden. Naarmate er meer druk op de ketel komt te staan, kan ons actieve steunnetwerk slinken: we zeggen avondjes met onze vrienden af en geven ons lidmaatschap van de hockeyclub op. In onze drukste levensperiode moeten we het vaak stellen met de steun van een of hooguit twee mensen, terwijl we juist dan behoefte aan steun hebben. De oppervlakkige vrienden van sociale media zullen je waarschijnlijk niet de steun kunnen geven waaraan je behoefte hebt. Je hebt behoefte aan steun van mensen die je kennen en die echt aanwezig zijn in je leven.

Hoe kun je meer tijd besteden aan je groep van vijftien? Ik vraag mensen vaak te bedenken welke aspecten van hun leven worden gesteund door elk van deze mensen. Als ze hierover nadenken, komen ze meestal tot twee conclusies. Ten eerste beseffen ze hoezeer ze erop vertrouwen dat hun partner hen kan steunen op alle gebieden, ook al is die daar niet toe in staat of geneigd. En ten tweede realiseren ze zich dat hun hele persoonlijkheid resoneert in de groep van vijftien. Met elkaar steunen deze vijftien mensen ons in bijna al onze noden en verlangens en alles waar we een passie voor hebben.

Neem bijvoorbeeld Mary, een hardwerkende advocate, getrouwd met een advocaat. Ze is dol op Joe en hij begrijpt haar goed maar er zijn van die dagen dat ze zin heeft in lekker kletsen en de slappe lach hebben. Joe gaat daar niet in mee maar Helen en Eva wel. Er zijn dagen dat Mary in een creatieve bui is. Ze houdt van kunst en gedichten; Joe een stuk minder maar Bill en Asiya juist wel. Op andere dagen heeft ze behoefte aan de onvoorwaardelijke liefde van haar moeder, of aan Lucy, haar maatje bij het hardlopen en afslanken. Door contact met haar hele groep van vijftien kan

Mary een completer mens zijn en voelt ze meer voldoening. Zo beschouwd is het dus onverstandig je groep van vijftien in te perken als je het druk krijgt. Als het nodig is, kun je wel opruiming houden in je kring van vijftig, honderdvijftig, of vijfhonderd; maar houd in elk geval vast aan je groep van vijftien. Je vijftien intieme vrienden en familieleden kunnen je in je moeilijkste en drukste perioden ondersteunen op allerlei intense, diepgevoelde manieren.

Meer geven

Het is al eeuwen bekend: 'het is zaliger te geven dan te ontvangen'. En daar is nu ook wetenschappelijk bewijs voor. Uit onderzoek blijkt keer op keer dat altruïsme de gezondheid, het geluk en geestelijk welbevinden versterkt. Een onderzoek onder proefpersonen die aan multiple sclerose lijden wees bijvoorbeeld uit dat patiënten die andere MS-patiënten steunden minder last hadden van depressie en beter scoorden wat betreft zelfvertrouwen, zelfwaardering en dagelijks functioneren.[10] Een ander onderzoek toonde dat geven ons veerkrachtiger maakt en beter opgewassen tegen de stress van het moderne leven.

Hoe zou jij meer kunnen geven op een manier waardoor je je beter voelt? En vooral: hoe zou je meer aan je groep van vijftien kunnen geven?

Samen zijn

Toen Sherry Turkle begon met research voor haar boek *Alone Together*, vertelden jonge kinderen en tieners haar dat ze gek werden van de talloze telefoontjes tijdens het avondeten, van gesprekken die plotseling staakten als er e-mails binnenkwamen en van ouders die zo met zichzelf bezig waren dat ze alle belangrijke kleine dingetjes van hun opgroeiende kinderen misten: het met trots getoonde zelf gevouwen papieren vliegtuigje, een nieuw skateboardkunstje, de eerste 'snor' die opeens werd afgeschoren. Ze zag moeders die borstvoeding gaven en tegelijk hun sms'jes bekeken, zonder te kijken naar de subtiele emoties die van het gezicht van hun kindje af te lezen waren. Ze zag vaders die geestelijk ver weg waren terwijl ze met hun kinderen door het park liepen, die meer met hun iPhones speelden dan met een voetbal. Ze sprak met Audrey, een tiener die droomde van de dag dat haar moeder haar als ze uit school kwam zou begroeten en geïnteresseerd naar haar zou luisteren. De werkelijkheid was anders: als Audrey in de auto stapte, zat haar moeder over haar telefoon gebogen en keek ze niet om naar haar dochter. Audrey verlangde ernaar om over de ups en downs van haar dag te vertellen maar ze moest accepteren dat haar moeder meer geïnteresseerd was in 'belangrijke' dingen. Ze moest accepteren dat haar wel en wee er niet toe deed. Ze moest accepteren dat ook zijzelf er niet toe deed.

Natuurlijk weten we maar al te goed dat onze dierbaren belangrijker zijn dan de inbox. Natuurlijk zijn we eigenlijk minder geïnteresseerd in sms'jes en appjes dan in onze familie en vrienden. Het is alleen dat we het zo gigantisch druk hebben, en we zijn er zeker van dat ze dit wel begrijpen – ze houden immers van ons. Misschien is het volgend jaar wat minder druk...

Als we toelaten dat drukte ons berooft van alle belangrijke micromomenten, dan berokkenen we onze relaties schade. Alle relaties bestaan uit twee dingen: samen zijn en samen dingen doen. Als we het gedeelte van 'samen zijn' elimineren, houden we relaties over die draaien om activiteiten, klussen of zelfs alleen maar huishoudelijk werk. En dat terwijl samen zijn de meeste vreugde geeft en de sterkste emotionele verbondenheid oplevert. Als we het 'samen zijn' ontmantelen tot niets meer dan onze lijfelijke aanwezigheid op dezelfde plaats en hetzelfde moment, terwijl we geestelijk mijlenver weg zijn, worden onze relaties niet veel meer dan bezigheden of plichtmatige handelingen. Relaties zullen dan minder voldoening geven, trekken minder onze aandacht en vormen steeds minder een buffer tegen de vloedgolven van drukte.

In een overvolle wereld moeten we opnieuw leren en oefenen op een bewuste manier samen te zijn, op onszelf, zonder afleiding van onze gadgets. Alleen zo kan er vertrouwen worden opgebouwd en alleen zo beleef je echt plezier aan elkaar. Hieronder doe ik je een paar ideeën aan de hand voor bewuster contact met een ander, of dat nu je kind, je partner, je broer of zus, een van je ouders of een vriend is.

Verbonden en toch geïsoleerd

Het was lichtelijk gênant. Een forse man, lang en stevig gebouwd, ging tegenover me zitten in de trein en begon druk tegen me te praten. Hij was duidelijk ergens geïrriteerd over. Ik kon er geen touw aan vastknopen; ik had het gevoel dat ik een paar tussenstappen had gemist en had moeite het hele plaatje in beeld te krijgen, alsof er gaten in zijn verhaal zaten. Plotseling, zonder enige aanleiding, ontspande zijn hele lichaam zich: hij leunde achterover, glimlachte, en begon te lachen, schokschouderend en schaterend. Ten slotte zei hij met gevoelige stem, terwijl hij mijn richting op keek maar me niet in de ogen zag: 'Oké. Ik spreek je later. Ik hou van je. Dag,' en sloot hiermee het telefoongesprek af. Na enkele ogenblikken nadenken pakte hij zijn telefoon weer op en belde iemand anders.

Dit wonderlijke gedrag zette me aan het denken: het lijkt alsof we in een luchtbel leven. Enerzijds helpt de technologie ons (in elk geval oppervlakkige) contacten te leggen, anderzijds brengt het ons in een isolement. Dankzij onze technologie hebben we contact met mensen wereldwijd, maar dat gaat ten koste van het diepere contact met onze dierbaren. Geïsoleerd in onze luchtbel lopen we over straat en stappen we de trein in, lijfelijk aanwezig maar geestelijk elders. Voor de relaties met onze dierbaren is dat een kwalijke zaak.

Ga de uitdaging aan! Verdubbel komende week de hoeveelheid tijd die jij en je huisgenoten tegelijk uit jullie luchtbellen stappen. Breng die tijd samen door, lijfelijk en geestelijk aanwezig, verbonden en in volle aandacht voor elkaar.

- Zet de telefoons uit.
- Leg de telefoons uit het zicht (onderzoek toont aan dat mensen je minder aardig vinden als je tijdens het gesprek een telefoon op tafel legt).
- Baken technologie- en televisievrije uren af voor samen zijn, elke dag, op vaste basis.

De barmhartige samaritaan

Stel, je ziet op straat een man in elkaar zakken, hij is er duidelijk slecht aan toe. Snel je hem te hulp? Het antwoord is: dat hangt ervan af. In een bekend onderzoek voerden de sociaal psychologen John Darley en Daniel Batson een experiment uit met als proefpersonen mensen van wie je hulpvaardigheid zou verwachten: priesters in opleiding. Vlak voordat de seminaristen zouden vertrekken voor een lezing, kregen sommigen van hen te horen dat ze laat waren en anderen dat ze nog ruim de tijd hadden. De gevolgen waren dramatisch. Slechts tien procent van de seminaristen die haast hadden stopte om de gevallen man (een acteur, maar dat konden ze niet weten) te helpen. Van degenen die meer tijd hadden stopte 63 procent![11]

Als we het druk hebben, is de kans kleiner dat we stoppen voor een ander. Drukte maakt ons egoïstischer en egocentrischer. In onze haast om te doen wat onze inbox of to-dolijst ons dicteren zijn we eerder geneigd andere mensen te negeren of in de pauzestand te zetten. Misschien heb je kleine kinderen. Zo ja, mag ik je dan de volgende vraag voorleggen: hoeveel keer per week zeg je 'Even wachten!' als je kind om aandacht vraagt? Elke keer dat je dat zegt, vertel je je kind wat jouw prioriteiten zijn en hoe onbelangrijk je je kind vindt. Mijn vrouw en ik betrapten (en betrappen) onszelf vaak op deze uitspraak als we door het huis rennen, druk bezig met onze o-zo-belangrijke werkzaamheden. We vroegen ons af wat er zou gebeuren als we niet 'Even wachten' zouden zeggen. Wat zou er gebeuren als we niet ons kind maar ons werk even in de pauzestand zouden zetten? Wat er gebeurde was verbijsterend. Ik belandde in een heleboel kleine, leuke momenten. Het ene ogenblik was ik de keuken aan het opruimen, het volgende moment hielp ik een propeller vastzetten aan een legovliegtuigje, keek ik naar een hagedis of kleedde ik een pop aan. Ik kwam terecht in bijzondere momenten van samen zijn die op zichzelf vluchtig en onbetekenend leken, maar die me vaak deden glimlachen, die me verbonden met mijn kinderen. Het waren sublieme interrupties. Ik was verbijsterd hoe vlug de kinderen me in hun blije spel konden betrekken als ik ze niet in de pauzestand zette. Ik keek er bovendien van op hoe kort die momenten samen waren.

Laatst vroeg mijn vijfjarige dochtertje me met haar te dansen. Uiteraard had ik het op dat moment ontzettend druk met iets heel belangrijks, al kan ik me met de beste wil van de wereld niet meer herinneren wat dat was. Ik zette mijn dringende werk in de pauzestand en stond op voor een dansje. We dansten en lachten zo'n twintig seconden. Daarna was mijn dochter tevreden en ging ze weer door naar haar volgende bezigheid. Ik bedoel hiermee niet dat dat korte moment er niet toe deed voor haar, of dat het een supermoment voor mij was. Maar een vijfjarige heeft gewoon een korte aandachtsspanne en gaat steeds weer op zoek naar iets nieuws. Ik had verwacht dat de aandacht die kinderen vroegen gelijkstond aan de aandacht die een volwassene zou vragen. In de meeste gevallen was dat niet zo. Het waren eerder kleine fragmenten van vreugde, mooie, vluchtige vlinders, die weinig inspanning van me vergden. Niet meer dan een moment om stil te staan en van te genieten. En al genietend onze band te versterken.

Ik ben nu aan het oefenen met de pauzestand. Ik wil niet beweren dat ik mijn werk altijd in de pauzestand zet, maar tegenwoordig zet ik wel vaker mijn werk dan mijn kinderen in de pauzestand.

Rituelen scheppen

Toen ik studeerde had ik een theorie. Die theorie was gebaseerd op de antwoorden die ik kreeg als ik mensen vroeg wat ze met de feestdagen gingen doen. Het viel me op dat ik zeer uiteenlopende antwoorden kreeg. Sommige mensen werden helemaal enthousiast en vertelden gedetailleerd over hun familietradities. Anderen mompelden iets vaags over kalkoen en gebreide truien. Mijn theorie kwam hierop neer: de kwaliteit en kwantiteit van de familietradities was een goede graadmeter van hoe gelukkig iemands jeugd was. Ik geef toe dat ik deze theorie niet kan onderbouwen, maar toch ben ik ervan overtuigd dat rituelen een krachtige, symbolische en verbindende werking kunnen hebben in relaties. Bovendien wijst recent onderzoek uit dat rituelen de feestvreugde kunnen verhogen vanwege hun voorspelbaarheid: daardoor gaan we ons extra verheugen.[12]

Ik weet niet meer wanneer ik er voor het eerst over hoorde, maar ik ben een groot voorstander van *date nights*, een vaste (vaak wekelijkse) afspraak met je partner, voor een dinertje met z'n tweeën. Het schijnt dat zelfs Barack en Michelle een date night hebben. Met een volle agenda loop je het gevaar dat je elkaar wekenlang alleen maar en passant ziet. Als je een avondje voor elkaar inroostert, kan dat de oplossing zijn. Dulcie en ik hebben onze eigen versie van dit idee ontwikkeld. We houden van lekker eten en drinken, dus zo nu en dan (zeker niet elke week) gaan we thuis uit eten op ons avondje. We hebben hier ook regels voor. De maaltijd bestaat altijd uit vier gangen. Zij kookt er twee en ik de andere twee. We weten niet wat de ander klaarmaakt, alleen wat de hoofdingrediënten zijn, en elke gang moet iets zijn wat we nog nooit eerder gemaakt hebben. De voorpret, de planning en het kokkerellen horen net zo goed bij ons avondje als de maaltijd zelf.

Maar date nights zijn lang niet zo belangrijk als een van onze andere rituelen. Bij toeval ontstond ons ritueel van 'drie-koppen-thee-ochtenden'. Minstens een keer per week, maar liever vaker, houden we een uitgebreide theeleutmarathon. Tijdens die theeochtenden bespreken we meer onderwerpen dan we doordeweeks zouden kunnen behandelen. We plannen onze uitgaven, we bespreken hoe het met de kinderen gaat en we vertellen onze dromen. Zelden zijn we intiemer bijeen dan tijdens deze theemomenten. Daarom drinken we ook drie koppen, zodat we ruim de tijd hebben.

Rituelen berusten op twee principes: de activiteiten moeten zeer specifiek, herhaalbaar en voorspelbaar zijn, zodat je je erop kunt verheugen; en ze moeten volgens vaste regelmaat plaatsvinden, bijvoorbeeld dagelijks, wekelijks of maandelijks, zodat niets de rituelen in de weg staat.

Denk eens na over je groep van vijftien: welke rituelen zou je kunnen invoeren om je band met hen te versterken?

De kracht van positieve emoties

Waartoe hebben we positieve emoties? Hoe kan vreugde ons tot nut zijn, vanuit evolutionair perspectief? Positieve emoties leken lange tijd evolutionair onverklaarbaar, maar wel prettig, tot Barbara Fredrickson, hoogleraar psychologie aan de University of North Carolina, aan haar onderzoek begon. Fredrickson ontwikkelde in haar werk de theorie van 'verbreden en bouwen' voor positieve emoties.[13] Ze ontdekte dat mensen die positieve emoties als plezier of tevredenheid ervaren creatiever waren en meer op het 'grote plaatje' gericht waren. Naarmate het onderzoek vorderde, bleek dat deze emoties de cardiovasculaire effecten van negatieve emoties tegengaan, zodat we sneller ontspannen en mettertijd de effecten van stress opheffen. Positieve emoties lijken ons ook te helpen om ons te ontwikkelen en te leren. Dankzij positieve emoties investeren we in de middelen en het psychologische kapitaal dat we de rest van ons leven nodig hebben. Negatieve emoties geven overlevingsvoordeel op de korte termijn; positieve emoties leiden tot groei en het leren van vaardigheden voor de lange termijn.

Hetzelfde geldt voor onze emoties in relaties. Als we door woede of angst worden beheerst focussen we op onszelf, op winnen of vluchten; alle focus gaat naar de korte termijn, zonder acht te slaan op mogelijke schade op de lange termijn. Positieve emoties daarentegen verbreden onze relaties en bouwen ze op, op verschillende manieren. Allereerst verbreden ze je aandacht, waardoor je de subtiele signalen van anderen goed opmerkt en je beter op hen kunt inspelen. Met een breder perspectief stappen we makkelijker 'uit onszelf' en zijn we sneller geneigd de standpunten en gevoelens van de ander te begrijpen en in te voelen. Door ons observatievermogen en begrip te vergroten komen we ook meer te weten over de ander en over onszelf. We ontwikkelen ons en onderwijl ontwikkelt onze relatie zich ook.

Belangrijk is ook dat positieve emoties vaak worden gedeeld. Als we het prettig hebben met een vriend of vriendin, familielid of partner, verbreden beide partijen hun aandacht. Een eenvoudige maatstaf voor de kracht van een relatie is het aantal onderwerpen dat besproken wordt, en de diepgang van deze gesprekken. Naarmate relaties zich ontwikkelen maken we een proces van 'sociale penetratie' door [14] (sorry voor het verschrikkelijke vakjargon), waarin we elkaar steeds beter leren kennen en begrijpen en over steeds meer onderwerpen kunnen praten. Op minder positieve momenten zijn we allebei gericht op minimale interactie en vallen we terug op transactie in de nauwste betekenis van het woord. Als we beiden in een betere stemming komen, verbreedt de conversatie zich weer, het aantal gespreksonderwerpen neemt toe en onze relatie ontplooit zich verder. Positieve emoties maken onze momenten met elkaar waardevoller; ze vergroten onze interactie en versterken de band.

De verhouding van positief tot negatief

De theorie van 'verbreden en bouwen' werd toegepast op privé en zakenrelaties dankzij het werk van Marcial Losada, een collega van Fredrickson. Losada bezocht zestig bedrijven en notuleerde elk woord dat gezegd werd tijdens een zakelijke meeting. Met een derde van deze bedrijven ging het goed, met een derde ging het redelijk en met een derde ging het slecht. Losada bekeek de verhouding tussen positieve en negatieve opmerkingen en zag een duidelijk verband met de resultaten. Bedrijven waarin meer dan 2,9 positieve commentaren werden gegeven voor elk negatief commentaar deden het goed. Bedrijven met een lagere verhouding dan 2,9:1 deden het slecht. Inmiddels spreekt men van de 'Losadaverhouding'.[15] John Gottman gebruikte hetzelfde principe om de optimale verhouding binnen een huwelijk te berekenen. Bij echtparen lag de verhouding een stuk hoger: een verhouding van 2,9:1 voorspelde een scheiding, een verhouding van 5:1 voorspelde een bestendig en gelukkig huwelijk.[16]

Het principe van deze verhoudingen is toegepast op vele aspecten van positieve emoties. In een recent artikel is de nauwkeurigheid van de Losadaverhouding betwist[17] en werden vraagtekens gezet bij de gebruikte differentiaalvergelijkingen en de non-lineaire dynamiek. Hartstikke knappe berekeningen natuurlijk, maar het klinkt toch een beetje als blabla. Uiteindelijk gaat het niet om de exacte verhouding maar om het principe dat de verhouding tussen positieve en negatieve emoties van blijvende invloed is op een bevredigende en goed functionerende relatie.

Denk eens aan een belangrijke relatie, met iemand uit je groep van vijftien of zelfs uit je groep van vijf. Hoe is daarin de verhouding?

Dat moeten we vieren!

Wat zou een betere voorspeller van een sterke relatie zijn: de manier waarop jullie ruziemaken of de manier waarop jullie iets vieren? Mij leek het antwoord duidelijk: het komt er bovenal op aan dat in het vuur van de twist geen verschrikkelijke dingen worden gezegd en dat we niet een ander krenken om maar ons gelijk te kunnen halen. Ik had het mis. Shelly Gable, hoogleraar psychologie aan de University of California, heeft aangetoond dat de manier waarop we heugelijk nieuws vieren meer zegt over het goed functioneren van een relatie.[18] Het blijkt dat de manier waarop we ons gedragen op die momenten van vreugde en victorie alle verschil maakt: het kan de relatie maken of breken.

Hoe kunnen we goed nieuws het beste vieren? Volgens Martin Seligman zijn er vier elementaire manieren van reageren op goed nieuws.

Nieuws:
'Ik ben gevraagd voor het regionale turnteam. Volgende maand worden we uitgezonden naar Parijs voor een internationale wedstrijd.'

Reactie:

	Passief	***Actief***
Opbouwend	'Dat is groot nieuws. Je verdient het. Ze hadden je al veel eerder moeten selecteren.'	'Dat is geweldig. Vertel! Hoe voel je je? Hoe kreeg je het je horen? Hoe reageerde je? Vertel over de reis.'
Afbrekend	'O. Geef het zout eens door.'	'Zo. Parijs is ver weg. Wat gaat dat kosten? En hoe moet het dan met je huiswerk?'

Het is niet moeilijk te zien wat de beste benadering is. Maar pas toen ik dit onderscheid zag, realiseerde ik me tot mijn schaamte hoe vaak ik was teruggevallen op passief-opbouwende reacties op de triomfen van mijn kinderen. Opeens besefte ik dat ik een hele-boel microfeestjes had gemist: het nieuws van een zeldzame en lang verhoopte voetbaloverwinning, een onverwacht gewonnen prijs op school en het trots uitgestalde kleiwerk (volgens oma 'ongelooflijk') werden allemaal begroet met welgemeende reacties als: 'Geweldig, ik ben enorm trots op je.' Dat meende ik dan ook echt en het viel ook in goede aarde, maar het stelde toch ook weer niet zoveel voor. Dat soort dooddoeners zei ik niet alleen omdat ik niets anders kon bedenken maar ook omdat ik het erg druk had. Te druk om bij het moment stil te staan en het te vieren.

Inmiddels ben ik beter geworden in vieren. Echt iets vieren, of het nu om iets groots of iets kleins gaat, is meer dan even een verbaal schouderklopje in het voorbijgaan. Het gaat zelfs niet om hoe geweldig ík het vind, verwoord in een bloemrijke huldebetuiging. Het gaat erom anderen – partner, kind, vriend of vriendin – hun vreugdevolle gevoelens tot uiting te laten brengen. Vraag hun de ervaring na te vertellen en zo opnieuw te beleven. Ga mee in hun emoties.

Ik zal niet beweren dat ik altijd perfect weet in te spelen op de feestvreugde. Maar ik sta wel wat vaker stil bij dit soort momenten en vraag hoe het allemaal precies gegaan is en hoe ze zich voelen. Mijn groep van vijftien grote en kleine dierbaren help ik zo nog meer te genieten van hun overwinning.

Dit is mijn favoriete vorm van psychologie: eenvoudig, zo klaar als een klontje en (als je het eenmaal doorhebt) een enorme verbetering van je leven.

Dat moeten we vieren!

Beter dan prozac

Als ik je een middel kon voorschrijven dat je gelukkiger zou maken dan prozac, niets kost, uiterst eenvoudig is en geen bijwerkingen heeft, zou je dan daarin geïnteresseerd zijn? De volgende oefening is ontwikkeld door Martin Seligman en zijn team.[19] Uit vergelijkingsonderzoek met willekeurig samengestelde controlegroepen is gebleken dat het werkt. Bovendien is het een oefening die bij velen standhoudt, een nieuw gedrag dat al snel een vaste gewoonte wordt. In feite werkt deze oefening zo goed dat proefpersonen die leden aan een loodzware depressie (zo zwaar dat ze amper uit hun bed konden komen) na enkele weken zozeer waren opgeknapt dat ze nog slechts een milde depressie ervoeren (vergelijkbaar met de stemming van mensen die televisiekijken).

Het werkt zo: elke avond, voor je gaat slapen, schrijf je drie dingen op die de afgelopen dag goed gingen of waar je blij mee bent. Noteer een paar details maar maak het niet te uitgebreid. Dat is alles!

Hoe komt het dat dit werkt? We hebben de neiging te veel te focussen op negatieve dingen; we gaan piekeren en herkauwen onze fouten, problemen en zorgen. Een simpele bezigheid als dit kan je helpen de focus weer in balans te krijgen. Het gaat er niet om mooi weer te spelen of jezelf wijs te maken dat wat verkeerd ging eigenlijk goed is. Het gaat er gewoon om dat je geheugen realistischer wordt. En door positieve dingen op te schrijven voel je meer voldoening over je leven.

Misschien vind je dat deze techniek beter zou passen in hoofdstuk 11, over geluk. Maar ik heb het hier opgenomen omdat ik het bij mijn kinderen toepas. Jarenlang vroeg ik als ik ze met de auto van school ophaalde of als ik ze 's avonds naar bed bracht: 'Hoe was je dag?' Een suffe vraag en het antwoord was dan ook een plichtmatig 'Gewoon' (punt). Op een dag vroeg ik in plaats daarvan: 'Wat waren de drie fijnste dingen vandaag?' Het gesprek werd daardoor oneindig veel boeiender: de kinderen gingen nadenken over hun dag en met elkaar wedijveren in de mooiste antwoorden. Dit is een regelmatig terugkerend en telkens weer boeiend gesprek dat ik met mijn kinderen voer en het heeft onze band versterkt. Ik stel me voor dat ook zij zich een beetje gelukkiger zijn gaan voelen door deze gesprekken, maar dat is natuurlijk maar een vermoeden.

RELATIES
KERNGEDACHTEN

Relaties zijn niet 'leuk voor erbij': ze zijn essentieel voor ons geluk en welzijn. Dankzij krachtige relaties kunnen we **langer leven en zijn we gelukkiger en gezonder**, lichamelijk en geestelijk. **We kunnen niet floreren zonder krachtige relaties.**
De **eerste slachtoffers van drukte zijn vaak onze dierbaren**. De aandacht die we onze dierbaren verschuldigd zijn wordt afgeleid en we vertrouwen erop dat ze het zullen 'begrijpen'. Maar we benadelen onszelf hierdoor.

Focus op minder mensen

- Uit onderzoek blijkt dat we beter af zijn als we **focussen op een kleiner aantal mensen met wie we de relatie verdiepen** dan op grote groepen met wie we oppervlakkige contacten onderhouden.
- Robin Dunbar concludeerde uit zijn onderzoek dat we het beste kunnen **focussen op relaties met onze vijftien dierbaarste vrienden en familieleden**.
- Hoe word je gesteund door jouw groep van vijftien? **Als je de steun die je ontvangt gelijkmatiger verdeelt** over je groep van vijftien, komt dit je welbevinden ten goede.
- **Geven is goed voor je**: het maakt je gezonder, gelukkiger en stressbestendiger. Bedenk hoe je meer kunt geven aan je groep van vijftien.

Samen zijn

- De technologie stelt ons in staat contact te hebben met heel veel mensen, maar met al die mensen kunnen we alleen maar oppervlakkige contacten onderhouden; **ondanks deze vele contacten voelen we ons geïsoleerd**.

- Relaties hebben twee kanten: samen zijn en samen dingen doen. Door samen te zijn en elkaar aandacht te geven voel je vreugde en verbondenheid.

De kracht van positieve emoties

- **Positieve emoties** helpen je om je relaties te verbreden en op te bouwen dus zoek naar kansen om deze emoties een plaats te geven in de relatie. Denk na over de **verhouding tussen positief en negatief commentaar** in je relaties, en **hoe je dit evenwicht kunt verbeteren**.
- Relaties verdiepen zich niet alleen als je samen moeilijkheden doormaakt maar ook door goed nieuws te **vieren**. Reageer op positieve momenten op een **actieve en opbouwende** manier.
- Neem deel aan de positieve momenten in het leven van je dierbaren door te vragen: **'Welke drie dingen gingen er goed vandaag?'** Het zal jullie onderlinge band versterken en kan bovendien hun visie op hun dag verbeteren.

DOEN

Jouw groep van vijftien

Het geluk ligt voor het grijpen: bedenk welke vijftien mensen het dierbaarst en het belangrijkst voor jou zijn. Breng zo veel mogelijk tijd bewust met hen door.

Rituelen

Rituelen hebben een krachtige uitwerking en zijn makkelijk vol te houden. Voer deze week een nieuw ritueel in met een of meer leden van je groep van vijftien. Maak het specifiek en kies hier een regelmatig terugkerend moment voor (dagelijks, wekelijks of maandelijks).

EXPERIMENTEREN

Telefoonvrije uren

Zet je telefoon uit als je praat met mensen die belangrijk voor je zijn. Maak er een gewoonte van prioriteit aan hen te verlenen boven je telefoontjes en e-mails. Leg in elk geval niet de telefoon op tafel tijdens het gesprek of onder het eten!

Dat moeten we vieren!

Als een van je dierbaren goed nieuws heeft, sta hier dan bij stil en vraag hoe het allemaal precies gegaan is en hoe hij of zij zich voelt. Deze momenten loop je mis als je volstaat met een verbaal schouderklopje.

Hoofdstuk 11

Van druk naar geluk
(De diepte in)

Hij hield van de zee en daarom ging hij in 1930 bij de marine. Maar hij was niet tevreden met varen over de baren: hij wilde de zee begrijpen, de diepte in. Hij begon te duiken en betoverd door wat hij door zijn duikbril zag wilde hij alleen nog maar meer. Samen met ingenieur Émile Gagnan bouwde hij de aqualong, de eerste complete ademautomaat voor onder water. Zo legde hij tevens de basis voor het scubaduiken. Nadat hij de marine vaarwel had gezegd, wijdde hij zijn verdere leven aan expedities en ontdekkingsreizen onderzee. Hij was de eerste die ontdekte dat bruinvissen communiceren door echolocatie en hij maakte films als *The Silent World*, een Oscarwinnende film die miljoenen mensen meevoerde naar het waterrijk onder het zeeoppervlak. Hij dook de diepte in en leidde een leven vol avontuur en vreugde. Hij inspireerde een hele generatie, startte de scubaduikindustrie en vervulde een pioniersrol op het gebied van natuurbescherming op zee. Jacques Cousteau was zijn naam.

Cousteau zag in dat je om echte vreugde te ervaren niet op het oppervlak moest blijven maar de diepte in moest duiken. En dat deed hij, ten volle. Of we het nu over werk of vrije tijd hebben, we kunnen pas echt gelukkig en voldaan zijn als we bereid en in staat zijn een diepe duik te nemen in onze bezigheden, in onze momenten en in onszelf.

Maar we leven in een gefragmenteerde wereld. Van alle kanten en op ieder moment worden we getorpedeerd met berichten, informatie en prikkels. Onze aandacht wordt naar alle kanten getrokken en kan nooit op slechts één doel gericht blijven. Verslingerd aan drukte speuren we voortdurend om ons heen naar nieuwe prikkels, springen we steeds overeind en zijn we steeds maar half aanwezig. Informatie putten we uit knipsels, relaties beleven we als het zo uitkomt en onze bezigheden verrichten we in stukjes en brokjes. We houden van een leven in stukjes en beetjes, we genieten van de kick die druk geeft.

Maar uiteindelijk is de kick van drukte kortstondig. Je zou zelfs kunnen zeggen dat die kick het omgekeerde van geluk is. Zowat alles wat echt geluk geeft, ervaren we als we de diepte in gaan: onze ervaringen worden rijker, onze relaties worden beter en we komen tot diepere inzichten. Als we ons verdiepen in werk of relaties, voelen we ons meer betrokken, putten we er meer voldoening uit. Geluk komt voort uit echte betrokkenheid en niet uit vluchtige aandacht. Diepgang is beter dan je aandacht in alle richtingen laten afdwalen. Dit hoofdstuk is een ode aan diepgang: weg met het oppervlakkige, het ondiepe en het gefragmenteerde. In onze race over het wateroppervlak proberen we zo snel mogelijk onze bestemming te bereiken. We begrijpen niet dat het bruisende schuim op het oppervlak niets is vergeleken met de ware schoonheid die we in de diepte zullen vinden. We moeten de motor afzetten en de diepte induiken om de wonderbaarlijke schoonheid en kleurenrijkdom van het onderwaterrijk te zien. Om echt en blijvend geluk te ervaren.

Druk of geluk?

In hoofdstuk 9 schreef ik over de driehoek van drukte: door eindeloos streven naar 'meer' krijgen we het steeds drukker, waardoor we het contact verliezen met wat belangrijk is, en de leegte die we dan voelen vullen we op met meer drukte. In dat hoofdstuk ging ik ook in op de eerste zijde van de driehoek en zette ik uiteen dat prioriteit verlenen aan onze kernwaarden een betere weg naar geluk was dan streven naar 'meer'. In het vorige hoofdstuk gaf ik aan hoe belangrijk het is goed contact te onderhouden met je dierbaarste familieleden en vrienden. In dit hoofdstuk wil ik de derde zijde van de driehoek behandelen: het opvullen van onze innerlijke leegte. Om te beginnen draag ik ideeën aan voor een betere besteding van je tijd en aandacht, die weliswaar niet de kick van drukte geeft maar wel tot meer geluk leidt. Daarna ga ik in op het probleem van ons gevoel van innerlijke leegte.

Druk als drug

Druk zijn geeft een kick. Het voelt lekker om dingen van je todolijst af te vinken, om van scherm naar scherm te springen en van de ene vergadering naar de andere te rennen. We staan op scherp en rekenen snel als superninja's met onze taken af. Ons hart gaat tekeer en we krijgen een kick van alle druktedrugs die door ons lichaam vloeien: adrenaline, dopamine (met een effect als van cocaïne) en zelfs lichaamseigen opiaten[1] die ons bedwelmen als we steeds nieuwe informatie op internet zoeken. Terwijl deze stoffen door ons lijf gieren kan ons brein in een verslavingscyclus terechtkomen: het verlangt naar beloning, krijgt zijn beloning en smacht direct naar een nieuwe beloning. Onze dopamine- en opioïdesystemen zijn nooit voldaan. Zoals hoogleraar neurowetenschappen Kent C. Berridge het zegt: 'De vertering zorgt voor hernieuwde trek.'[2] We willen informatie en zoeken ernaar op Google; zodra de informatie binnenkomt, voelen we ons gedwongen opnieuw de beloning te scoren, hoe zinloos het ook is, en zo volgt de ene zoekopdracht op de andere.

Veel onderzoekers in de geestelijke gezondheidszorg, onder wie dr. Kimberly Young, voeren al jaren strijd voor medische erkenning van de aandoening 'technologieverslaving'. Wereldwijd wordt informatieverslaving als een serieus probleem beschouwd.[3] In 2014 opende de eerste Indiase 'technologieafkickkliniek' haar deuren in Bangalore (maar in China zijn er al driehonderd!). Misschien voert het wat ver om drukte als verslaving aan te duiden, maar één ding is zeker: ongeremde drukte leidt tot nog meer drukte. Druk zijn werkt als een drug: in kleine hoeveelheden kan het geen kwaad maar als je niet oplet kan het je hele leven, al je aandacht en je relaties gaan beheersen. Zo kan drukte ons geluk en welzijn ernstige schade toebrengen.

De diepte in

Drukte werkt als een drug maar beïnvloedt de hersenen ook op een andere manier. Hoewel we worden aangetrokken door nieuwigheden en beloningen, houden onze hersenen niet van wanorde en chaos. Ze vinden het vooral fijn als alles op elkaar aansluit: onze doelen, gedachten en aandacht. Als er nieuwe informatie binnenkomt, wijkt die uiteraard af van onze huidige gedachten en doelen. Wanneer we een heleboel nieuws tegelijk binnenkrijgen, raken we uit onze koers en worden we afgeleid van onze doelen en prioriteiten; er wordt energie afgevoerd van onze prioriteiten en we volgen een ander, minder aantrekkelijk spoor. Onze gedachten worden chaotisch, gehaast en gefragmenteerd. Deze geestesgesteldheid, 'psychische entropie'[4] genoemd, is eerder onaangenaam dan prettig. Drukte kan dus enerzijds als drug werken maar anderzijds psychische entropie veroorzaken.

Wat is het alternatief? Je als een kluizenaar terugtrekken in een berghutje, ver van de verleidingen van de twintigste eeuw? Het antwoord bereikte ons via een pieper in Chicago. Professor Mihaly Csikszentmihalyi wilde een beter begrip van geluk krijgen. Net als Cousteau wilde hij de diepte in; hij was er niet van overtuigd dat je er met vragenlijsten achter kon komen hoe tevreden mensen nu echt over hun leven waren. Daarom deelde hij piepers uit aan een heleboel mensen. De piepers gingen af op willekeurige momenten. Elke keer als er een piep klonk, moesten de proefpersonen aangeven wat ze deden en hoe ze zich voelden op dat exacte moment. Met de honderdduizenden gegevens die dit onderzoek opleverde, kreeg zijn team een duidelijk beeld van hoe geluk van dag tot dag een rol speelt in ons leven, op welke momenten we ons gelukkig voelen en hoe dat komt.

Een van de eerste dingen die hij ontdekte was dat de stereotypen over geluk niet klopten: geluk is niet relaxen op het strand met een cocktail in je hand! Hij ontdekte dat mensen hun gelukspieken niet beleefden als ze aan het relaxen waren, maar als ze zeer actief bezig waren. Deze momenten noemde hij flowervaringen.[5] Als we in een flow zijn, gaan we volledig op in onze activiteiten. We hebben een opgeruimd hoofd, we denken niet meer aan de tijd, we denken niet meer aan onszelf, en onze innerlijke dialoog stopt. Flowervaringen zijn het tegenovergestelde van psychische entropie: onze wil, gedachten en daden liggen allemaal perfect in dezelfde richting, ons bewustzijn is helder en alert. Flow lijkt op de haast meditatieve staat die je ervaart tijdens een lange fietstocht, op de ontspannen concentratie die je voelt als je aan je auto sleutelt, of de pret die je beleeft op een avond uit met je vrienden.

Drukte staat flowervaringen in de weg, op drie manieren: we springen van klusje naar klusje zonder onszelf de tijd te gunnen ons er echt in te verdiepen (het duurt vaak vijftien tot twintig minuten voor we in een flow zijn); onze aandacht wordt versnipperd als we voortdurend uitkijken naar nieuwe gegevens, waardoor we ons niet kunnen verdiepen in onze bezigheid; en we geven de voorkeur aan snelle en oppervlakkige bezigheden boven dingen waarin je je moet verdiepen, waarover je moet nadenken en waarvoor je je moet inspannen. We missen vaak de gelegenheid om in een flow te raken door drukdoenerij en gebrek aan focus.

Flow is het tegengif tegen psychische entropie en de kick van drukte. We ervaren geluk door ons diep betrokken te voelen bij wat we doen, wat dat ook is. We hoeven niet te wachten tot we in rustiger vaarwater komen of boeiender werk krijgen; we kunnen direct beginnen door te besluiten ons voor honderd procent te concentreren op de onderhavige klus, ons er compleet in te verdiepen en ons er volledig, met elke vezel van ons lichaam, voor in te zetten. Kinderen in bad doen, het maandelijkse verkooprapport, de afwas: al die dingen kunnen ons gelukkig maken als we ze aandachtig en met overgave doen.

Plezier vergroot je prestaties

In dit hele boek heb ik me niet alleen met geluksgevoelens beziggehouden maar ook met succes. Wat blijkt: we leveren duidelijk betere prestaties als we ons met plezier op ons werk storten en in een flow raken. Paul O'Keefe, adjunct-hoogleraar van Yale-NUS College in Singapore en Lisa Linnenbrink-Garcia van Michigan State University toonden aan dat er drie dingen gebeurden als studenten een opdracht leuk vonden: ze leverden betere prestaties, ze bleven langer geconcentreerd en ze werden er minder moe van.[6] Als we plezier hebben in ons werk, valt het ons lichter en doen we het beter. Zoals al eerder ter sprake kwam: door ons in onze bezigheid te verdiepen, voelen we ons er minder door overspoeld. Hoewel het flowonderzoek eigenlijk op geluk gericht was, en onderzoek naar sporters in topvorm oftewel 'in de zone' vooral over prestaties ging, is men het er in feite over eens dat 'flow' en 'zone' ongeveer hetzelfde zijn. In een flow raken is meer dan gewoon gelukkig zijn; je levert dan tevens optimale prestaties. De vraag is nu: hoe bereik je flow?

Hoe bereik je flow?

Als je terugdenkt aan de momenten dat je zelf in een flow was, besef je dat dit soort piekmomenten niet op afroep komen. Ben je dol op koken, dan heb je misschien vaak flowervaringen gehad terwijl je een soufflé of zoetzure kip maakte. Maar soms voelde je geen spoortje flow tijdens het koken, hoeveel knoflook je ook perste en hoeveel fruit je ook flambeerde: dan bleef het koken gewoon een karweitje.

Er is geen rechte weg naar flow maar er zijn wel omstandigheden waarin je sneller in een flow raakt. Daar gaan we nu naar kijken.

Uitdaging

Het eerste element van flowervaring is uitdaging. Als we ons inspannen en ons best moeten doen, is de kans op diepe betrokkenheid groter. Het kan gaan om een sportieve uitdaging, een fel debat of een artistieke uiting. Maar je kunt jezelf net zo goed een simpele uitdaging stellen. Ik moet nu denken aan mijn tante Dymphna. Als jonge tiener moest ik haar een keer helpen met de afwas na een uitgebreide familiemaaltijd. (Veel mensen = veel borden!) Ik schrok toen ik de stapels borden en bergen bestek zag. En ondertussen waren mijn broers en zusjes en neefjes en nichtjes leuke dingen aan het doen. Maar het mooie was dat ik een waardevolle les leerde. Tante Dymphna kon onwaarschijnlijk snel afdrogen. Zoiets had ik nog nooit gezien: in plaats van één bord pakte ze er drie op en droogde ze alle drie tegelijk af. Idem met de messen en vorken. Ik probeerde het ook en al snel stelde ik me tot taak ook drie borden tegelijk af te drogen. Zo kwamen we snel door de stapel borden heen en bovendien vloog de tijd. Ik had ontdekt hoe je in een flow raakt – tijdens de afwas!

Doelen

Doelen stellen is eigenlijk gewoon een andere manier om de uitdaging te vergroten. De lat kan hoger maar ook verder worden gelegd. Zo kun je zelfs tijdens een klus als e-mails beantwoorden in een flow komen. Dat werkt zo. Bepaal op welk moment van de dag je de e-mails gaat behandelen. Bekijk dan hoeveel e-mails er zijn en stel jezelf hiervoor een tijdsdoel. Bijvoorbeeld: 'Ik ga alle mails beantwoorden of wissen binnen 32 minuten.' Zet een grote klok in beeld, schakel alle afleidingen uit en ga erop los. Wat er dan gebeurt is het volgende: nu je een moeilijk doel te bereiken hebt, ga je op zoek naar andere strategieën om nog efficiënter te werken. Daardoor verdiep je je meer in het werk en kun je in een flow komen.

Concentratie

Als je ergens al je aandacht voor nodig hebt, brengt dat orde in je bewustzijn en kun je in een flow raken. Bergbeklimmen, schaken of gedichten schrijven zijn allemaal activiteiten die gefocuste aandacht vragen en tot flow kunnen leiden.

Tijdens mijn studententijd deed ik aan wedstrijdroeien. Als we 's ochtends vroeg uit roeien gingen was het vaak koud, nat en winderig. We stapten in de boot en wisten dat het weer een harde training ging worden: we verlangden naar ons bed, onze studentenkamer of een willekeurige andere plek, ergens anders. Als we begonnen te roeien, voelden we weer de spierpijn van de training van de vorige dag; we waren al uitgeput voordat we begonnen. Maar op een bepaald moment, binnen vijftien minuten, kwamen we in een flow en vergaten we alles. We waren geheel in beslag genomen door het ritme, gefocust op de minimale bewegingen van de voorste roeier en probeerden de catch (het moment waarop het blad het water raakt) precies tegelijk te krijgen... Roeien is onafgebroken streven naar de perfecte halen en intense concentratie op je bewegingen, de bewegingen van je ploegmaten en de ligging van de boot. Roeien is zwaar werk maar vraagt ook diepe concentratie. Naarmate de slagen elkaar gestaag opvolgden, gleed ik in een flow. Diep verzonken in het moment kon ik nauwelijks meer aan iets anders denken. Mijn bewustzijn was volledig op deze bezigheid gericht en daardoor kreeg ik een opgeruimd hoofd. Die helderheid van geest en die momenten van flow staan voorgoed in mijn geheugen gegrift.

Respons

Optimale ervaringen ervaar je ook als je betrokken bent bij een activiteit waarop je veel respons krijgt, en als je op die respons reageert. Wie tennis speelt, krijgt respons op elke slag en weet direct hoe goed de slag was. Als je probeert je tenniskwaliteiten te verbeteren, kun je dankzij deze feedback leren hoe je beter slaat: dat trekt al je aandacht en leidt tot flow. Wie een viool bespeelt, hoort aan de toon hoe goed vingers en strijkstok samenwerken in het muziekstuk. Wie tuiniert, ziet met plezier hoe alles van dag tot dag groeit en op deze manier getuigt van de goede zorgen. Als we onze vorderingen zien, genieten we daarvan.

Keuzes maken geeft vreugde

In een overvolle wereld willen we graag onze opties openhouden: we proberen een beetje van dit en een beetje van dat in afwachting van iets beters. Bij de overstelpende keuze en vele kansen stoppen we niet graag al onze eieren in één mandje. We springen niet alleen van taak tot taak op ons werk maar ook in onze vrije tijd proberen we alle opties uit. We beginnen met zeilen en vinden dat prima – tot we horen van een vriend die aan kitesurfen of waterskiën doet.

Dan Gilbert vroeg zich af of alle opties openhouden ons geluk ten goede komt of niet.[7] Hij liet studenten tijdens een cursus fotografie opnamen maken van dingen die belangrijk voor hen waren. Aan het einde van de cursus moesten ze in een donkere kamer afdrukken maken van hun twee favoriete beelden. Daarna vroeg Gilbert hun: 'Welke van de twee wil je afstaan?' De ene groep studenten kreeg te horen dat ze, als ze van gedachten veranderden, nog voor de andere foto konden kiezen. De andere groep studenten kreeg te horen dat hun keus vaststond als ze eenmaal besloten hadden en dat ze niet meer van gedachten konden veranderen omdat de foto direct ter beoordeling zou worden opgestuurd; ze zouden die foto nooit meer terugzien. Gilbert informeerde daarna bij de studenten hoe tevreden ze waren met de foto van hun keuze. Degenen die niet terug konden komen op hun keuze waren heel blij met de foto die ze overhielden. Degenen die hun foto hadden mogen omruilen waren helemaal niet zo blij met de foto.

We genieten meer van dingen als we er echt voor kiezen en niet alle opties open blijven houden. Maar we zijn ons hier volstrekt niet van bewust. Toen Gilbert de studenten vroeg aan welke fotografiecursus ze het liefst zouden deelnemen – de cursus waarbij ze op hun keuze terug konden komen of de cursus waarbij ze een definitieve keus moesten maken – gaf twee derde van alle studenten aan dat ze liever de cursus volgden die hun uiteindelijk minder blij zou maken met de gekozen foto.

In zijn schitterende boek *Mastery* betreurt aikido-expert George Leonard het feit dat zo weinigen van ons echt gaan voor onze gekozen bezigheden en op de lange termijn niet doorzetten.[8] We voelen ons aangelokt tot nieuwe sporten en hobby's; we zijn opgewonden door de aanvankelijk steile leercurve. Als we minder snel vorderingen beginnen te maken, als we op het onvermijdelijke plateau belanden, verliezen we weer onze belangstelling en gaan we op zoek naar nieuwe activiteiten. Maar zo schieten we ons doel voorbij. Echte vreugde, diepe betrokkenheid en beheersing verkrijg je pas gaande het proces, door steeds te oefenen en door je langdurig te verdiepen in het onderwerp. Door er echt voor te kiezen.

Dit geldt voor hobby's, maar ook voor je carrière en specialisaties. Mijn leven veranderde dramatisch toen ik besloot alles in te zetten op het onderwerp van mijn keuze, toen ik ophield met streven naar een succesvolle carrière en er alleen nog maar naar streefde een betere psycholoog te worden. Aanvankelijk leek het maar een kleine verandering maar naarmate ik mijn kennis verdiepte groeide mijn belangstelling en raakte ik opnieuw gefascineerd door psychologie. Door de nieuwe inzichten die ik verwierf gaf ik mijn projecten meer diepgang, had ik intensere gesprekken en deden zich verrassende kansen voor. Mijn carrière nam een volstrekt andere wending en ik genoot van mijn nieuwe leven. Deze transformatie vond niet plaats doordat ik harder ging werken maar doordat ik een keus maakte en me volledig voor mijn keus inzette. Mijn diepe betrokkenheid bracht me vreugde maar maakte ook de weg vrij voor nieuwe kansen.

Het belang van verveling

We vullen niet alleen onze eigen tijd met bezigheden maar ook de tijd van onze kinderen. We schrijven ze in voor eindeloos veel naschoolse activiteiten zodat ze zich optimaal kunnen ontwikkelen, geestelijk en lichamelijk. We slepen ze mee van cursus naar cursus, in de overtuiging dat de stress die al dit gedoe oplevert zeker zal worden gecompenseerd door hun toekomstige welvaart en welbevinden. Klopt deze aanname? Yuko Munakata, hoogleraar psychologie op de afdeling neurowetenschap aan de University of Colorado, was benieuwd wat voor effect ongestructureerde tijdsbesteding op kinderen zou hebben. Ze ontdekte dat kinderen die meer tijd ongestructureerd doorbrachten en minder tijd besteedden aan georganiseerde naschoolse activiteiten beter zijn in executief functioneren:[9] dat betekent dat hun denkvermogen beter is en dat ze beter focussen.

Dus als mijn kinderen 'Ik verveel me zo...' zeggen, dan antwoord ik nu: 'Verveling is het beste wat ik je kan geven.' Het is mooi om je kinderen de kans te geven te leren en zich te ontwikkelen, maar ze hebben ook behoefte aan tijd en bezigheden die niet door volwassenen gestructureerd zijn. Ze hebben tijd nodig om hun fantasie te gebruiken, om een stok in een lichtsabel te veranderen en een leeg melkpak in een mal voor kleistenen. Verveling is van grote waarde; je kinderen verdienen verveling!

Duik in je drie seconden

René Descartes, inspirator voor Keanu Reeves' kassucces *The Matrix*, was in 1637 van slechts één ding overtuigd: het enige waar we absoluut zeker van kunnen zijn is onze eigen geestelijke ervaring – Cogito, ergo sum: ik denk, dus ik ben. De wereld die we ervaren kan werkelijk zijn, of een droom, of de 'matrix', maar onze gedachten hierover zijn in elk geval echt. Of je nu al dan niet een fan bent van René (of Keanu), Descartes legt wel de vinger op iets belangrijks: onze ervaring, onze aandacht is alles wat we hebben.

Als onze ervaring en aandacht van moment tot moment het enige is waar we zeker van kunnen zijn, is de vraag: hoelang duren die momenten? Hoelang duurt het huidige ogenblik? Vanuit psychologisch perspectief duurt 'nu' ongeveer drie seconden. Wat buiten die drie seconden valt, ervaren we als het verleden of de toekomst en niet als 'nu'. Je zou kunnen stellen dat je hele leven een luchtbel van drie seconden is. Het nu is het enige dat reëel is. Al onze aandacht gaat naar die drie seconden, dus het is belangrijk dat die optimaal zijn. Dat kan door in een flow te zijn, maar flow is niet de enige manier om het heden te verbeteren. Op de volgende pagina's gaan we kijken naar andere manieren om in het ogenblik te duiken, om je drie seconden nog intenser te beleven en te ervaren.

Geef je volle aandacht

Echte vreugde vereist onze volle, onverdeelde aandacht, en dat zijn we niet gewend: we zijn haast nooit volstrekt gefocust en aanwezig. Als we 'een moment hebben' vullen we het meteen met behulp van onze smartphone. We vullen onze ervaringen aan met nog wat extra prikkels; we multitasken om onze output te vergroten maar ook omdat het goed voelt. Onder het telefoneren surfen we over internet of kijken we op Facebook. Tijdens het televisiekijken versturen we tweets. Terwijl we met de kinderen spelen versturen we e-mails. Als we het vermogen verliezen diepe voldoening te beleven in het moment, zullen we niet meer genoeg hebben aan onze momenten op zichzelf, zonder kunstmatige toevoegingen. We zullen steeds dieper worden meegezogen door onbevredigende en ontoereikende drukte tot we weer het vermogen herwinnen om opmerkzaam te zijn en te genieten van het moment.

Sta een ogenblik stil bij je beste momenten van de afgelopen weken. Het zullen zonder uitzondering momenten zijn waarop je de toorts van je aandacht volledig op iets gericht hield, waarop je in het ogenblik dook en volledig bewust was. Je geluk en welbevinden vergroten hoeft helemaal niet moeilijk te zijn maar het is hiervoor wel nodig je aandacht te focussen. Als we onze aandacht alle kanten op richten, kunnen we minder goed focussen, ervaren we minder vreugde en verspillen we de drie seconden van het nu.

Geniet van het moment

Hoe goed kun jij genieten van het moment? Hoe goed kun je bewust een ervaring beleven, je volle aandacht schenken aan een moment, gevoel of gedachte? In ons jachtige bestaan kost het ons soms moeite stil te staan en goed te kijken, te *voelen* in plaats van te *doen*. Aangespoord door drukte laten we onze drie seconden ongevuld voorbijgaan zodat we niets achter ons laten dan de lege hulzen van verdeelde en uitgerekte aandacht.

Fred B. Bryant en Joseph Veroff van Loyola University breken een lans voor genieten van momenten.[10] Bij hun onderzoek onder duizenden studenten ontdekten ze technieken waardoor je beter kunt genieten. In onze drukke levens verliezen we steeds meer het vermogen om bewust te genieten. Deze drie oefeningen helpen je om je weer te richten op het moment.

1. **Happy Attack**

Barry Horner, mijn schoonvader, is een kunstenaar en een inspirerende figuur. Hij ontwikkelde een geweldige gewoonte die ik en veel andere mensen in zijn omgeving van hem hebben overgenomen. Op schijnbaar willekeurige momenten – onder de maaltijd, tijdens een gesprek, als we ergens mee bezig zijn – kan hij zich er opeens van bewust worden dat hij geniet van het moment. Tijdens zo'n 'aanval van blijdschap' roept hij uit: 'Ik heb een *happy attack*!' Dit heeft op drie niveaus een gunstige uitwerking. Ten eerste helpt het hem zijn goede momenten te versterken en ervan te genieten. Hoe vaak besef je niet pas later dat je een geweldig moment hebt beleefd? Ten tweede is het een royaal gebaar, een uitnodiging aan de anderen om het heerlijke moment samen te delen. En ten derde is het zo eenvoudig dat het al snel een vaste gewoonte wordt. Mijn vrouw en ik hebben ons deze gewoonte inmiddels zozeer eigen gemaakt dat we ons bootje 'Happy Tac!' hebben genoemd – een naam die ons altijd weer doet glimlachen. Zomaar op eigen houtje ontdekte Barry zijn eigen versie van wat Bryant en Veroff als 'delen met anderen' aanduiden (zelf vind ik 'happy attack' toch pakkender). Het vermogen anderen te vertellen over je vreugde in het moment is misschien wel de beste graadmeter van plezier.

Heb je een happy attack? Deel het met anderen!

2. **Je blik scherpstellen**

Bij het scherpstellen focus je bewust op bepaalde elementen van het huidige moment boven andere. Je luistert bijvoorbeeld naar de drumpartij in je favoriete rockmuziek, of je onderscheidt alle verschillende groentinten in een bos, of je probeert de zang van een bepaalde vogel op te vangen.

Mijn blik scherpstellen leerde ik bij toeval. Voor mijn werk reis ik de hele wereld rond en zo kom ik vaak in de mooiste steden. Het viel me op hoe weinig het me deed als ik door bijzondere steden als Istanboel, Hyderabad of Lima reed. Vaak was ik zo landerig of moe dat ik me terugtrok op mijn hotelkamer om te werken. Ik wist ook wel waarom dat was: zonder Dulcie, mijn vrouw en maatje, kon ik minder goed genieten van het moment. Ik had niemand om de ervaring mee te delen, niemand om te vertellen van mijn happy attacks. Het toeval wilde dat Barry juist in die tijd een fotografieclub was begonnen. Vroeger op school had ik niet uitgeblonken in creatieve vakken of zelfs in beeldend denken. De foto's die ik tot dusver had gemaakt vielen in de categorie van waardeloze vakantiekiekjes. Maar puur voor ons plezier hadden Dulcie en ik besloten ons ervoor op te geven. Ik had absoluut niet verwacht dat ik enkel door dit besluit veel meer van mijn reizen zou gaan genieten. Als ik vreemde en exotische steden bezocht, had ik nu een missie. Ik was niet gewoon toeristische plekjes aan het bezichtigen: ik keek voortdurend uit naar pittoreske punten om foto's te nemen. En terwijl de cameralens focuste en inzoomde, was ook mijn aandacht gefocust. Ik dronk de beelden in en verlangde altijd naar meer. Als ik foto's van mensen wilde nemen, knoopte ik een gesprekje met hen aan; anders zou ik de plaatselijke bevolking gewoon voorbijgelopen zijn. Ik leerde echt te genieten van reizen en mooie steden. Wat ik zag en ervoer was opwindend en gaf me nieuwe energie. Ik kwam amper nog op mijn hotelkamer.

Denk aan een voor vandaag geplande activiteit (op het werk of in je vrije tijd) waaraan je plezier zou kunnen beleven. Hoe kun je je aandacht focussen op een bepaald aspect van die ervaring, zodat je er nog meer van geniet?

3. Opgaan in je zintuigen

'Stop!' Met deze techniek om meer van het moment te kunnen genieten stop je je innerlijke dialoog. Uit onderzoek is gebleken dat denken niet een bewuste daad is: van nature springt het brein heen en weer tussen een wirwar van gedachten, beelden en herinneringen, en deze gedachtestroom voert je met zich mee.

Met behulp van deze techniek probeer je te stoppen met je gedachtestroom en op te gaan in je zintuiglijke beleving. Denk bijvoorbeeld aan hoe je behoedzaam in een diep bad gaat liggen, waarbij je alle aandacht geeft aan het gevoel van het warme water tegen je huid, de luchtbelletjes en golfjes; je voelt hoe je langzaam wegzinkt in een zachte omhelzing en ervaart hoe je lichaam door en door warm wordt. Of denk aan een heerlijke maaltijd die je op een intense manier beleeft: je richt al je aandacht op het eten zodat je alle fijne aroma's proeft. Deze beide ervaringen staan in sterk contrast met gewoon in bad springen en zonder omhaal naar een glamourtijdschrift grijpen, of gedachteloos je eten kauwen en doorslikken zonder veel aandacht aan smaak en textuur te besteden.

Van welke zintuiglijke ervaring zou je meer kunnen genieten door erin op te gaan en al je aandacht te vestigen op je gevoelens? Door je aandacht weg te laten zinken in je gevoelens kun je je overactieve brein (in elk geval voor even) tot bedaren brengen.

Less is more

Enkele jaren geleden had ik twee vrijgezellenweekends. Op het ene weekend gingen we naar een stad in het buitenland waar we twee dagen doorbrachten met een druk programma vol activiteiten. We zagen de bezienswaardigheden, bezochten de clubs en maakten zelfs een uitstapje naar een andere beroemde plaats op een uur afstand. Het was allemaal perfect georganiseerd en uitgevoerd. Een paar maanden later had ik opnieuw een vrijgezellenweekend met ongeveer evenveel mensen. We verbleven nu in een berghut met een flinke voorraad bier en eten. We brachten de dagen voornamelijk door met rondhangen en af en toe een korte wandeling. Welk weekend was leuker? Zonder twijfel het laatste: we hadden meer tijd om gewoon onder elkaar te zijn en te praten. Alle activiteiten van het eerste weekend verhinderden eigenlijk dat we konden genieten van elkaars gezelschap. Tijdens het eerste vrijgezellenweekend verzamelden we materiaal voor verhalen die we na thuiskomst zouden kunnen vertellen; tijdens het tweede weekend waren we gericht op het moment zelf. In feite is ongeveer alles (zolang het maar positief is) leuker als we er wat meer tijd en aandacht aan besteden. Tijdens het eerste weekend waren we zo druk bezig met het organiseren van de volgende activiteit, of met het bereiken van de plek waar die plaatsvond, dat we weinig tijd overhielden om gewoon lol te maken. We versnipperden onze aandacht over te veel dingen in plaats van op te gaan in de gesprekken en te genieten van de mooie plek. We hadden het zo druk met dingen *doen* dat we amper de kans kregen gewoon te *zijn*.

Soms ga je meer genieten zodra je het eenvoudige besluit neemt bewust minder te gaan doen.

- Hoe kun je minder doen om meer te genieten van een ervaring?
- Hoe kun je je leven verbeteren door meer te focussen op minder hobby's en bezigheden?

Diep vanbinnen

Tot dusver plaatste ik oppervlakkige en afleidende drukte aan de andere kant van het spectrum, lijnrecht tegenover diepe betrokkenheid en gerichte aandacht. Ik vertelde je dat druk zijn misschien wel een kick geeft maar niet tot geluk leidt. Om echte vreugde te ervaren moeten we opgaan in onze bezigheden en in het moment. Maar in feite is er nog een andere weg, die net zo belangrijk is voor ons geluk; een weg die net als gerichte aandacht veronachtzaamd wordt in onze overvolle wereld. Dat is de weg naar binnen, waar je alleen bent met je gedachten, zonder iets omhanden te hebben.

Alleen met je gedachten

Vind je het prettig om tijd in je eentje door te brengen? De meeste mensen niet. Tijdens een verbijsterend onderzoek, uitgevoerd door de invloedrijke hoogleraar psychologie Timothy D. Wilson, bleek zelfs dat veel mensen zichzelf liever elektrische schokken toedienen dan in hun eentje te zitten met niets te doen![11] Deze proefpersonen was eerder die dag dezelfde elektrische schok toegediend, waarop ze hadden verklaard er geld voor over te hebben om nooit meer zo'n schok te krijgen. Maar als ze een periode van zes tot vijftien minuten moesten doorbrengen zonder prikkels van buitenaf, verkozen ze de elektrische schok boven hun eigen gedachten.

Dit onderzoek klinkt misschien ongelooflijk (het verscheen overigens wel in het wetenschapstijdschrift *Science*), maar Wilsons bevindingen sluiten aan op andere onderzoeken. Zo ontdekte Christopher K. Hsee van de Booth School of Business dat mensen er liever voor kiezen een zinloze bezigheid uit te voeren dan hun tijd in ledigheid door te brengen.[12] Net als Wilson merkte hij dat mensen liever zinloze dingen doen dan dat ze niets te doen hebben.

Het defaultnetwerk

Een van de belangrijkste recente ontdekkingen op neurowetenschappelijk gebied is de ontdekking van het defaultnetwerk, ook wel 'terugvalnetwerk' genoemd.[13] Dit is het netwerk van neurale activiteit dat gebruikt wordt in ruststand, als we niet gericht zijn op informatie of gebeurtenissen in de buitenwereld. Het defaultnetwerk is actief als we in de wachtkamer van de dokter zitten zonder een tijdschrift, als we onder de douche staan of als we naar de bushalte lopen: we keren naar binnen en zijn alleen met onze gedachten, dromen en overpeinzingen. Het ligt voor de hand dat ons brein heel actief is als we druk bezig en gefocust zijn. Naar verwachting zou het brein dus inactief zijn als we in rust zijn. Het tegendeel is het geval. Als we niet ergens mee bezig zijn, wordt het brein juist heel actief. De vraag die zich opdringt is: hoe komt dat?

De verklaring van deze grote activiteit in rust is dat het defaultnetwerk druk bezig is *jou te creëren*! Als je naar binnen keert en jezelf afvraagt 'Wie ben ik?', dan is je 'ik-beeld' gebaseerd op een verzameling ervaringen, rollen, overtuigingen, ideeën, gevoelens en associaties die door onze cultuur bepaald worden. Uit deze wirwar van losse gedachten en herinneringen wordt een gevoel van identiteit gevormd. Als we met een taak bezig zijn, krijgt het brein input en prikkels binnen. Deze informatie uit de buitenwereld is nog onbewerkt. Pas als ons brein hiermee aan de slag gaat en verbanden legt met onze eerdere ervaringen krijgt deze informatie betekenis. Door de informatie te integreren in ons eigen wereldbeeld leren we en ontwikkelen we ons. Zo wordt ruwe informatie uit de buitenwereld verwerkt tot iets persoonlijks: *jouw* mening, *jouw* inzicht en *jouw* wijsheid.

Het nut van nietsdoen

Dat brengt ons weer terug bij drukte: hoeveel tijd heb jij per dag om rustig alle binnengekomen informatie te overwegen, erover na te denken en te verwerken? We spraken al over de impact van alle eisen die deze overvolle wereld aan ons stelt: we jagen, multitasken en proppen elk uurtje vol, zodat we geen tijd meer hebben voor gerichte aandacht en betrokkenheid. Ondertussen komen de talloze prikkels van de moderne wereld keihard bij je binnen. Met onze communicatietools binnen handbereik kunnen we elk moment dat we niet werken vullen met nieuwe prikkels. En thuis hebben we nog extra apparatuur: zo voorkomen we dat onze hersenen in ruststand komen.

Gerichte aandacht en betrokkenheid geven ons de kracht en energie om te leven en te floreren. Prikkels en mediaconsumptie zijn als kauwgum: ze houden ons bezig maar hebben geen voedingswaarde. Het defaultnetwerk lijkt op ons spijsverteringssysteem: dit hebben we nodig om voedsel op te nemen en te verwerken, zodat we kunnen groeien. Ik vermoed dat we vandaag de dag te weinig tijd besteden aan geestelijke spijsvertering, aan verwerking.

De leegte onder ogen zien

Aan de hand van de driehoek van drukte legde ik uit dat we als gevolg van te veel drukte een toenemend gevoel van leegte in ons leven ervaren; vaak vullen we dat op met nog meer drukte. Ik gaf aan dat je door te focussen op kernwaarden in plaats van 'meer' de ergste drukte verdrijft. Daarna stelde ik dat diepe betrokkenheid en flow je meer vreugde geven dan de kick van drukte. Deze beide strategieën zullen je gevoel van innerlijke leegte verminderen. Nu bespreek ik nog een derde strategie om gelukkig te worden: de confrontatie aangaan met de leegte.

Wat bedoel ik met leegte? Het begrip 'leegte' is in de moderne tijd bestudeerd door veel mensen, onder wie Friedrich Nietzsche, Jean-Paul Sartre en Mark Rothko. Zelf denk ik dat we allemaal een zekere mate van echte leegte binnen in onszelf ervaren. Die leegte voelt niet prettig en heeft te maken met onvervulde behoeften, onopgeloste problemen en gedwarsboomde verlangens. Ieder van ons voelt vanbinnen deze leegte: het is de oorsprong van onze twijfels, angsten en verlangens. Het is het schimmenrijk waaruit onze zorgen voortkomen.

In de jaren vijftig van de twintigste eeuw voorspelde Martin Heidegger dat we zozeer in de ban van de technologie zouden raken dat we steeds berekenender zouden worden: de wereld zou ten onder gaan doordat we onze beschouwende manier van denken zouden verliezen, datgene wat ons tot mensen maakt.[14] Beschouwend denken is nadenken over onszelf, over onze waarden en waarheden, over de zin van ons bestaan. We geven zin aan al onze aspecten, onze goede en slechte kanten. Zo maken we onszelf tot authentieke persoonlijkheden. Als we niet genoeg tijd doorbrengen met nadenken en met het verwerken van wat er op ons pad komt, besteden we onvoldoende aandacht aan de lege plek in ons: die blijft dan vaag en schimmig. Volgens Hsee zijn we bang geworden voor rust en leegte. We grijpen naar onze gadgets zodat we niet hoeven na te denken en onszelf geen moeilijke vragen hoeven te stellen, terwijl dat juist zo goed voor ons zou zijn. Als we onvoldoende tijd in onszelf doorbrengen om onze dromen maar ook onze demonen onder ogen te zien, kunnen we onze problemen niet oplossen, de kern van onze angsten niet doorgronden en geen gerichte toekomstplannen maken. Als we onvoldoende tijd alleen met onze gedachten en zorgen doorbrengen, kunnen we er geen lering uit trekken en blijven we last hebben van deze zwakke plekken. Als we onvoldoende tijd in onszelf doorbrengen, kunnen we niet onszelf worden, met al onze kansen en ons volledige potentieel.

De geluksparadox

Mijn vrouw verstuikte haar enkel, haar voet zwol op en het deed behoorlijk pijn; het liefst zou ze zo veel mogelijk tijd zittend doorbrengen. De dokter was het daar echter niet mee eens. Hij zei dat ze gewoon moest rondlopen en bij elke stap de voet op normale manier moest laten afrollen. Het was een marteling. Mijn vrouw verlangde ernaar gewoon rustig te blijven zitten, maar lopen volgens het advies van de dokter zou het genezingsproces versnellen. Dus verbeet ze de pijn en liep ze door tot haar enkel genezen was.

Wilson en Hsee ontdekten tijdens hun onderzoek dat bezig zijn ons gelukkiger maakt, en dat geldt zelfs voor zinloze bezigheden. Maar bezig zijn is niet voldoende. We moeten de confrontatie aangaan, we moeten dwars door de pijn van onze gedachten, zorgen, problemen en gevoelens van leegte heen gaan. Alleen zo bouwen we innerlijke reserves op voor de moeilijkheden die we op ons pad zullen treffen. Als we dit niet doen, hebben we geen verweer tegen de sombere wolk van leegte in ons. Voor velen betekent dat dat ze bevestiging zoeken in uiterlijkheden als geld, status en populariteit, wat nog meer drukte oproept. Voor anderen betekent het dat ze hun innerlijke angst smoren in zinloze drukdoenerij. Maar linksom of rechtsom, wie de leegte in zichzelf niet onder ogen wil zien, valt ten prooi aan steeds meer drukte.

Geluk verwerven

Geluk krijg je niet cadeau. Alleen door gerichte inspanning en door onszelf uit te dagen kunnen we flow ervaren. Zo moeten we ook van tijd tot tijd stoppen met onze bezigheden om na te denken over onszelf. Het vergt veel volharding en je zult veel tijd alleen met je eigen gedachten door moeten brengen, ongestoord door prikkels van buitenaf, voordat je het geluk in jezelf verovert. En dat kan alleen door gerichte aandacht of meditatie, zonder de afleiding door prikkels van buitenaf. Ik denk dat zowel actief als passief beleefd geluk van groot belang zijn. We kunnen pas een echt gelukkig leven leiden als we volledig betrokken zijn bij wat we doen én als we kalm en tevreden zijn wanneer we niets doen.

Praktische aanpak

Onder ogen zien wat er diep in je leeft vereist moed en geduld. Er is ook geen standaard plan van aanpak. Maar passend bij de praktische aanpak van dit boek heb ik hier toch een paar ideeën voor je.

Tijd verspillen

Een recent onderzoek naar tijdgebruik in Amerika door het Bureau of Labor Statistics wees uit dat 83 procent van de Amerikaanse bevolking geen tijd besteedt aan 'ontspannen of nadenken'.[15] Alle producten en diensten die we moeten leveren of kopen vergen praktisch al onze tijd. Dat betekent dat wij de eerste generatie zijn zonder rusttijd. Geen enkele generatie voor ons had zo weinig tijd om alleen met zijn gedachten door te brengen. Met onze geweldige gadgets prikkelen we onszelf steeds opnieuw en zo raken we steeds verder verwijderd van geluk en voldoening.

Wat zijn de beste momenten om een rustpunt in de dag in te plannen, waarop je tijd kunt 'verspillen'? Voor mij is dat als ik op reis ben: ik zit regelmatig in een vliegtuig. Vroeger zorgde ik altijd dat ik mijn reistijd optimaal kon benutten of anders veraangenamen. Podcasts met lezingen, mijn Kindle en gewone boeken vulden elke seconde van mijn reistijd met leerzame informatie, inclusief de rit naar het vliegveld en de rij voor de veiligheidscontrole. Maar ik begon me te realiseren dat ik misschien wel almaar wijzer werd, maar geen tijd overhield om een stapje terug te doen, na te denken en me de feiten en ideeën die ik hoorde en las eigen te maken. Ik besloot tijdens deze reizen rustpunten te scheppen, waarop ik 'tijd verspilde', dat wil zeggen: ik nam de tijd om rustig te peinzen. De beste ideeën in dit boek zijn ontstaan tijdens deze rustmomenten.

Let op de Chimp

Een van de sterke punten van Steve Peters' idee van de Chimp (zie hoofdstuk 8) is dat hiermee emoties als het ware buiten jezelf worden getrokken. Het is heel nuttig om emoties en gedachten als iets verschillends te zien, om te begrijpen dat irrationele zorgen en angsten bij de Chimp horen en heel normaal zijn. De Mens kan dan een stapje terug doen en deze zorgen observeren, erover nadenken en er iets van leren. Een van de basisprincipes van mindfulness is alert zijn en op te merken wat er gebeurt in je brein: je houdt afstand, je oordeelt niet en laat je niet meeslepen. Als je merkt dat je in de greep raakt van angst, kun je jezelf toespreken: 'Hé, daar heb je de Chimp weer.' Zo voel je je minder in de grip van die emoties. In Romaanse talen zegt men bijvoorbeeld 'Ik *heb* angst' (*tengo miedo* in het Spaans); dat is eigenlijk veel beter dan 'Ik *ben* bang'.

Ik-vorm of jij-vorm?

Hoe praat jij tegen jezelf? Ethan Kross, adjunct-hoogleraar psychologie aan de University of Michigan, reed eens door rood en hoorde zichzelf zeggen: 'Ethan, je bent een idioot!' Hij vroeg zich af wat het effect zou zijn van niet in de ik-vorm maar in de jij-vorm met jezelf praten. Hij vroeg mensen een praatje te houden, waarbij ze slechts vijf minuten voorbereidingstijd kregen. Sommige mensen vroeg hij zichzelf toe te spreken in de ik-vorm. Anderen vroeg hij hun eigen naam en de jij-vorm te gebruiken. Het viel hem op dat degenen die de ik-vorm gebruikten, een emotionele monoloog afstaken: 'Ik kan dit niet. Ik sta voor aap. Ik kan niet uit mijn woorden komen. Ik wou dat ik een andere broek had aangedaan!' Degenen die zichzelf in de jij-vorm benaderden, waren rationeler en steunden zichzelf: 'Tony, dit gaat heus goed. Je hebt al zoveel presentaties gedaan.' Door deze kleine verandering in de innerlijke dialoog konden mensen beter afstand nemen van hun emoties.[16]

Als je tijdens je rustperiode merkt dat je jezelf onder druk zet, let dan op of dat komt door zinnen in de ik-vorm. Je hoeft ook weer niet allerlei extreem positieve affirmaties op jezelf af te vuren; begin gewoon met jezelf rustig in de jij-vorm aan te spreken. Je wordt dan vanzelf minder emotioneel en kunt jezelf makkelijker steunen als je voor een moeilijke taak staat.

VAN DRUK NAAR GELUK
KERNGEDACHTEN

Echte vreugde is niet te vinden in de kick die drukke bezigheden en prikkels van buitenaf leveren maar wordt bereikt door op te gaan in je ervaringen, het moment te beleven én bij jezelf naar binnen te kijken.

Druk en geluk

- **Druk zijn is een drug** die ons volpompt met chemische stoffen: adrenaline, dopamine en opiaten. In kleine doseringen kan dat plezierig zijn, maar deze 'drug' kan maar al te makkelijk ons leven overnemen.

De diepte in

- **Flowervaringen zijn optimale momenten** waarop we ten volle betrokken zijn bij ons werk. We verliezen elk besef van de tijd en we denken niet meer aan onszelf.
- Flowervaringen motiveren ons tot meer **betrokkenheid**; van nature duiken we graag in activiteiten die precies aansluiten op onze talenten en waarden. Zo kunnen we ons **onderscheiden op een manier die bij ons past**.
- **Flow werkt als tegengif** tegen eindeloze afleidingen en de kick van drukte.
- **Je kunt flow opwekken** door jezelf uit te dagen, door doelen te stellen, door je te concentreren op ervaringen en door respons te krijgen op je activiteiten.

Duik in je drie seconden

- **Het huidige moment duurt drie seconden,** vanuit psychologisch gezichtspunt. Wat we ervaren valt altijd binnen die luchtbel van drie seconden. Diepgang is beter dan het gedruis van drukte. We moeten ons meer bewust worden van onze drie seconden.
- **Tijdmanagement** streeft naar een optimale opsplitsing van de dag en een bijbehorende opsplitsing van onze aandacht, maar dat gaat ten koste van betrokkenheid. **Focus liever op aandachtsmanagement**.
- **Geniet meer van momenten** door je bewust te worden van **happy attacks**, door het **scherpstellen van je blik** en door **op te gaan in zintuiglijke ervaringen**.

Diep vanbinnen

- Nietsdoen schrikt ons af omdat het ons dwingt de leegte in onszelf onder ogen te zien. Veel mensen zouden zichzelf liever een elektrische schok toedienen dan de confrontatie aan te gaan met hun eigen gedachten!
- Als we nietsdoen, vindt er in feite veel hersenactiviteit plaats: het defaultnetwerk verricht dan belangrijk werk.
- Het defaultnetwerk verwerkt onze ervaringen: dat is essentieel voor ons vermogen tot leren, problemen oplossen en omgaan met pijnlijke gevoelens van leegte.
- De geluksparadox: we voelen ons gelukkiger als we lekker bezig zijn maar we kunnen pas echt geluk en vervulling vinden door tijd in ledigheid door te brengen.

DOEN

Meer flowplezier

Bedenk welke bezigheid je wekelijks in een flow brengt en vermeerder de hoeveelheid tijd die je besteedt aan flowactiviteiten.

Flow oproepen

Bedenk één belangrijke bezigheid of werkterrein waar je momenteel veel tijd aan besteedt. Maak dit werk geestelijk of lichamelijk uitdagender door het moeilijker te maken (drie borden tegelijk afdrogen) of door jezelf een moeilijk doel te stellen. Je zult je dan meer moeten concentreren en loopt daardoor meer kans in een flow te raken.

Tijd verspillen

Zorg dat je elke dag een rustpunt neemt om 'tijd te verspillen'. Breng die tijd alleen met je eigen gedachten door.

EXPERIMENTEREN

Doe minder

Doe komende week minder dingen, op het werk en thuis. Dat betekent niet dat je minder hard moet gaan werken of dat je thuis de kantjes ervan af moet lopen, maar dat je je tijd en energie aan een kleiner aantal dingen besteedt: je besteedt dus meer tijd per activiteit.

Happy attacks

Als je merkt dat je echt geniet van een moment, laat dit dan niet onopgemerkt voorbijgaan. Geef het je volledige aandacht door hardop te zeggen dat je een happy attack hebt, een 'aanval van blijdschap'.

Ik-vorm of jij-vorm?

Let op als je jezelf in de ik-vorm toespreekt. Als je overgaat op de jij-vorm, schep je meer afstand in je innerlijke monoloog, word je minder emotioneel en kun je opbouwender formuleren.

Hoofdstuk 12

De drukte voorbij
(Goede voornemens volhouden)

Op een bitterkoude ochtend in 1916 kwamen Floyd en Glenn Cunningham aan op hun school. Er was nog niemand aanwezig en, zoals meestal, liepen de jongens naar de kachel, waar ze het gereedliggende hout in lampolie doopten (om het makkelijker vlam te doen vatten) en de kachel aanstaken. Ongelukkigerwijs had iemand de kan naast de kachel per ongeluk met benzine gevuld in plaats van met lampolie. Bij de explosie en de brand die hierop volgden kwam de dertienjarige Floyd om het leven. Zijn jongere broer, Glenn, kwam enkele dagen later, schreeuwend van de pijn, in het ziekenhuis bij bewustzijn. De brandwonden aan zijn onderlichaam waren zo ernstig dat de dokters voor zijn leven vreesden. Hij overleefde het, maar zijn benen zouden geamputeerd moeten worden: de huid was volledig weggebrand, alle tenen van zijn linkervoet was hij kwijt en zijn rechterbeen was zodanig door het vuur misvormd dat het vijf centimeter korter was geworden. Glenn dacht daar echter anders over. Hij bleef zich zo luid en vasthoudend verzetten, dat er werd besloten om hem zijn gehavende benen te laten houden.[1]

Om het gevoel in zijn benen terug te krijgen moest hij martelende rekoefeningen en massages ondergaan die hem, zoals hij het zelf verwoordde, 'helse pijn' bezorgden. De meeste jonge kinderen zouden het hebben opgegeven, maar hij was vastbesloten om weer te kunnen lopen. Toen zijn vader het niet langer kon opbrengen om hem te helpen met de pijnlijke rekoefeningen en massages, vroeg Glenn aan zijn moeder het over te nemen. Toen het ook haar te veel werd, deed hij het zelf.

Op een dag in 1919 reed zijn moeder hem in zijn rolstoel naar buiten. Toen ze even later terugkwam, lag hij op zijn knieën op de grond. Ze dacht dat hij was gevallen en snelde toe om hem te helpen. Maar Glenn wees haar hulp af en kroop naar het houten hek, waaraan hij zich omhoogtrok, waarna hij zich paal voor paal langs het hek voortsleepte, zijn benen dwingend om te bewegen. In de maanden die volgden oefende hij zo hard dat hij langs het hek een pad uitsleet.

Na vele afmattende maanden slaagde hij er tot ieders verbazing in om, voor het eerst in jaren, zonder steun te lopen. Het lopen deed hem veel pijn, maar hij kwam erachter dat het minder pijnlijk voor hem was om zich al hinkend en rennend voort te bewegen. Dus deed hij dat. Jarenlang nam hij bijna geen stap zonder te rennen.

Zes jaar na het ongeluk rende hij harder dan wie dan ook in het stadje waar hij woonde (ook al deed het hem nog altijd pijn om gewoon te lopen). Het tekende hem dat hij het hierbij niet heeft gelaten, maar zichzelf tot nog betere prestaties dreef. In de jaren daarna ontwikkelde hij zich tot een van de beste Amerikaanse middellangeafstandslopers ooit en vestigde hij een nieuw wereldrecord op de 1 mijl (indoor en outdoor) en op de 800 meter.

Glenn Cunningham heeft verbazingwekkende dingen bereikt omdat hij volhield. Hij wist wat hij wilde en daar zette hij zich volledig voor in. Het was een zware strijd en het duurde jaren voor hij niet meer door zijn verwondingen werd gehinderd, maar hij gaf niet op tot hij weer op de been was, tot hij harder kon lopen dan wie dan ook. Het verhaal van Glenn Cunningham behoort tot mijn favorieten omdat zijn strijd om weer te lopen een uitdaging was die een lange adem vereist. Hoeveel keren zal hij zich bij het wakker worden niet moedeloos hebben gevoeld bij de gedachte aan weer een dag van strijd? Er zullen zoveel momenten zijn geweest waarop hij genoegen had kunnen nemen met wat hij al bereikt had. Er waren zoveel momenten waarop anderen meenden dat hij maar beter zijn lot kon accepteren. Maar hij zette door.

Ook de strijd tegen drukte is een strijd die een lange adem vereist. Om deze uitdaging met succes aan te gaan, zul je hard moeten werken, over volharding moeten beschikken en je op sommige momenten teweer moeten stellen tegen wat anderen vinden. De weg die naar minder drukte leidt is zeker niet de makkelijkste weg om te kiezen. Je zou genoegen kunnen nemen met minder, je zou kunnen accepteren dat drukte er nu eenmaal bij hoort, maar ik wil je aanmoedigen dat niet te doen.

De slechte slaagkans van verandering

Laten we eerlijk zijn: elke dag weer maken we het onszelf moeilijk door niet die dingen te veranderen waarvan we weten dat we ze wel zouden moeten veranderen; dingen die te maken hebben met ons werk, met ons privéleven. Aan goede voornemens ontbreekt het ons niet, maar op de een of andere manier lukt het ons niet om ons er ook echt aan te houden. Kijk eens naar je eigen leven: hoe vaak heb je niet met jezelf 'afgesproken' om een bepaald iets anders te gaan doen? Hoe vaak heb je je aan je voornemens voor het nieuwe jaar gehouden? Kerry Patterson stelt dat 98 procent van ons er niet in slaagt om met zijn slechte gewoontes te breken en dat 95 procent van onze pogingen om af te vallen op niets uitlopen.[2] Wat ik het vreemdst vind, is niet dat we ons niet aan onze voornemens houden, maar dat we niet van onze mislukkingen leren. We lijken er nog altijd van overtuigd te zijn dat we, als we eenmaal tot een verandering hebben besloten, datgene wat we willen veranderen ook echt zullen veranderen als we maar gemotiveerd genoeg zijn.

Daarin vergissen we ons.

Het is zeker niet onmogelijk om gedrag te veranderen, maar daarvoor is meer nodig dan goede voornemens. Gelukkig weten we tegenwoordig heel wat meer over hoe mensen op verandering reageren. Dit hoofdstuk is maar aan één ding gewijd en dat is: jou helpen om gelukkiger te worden door de dingen te doen die je wilt doen. Dit boek heeft je hopelijk aangesproken en heeft je misschien wel geïnspireerd om dingen in je leven te veranderen en om je niet meer door drukte te laten leven. Maar dit alles krijgt pas betekenis als het ook echt tot verandering leidt.

De belangrijke vraag is dan ook...

Wat ga je veranderen?

Mijn advies is dat je je op niet meer dan één ding richt. Dat heeft niet alleen te maken met hoe moeilijk het is om veranderingen ook echt door te voeren of het idee dat je het te druk zou hebben voor meer veranderingen, het heeft vooral te maken met het belang van 'sleutelgewoontes'. In zijn boek *The Power of Habit* (in het Nederlands verschenen onder de titel *Macht der gewoonte*) vertelt Charles Duhigg over Lisa Allen, een vrouw die haar overgewicht was kwijtgeraakt en nu slank en fit was, die was gestopt met roken en drinken, die niet langer door schulden werd achtervolgd en haar carrière een impuls had gegeven. Het eerste wat ze had veranderd was dat ze was gestopt met roken. Doordat ze die ene gewoonte had weten te doorbreken, wist ze beter hoe ze ook andere slechte gewoontes kon veranderen. Bij alle mensen die Duhigg sprak en die erin waren geslaagd hun leven ingrijpend te veranderen, viel hem hetzelfde patroon op: ze waren begonnen met het doorbreken van eerst één gewoonte. Deze ene gewoonte werd zo de sleutel tot verdere veranderingen.[3]

Als je iets wilt veranderen aan hoe druk je het hebt, moet je je op een enkele gewoonte van jezelf richten die je wilt veranderen. Wanneer je daar eenmaal in geslaagd bent, zul je merken dat het veel makkelijker is om ook andere gewoontes te veranderen.

Dus: **STOP** nu met lezen!

Stap uit je rol van iemand die zich door ideeën laat inspireren en doe er wat mee. Pak pen en papier en denk even na over wat jij echt zou willen veranderen. Is het voor jou het belangrijkst om het gevoel terug te krijgen dat je je leven weer zelf beheerst? Of ligt voor jou het zwaartepunt bij het jezelf onderscheiden, of wil je je meer betrokken voelen bij je werk, je relaties en je eigen leven?

Het doet er niet toe waar je je op richt; waar het om gaat is dat je veel meer aan dit hoofdstuk zult hebben als je het leest met in je achterhoofd een helder beeld van welke gewoonte jij wilt veranderen.

Zeven strategieën

Persoonlijke ontwikkeling is een onderwerp dat me na aan het hart ligt en waarover ik veel meer zou kunnen schrijven, maar ik beperk me hier tot het noemen van zeven strategieën die zich hebben bewezen als praktische hulpmiddelen bij het bereiken van verandering in je leven. Wat deze strategieën gemeen hebben is de achterliggende gedachte dat een voornemen om iets te veranderen, om een gewoonte te doorbreken, ergens op moeten steunen om tot een blijvende gedragsverandering te kunnen leiden. Het zijn eenvoudige strategieën, die geen van alle motivatie minder belangrijk maken. Je kunt ze vergelijken met de palen van het houten hek waar Glenn Cunningham zich aan vasthield. Ze zullen je tot steun zijn bij je streven naar verandering en je helpen om je voornemens ten uitvoer te brengen.

Stel jezelf een duidelijk doel

Een van de manieren om te voorkomen dat je goede voornemens niet doodbloeden, is om jezelf een zo duidelijk mogelijk doel te stellen. De voordelen hiervan zijn aangetoond door Steve Booth-Butterfield en Bill Reger, hoogleraren aan West Virginia University, in hun onderzoek naar wat een effectieve manier is om mensen ervan te overtuigen gezonder te gaan eten. Ze bedachten dat ze hun boodschap zo eenvoudig mogelijk moesten houden en richtten zich op de melkconsumptie. Ze berekenden dat als de gemiddelde Amerikaan magere melk in plaats van volle melk zou gaan drinken, zijn dagelijkse inname van verzadigde vetten zou afnemen tot het van overheidswege aanbevolen niveau. Ze zetten vervolgens in op een enkele gedragsverandering binnen een specifieke context: ze adviseerden mensen om bij het boodschappen halen geen volle melk maar magere melk te kopen. In al zijn eenvoud en duidelijkheid verrichtte deze boodschap wonderen: het marktaandeel van magere melk verdubbelde en de mensen die magere melk kochten veranderden hun eetgewoontes en gingen veel minder verzadigde vetten gebruiken.[4]

Het principe om zo helder mogelijk te zijn werkt ook als je het bij jezelf toepast. Zeggen dat je op je werk meer impact wilt maken, is hetzelfde als zeggen dat je gezonder wilt gaan eten. Het is een te breed en te vaag omschreven doel. Om een stapje dichter bij je einddoel te komen, moet je jezelf een duidelijker en concreter doel stellen, zoals het 'kopen van magere melk'. Welk specifiek gedrag zou jij je eigen kunnen maken om je te helpen de beoogde verandering in gang te zetten? Binnen welke specifieke context past dat gedrag? Is het uitschakelen van de e-mailmelder gedurende de ochtend voor jou misschien de eerste zet? Is het het uitdenken van een plan B voor je aan een project begint? Of is het het behapbaar maken van grote klussen door er elke dag even tijd voor uit te trekken? Wat het ook is, als je ervoor zorgt dat je jouw specifieke gedrag en de context waarbinnen dat gebeurt helder voor ogen hebt, vergroot je de kans dat je je beoogde doel ook echt bereikt.

Houd het klein

Het kan soms helpen om wat minder hoog te mikken en bij een ondergrens te beginnen. Robert Cialdini, een vooraanstaand deskundige op het gebied van beïnvloedingstechnieken, liet in het kader van een onderzoek zijn medewerkers langs de deuren gaan om te collecteren voor het Amerikaanse kankerbestrijdingsfonds. De ene helft van de collectanten vroeg: 'Wilt u het fonds steunen met een bijdrage?'; de andere helft stelde dezelfde vraag gevolgd door: 'Alle kleine beetjes helpen.' De eerste groep kreeg van 29 procent van de mensen waar ze aanbelden een bijdrage, de tweede groep bij vijftig procent. Het extra 'Alle kleine beetjes...' leverde bijna een verdubbeling op van de bereidheid geld te geven, zonder dat de gemiddelde bijdrage van deze tweede groep lager was dan van die van de eerste groep. Het verhoogde alleen maar de kans dat iemand iets gaf, niet hoeveel hij gaf.

Wie klein begint, kan ver komen.

Plan je volgende stap

Voor een klassiek voorbeeld van hoe belangrijk het is om te weten wat je volgende stap zal zijn, kunnen we goed terecht bij Howard Leventhals baanbrekende onderzoek naar de invloed van angst op onze bereidheid om in actie te komen. Het doel van Leventhal en zijn collega's was om meer studenten zover te krijgen dat ze zich tegen tetanus zouden laten vaccineren. Ze gaven de studenten voorlichting over hoe makkelijk tetanus kan worden opgelopen en wat daarvan de gevolgen kunnen zijn en ze toonden hun hiervan aanschouwelijke beelden. Dit alles maakte grote indruk op de studenten: het merendeel was er door de voorlichting van overtuigd geraakt dat tetanus een zeer gevaarlijke ziekte was, waartegen je je maar beter kon laten vaccineren. Toch liet slechts drie procent van hen dit ook daadwerkelijk doen.

Bij een vervolgonderzoek probeerde Leventhal de studenten nog eens extra te beïnvloeden door hun een plattegrond van het universiteitsterrein uit te reiken met daarop ook de locatie van het gezondheidscentrum plus de openingstijden, waarbij hij hun adviseerde een afspraak te maken.[6] Dit in combinatie met de voorlichting zoals hij die eerder had gegeven. Enkel het uitreiken van de plattegrond, waarmee in feite een vervolgstap werd aangereikt, resulteerde in een meer dan negenvoudige verhoging van het aantal studenten dat zich liet vaccineren: 28 procent. Terwijl alle studenten ook zonder plattegrond precies wisten waar het gezondheidscentrum was.

Het punt is dat het moeilijker is om je hoofddoel voor ogen te houden als je meer dan één ding tegelijk moet doen, en dat geldt des te meer als je ook nog eens veel dingen aan je hoofd hebt. In het onderzoek van Leventhal stonden de studenten zonder plattegrond voor de keus of ze zich wel of niet zouden laten vaccineren, gevolgd door de vraag wat hun volgende stap moest zijn. De studenten met plattegrond hoefden alleen maar te beslissen of ze zich wel of niet wilden laten vaccineren; over een volgende stap hoefden ze niet meer na te denken. Volgens David Allen is het stellen van een doel niet voldoende om een project, of in dit geval een goed voornemen, te laten slagen. Wat daarvoor nodig is, is dat we weten wat onze volgende stap zal zijn. In de meeste gevallen zal zo'n volgende stap een heel kleine en eenvoudige stap zijn, maar stap na volgende stap kunnen ze je naar een grote verandering leiden.

Gebruik sociale beïnvloeding

In de kantine van Newcastle University konden werknemers zelf wat te drinken pakken. De prijzen voor de verschillende drankjes stonden op een lijst aangegeven, maar er was verder geen toezicht op hoeveel er ook werkelijk werd betaald. In het kader van een onderzoek werd er, zonder vooraankondiging of uitleg, tien weken lang elke week een andere afbeelding boven deze prijslijst gehangen. Afwisselend werd een afbeelding van ogen opgehangen, ogen die de persoon die iets te drinken pakte leken aan te kijken, en een afbeelding van bloemen. Aan het eind van elke week werd het geld geteld. De verschillen waren spectaculair. Gedurende de weken waarin er bloemen boven de prijslijst hadden geprijkt, was er gemiddeld 20 cent voor een liter melk betaald, terwijl dat in de weken dat daar ogen hadden gehangen meer dan verviervoudigd was tot 85 cent.[7]

Uit tal van onderzoeken is gebleken dat we eerder geneigd zijn ons op een wenselijke manier te gedragen als ons gedrag door anderen wordt opgemerkt. Van dit gegeven kunnen we gebruikmaken als we ons eigen gedrag willen veranderen. Zonder dat dit de bedoeling was, heb ik zelf ervaren hoezeer de verwachting van iemand anders van invloed kan zijn. Mijn schoonzus Shiv en ik werkten beiden aan een boek. Tijdens een gesprek tussen ons over schrijven en over hoeveel werk het wel niet was, liet ik op een gegeven moment blijken dat ik vond dat Shiv wat al te makkelijke excuses voor zichzelf aanvoerde voor het feit dat ze nog niet zo ver was met haar boek als ze zelf wilde. Ik dacht verder niet meer aan ons gesprek, maar toen Shiv korte tijd daarna klaar was met haar boek, bood ze aan om mij op een vergelijkbare manier vooruit te helpen: door mij ter verantwoording te roepen over hoe ver ik met mijn boek was gevorderd. Ze vroeg me om een tijdschema op te stellen waarin ik per hoofdstuk zou aangeven wanneer ik dacht klaar te zijn. Als ik daarvan zou afwijken, en dat is regelmatig gebeurd, sprak ze me daar stevig op aan. Ik zal niet ontkennen dat ik haar dat niet altijd in dank heb afgenomen, ook al wist ik dat we het samen zo hadden afgesproken en dat zij juist haar uiterste best deed om me te helpen. Maar waar ik niet over twijfel, is dat ik veel beter aan mijn boek heb doorgewerkt omdat ik Shiv niet wilde teleurstellen en me aan onze afspraak wilde houden. Dank je wel, Shiv, dat je me zo op mijn nek hebt gezeten, dat heeft me enorm geholpen. (En ik verheug me er nu al op om hetzelfde bij jou te kunnen doen wanneer je aan een nieuw boek begint!)

Neem een nieuwe gewoonte op sleeptouw

Als je wel eens samen met een groep anderen een grote afstand hebt gefietst, weet je hoeveel minder inspanning het kost om in de luwte van degene voor je te fietsen. Van datzelfde principe kun je gebruikmaken om jezelf nieuwe gewoontes aan te leren. Het is namelijk veel en veel makkelijker om je iets aan te wennen wanneer je met deze nieuwe, gezonde gewoonte kunt inhaken op gedrag dat je je al eigen hebt gemaakt. Je ingesleten gedrag neemt de nieuwe gewoonte bij wijze van spreken op sleeptouw.

Ik denk dat dit principe ook een van de redenen is waarom de 'Slik de kikker'-strategie van Brian Tracy (zie hoofdstuk 8) zo goed werkt. Met het doorslikken van de kikker als eerste taak van de dag bouw je voort op de kracht van je vaste ochtendrituelen. Behalve hun kracht bieden ochtendrituelen ook het voordeel van hun tijdstip: het is het meest onbedorven moment van de dag, een moment waarop het dagelijkse spervuur nog niet is losgebarsten. Het is makkelijker om te bepalen wat je op een dag gaat doen als je nog niet in je inbox hebt gekeken. Als je het eerste halfuur van je werkdag aan belangrijke zaken wilt gaan besteden, maak dit voornemen dan onderdeel van je vaste ochtendritueel van je laptop uitpakken, een kop koffie halen en een praatje maken, en je zult merken dat je je deze nieuwe gewoonte als vanzelf eigen maakt.

Het sleeptouweffect werkt ook bij andere gedragsveranderingen. Als je betere gesprekken met je zoon wilt hebben, zou je die deel kunnen laten uitmaken van een vaste routine die je inplant na de wekelijkse voetbalwedstrijd of voor het slapengaan. Als je je aandachtsnetwerk wat meer de vrije loop wilt laten, laat het dan niet bij 'Ik ga proberen om tijd vrij te houden waarin ik niets hoef te doen en niets mijn aandacht vraagt', maar koppel dit voornemen bijvoorbeeld aan je reistijd van en naar je werk.

Bedenk welk gedrag je zou willen veranderen en aan welke vaste routines en rituelen je dit nieuwe gedrag zou kunnen koppelen.

Beloon goed gedrag

Een andere manier die je kan helpen de drukte te doorbreken is om gebruik te maken van de principes van het behaviorisme: of we wel of niet voor een bepaald gedrag kiezen wordt in belangrijke mate bepaald door de directe beloning die daarop volgt. Als je ervoor kiest om de drukte de baas te willen zijn, zul je daar op de langere termijn de vruchten van plukken in de vorm van een leven waarin aandacht en betrokkenheid de boventoon voeren. Maar een directe beloning, zoals het bevredigende gevoel dat een lege inbox kan geven, zal deze gedragsverandering je niet opleveren. Een van mijn klanten vond hiervoor de oplossing. Hij wilde al zijn aandacht richten op een project waar hij helemaal in geloofde, een project waarvan hij dacht dat het van grote betekenis zou zijn voor het bedrijf waar hij werkte. Maar niemand leek zijn overtuiging te delen en telkens weer kreeg hij taken toegeschoven die hem van zijn project afhielden. Hij besloot vuur met vuur te bestrijden. Om de hoek van zijn kantoor was zijn favoriete koffiebar, waar de sfeer ontspannen was en de vanilla latte onweerstaanbaar lekker. In plaats van 's ochtends direct naar kantoor te gaan, 'trakteerde' hij zichzelf elke ochtend op drie kwartier in zijn favoriete koffiebar, op voorwaarde dat hij deze tijd zou gebruiken om aan zijn project te werken. Hij maakte bewust geen gebruik van het in de bar beschikbare wifinetwerk, zodat hij niet kon worden afgeleid. Na enige tijd gaf hij de gewoonte op om hier 's ochtends naartoe te gaan en kwam hij er juist op andere momenten van de dag, maar het bleef zijn projectplek, een plek die de beloning was voor zijn gedragsverandering.

'Ach, wat maakt het ook uit!'

Aan een groep van proefpersonen was gevraagd om enige tijd voor het onderzoek niet te eten. Direct na aankomst kreeg een deel van de groep twee stevige milkshakes te drinken, voldoende om je meer dan voldaan te voelen; het andere deel van de groep kreeg niets. Iedereen werd vervolgens meegenomen voor, zo werd hun verteld, een smaakproef. Elke deelnemer werd een aparte ruimte binnengeleid waar grote schalen met koekjes en crackers gereedstonden, en gevraagd om de smaak te beoordelen. De mensen die nog niets hadden gehad, aten redelijk veel van de koekjes en crackers; degenen die al twee milkshakes ophadden, namen slechts een hapje van alles, gaven een oordeel over de smaak en verlieten dan de ruimte. Dit was wat iedereen deed – behalve de mensen die op dieet waren. Die deden precies het tegenovergestelde! De mensen die op dieet waren en al twee milkshakes hadden gehad, aten zelfs nog meer koekjes en crackers dan de lijnende proefpersonen die al geruime tijd niets hadden gegeten.[8]

Waarom? Bij nieuwe uitvoeringen van hetzelfde experiment zagen onderzoeker Peter Herman en zijn collega's dit patroon zich telkens herhalen. Dit overmatige eten van mensen die op dieet zijn, noemden ze 'contrareglementair eten', maar ik gebruik liever de term die Roy Baumeister muntte: het 'ach, wat maakt het ook uit'-effect. De lijnende proefpersonen die hun dieetregels met de twee milkshakes al hadden overtreden, verloren daarmee alle wilskracht. Ze dachten: ach, wat maakt het ook uit. Ik heb me vandaag toch al niet aan de regels gehouden, dan kan ik er maar beter van genieten ook en morgen opnieuw beginnen. Het risico is dan echter dat dat 'ach, wat maakt het ook uit'-gevoel ook de volgende dag nog merkbaar is en de dag daarop... en dat is dan het einde van het dieet.

Het 'ach, wat maakt het ook uit'-gevoel is een gevaarlijk moment bij elke poging tot gedragsverandering. Bij elke gedragsverandering is er sprake van een verleiding die je moet weerstaan. Voor de meesten van ons geldt dat we wel eens voor de verleiding bezwijken of dat we ons gedwongen zien om af te wijken van de regels die bij onze nieuwe gewoonte horen, zoals de lijnende proefpersonen die twee milkshakes moesten drinken. Op een gegeven moment komt er een dringend telefoontje dat de beste voornemens doorkruist of doet zich een crisis voor bij het project waaraan je werkt en zit je weer tot diep in de nacht achter je computer. Of je er op de langere termijn in slaagt om de drukte de baas te worden, staat of valt niet met een enkele terugval in je oude gedrag, maar wel met hoe snel en met hoeveel vasthoudendheid je de draad van je gedragsverandering weer oppakt.

Denk dus niet alleen na over welk gedrag je wilt veranderen, maar ook over hoe je zo snel mogelijk de draad weer kunt oppakken als je voor de verleiding van je oude gedrag bent bezweken.

Stel dat je je hebt voorgenomen om je smartphone 's avonds uit te doen, zodat je er dan ook echt bent voor je gezin. Wees er direct vanaf het begin op voorbereid dat je dat misschien niet elke avond gaat lukken en maak met jezelf een of meerdere van de volgende afspraken om te voorkomen dat een terugval tot het doodbloeden van je voornemen leidt:

- Stuur jezelf, elke keer dat je je telefoon 's avonds toch hebt gebruikt, een mailtje waarin je verwoordt wat je je hebt voorgenomen en waarom. Het begin van de nieuwe dag biedt dan een nieuwe kans.
- Vraag je partner om je erop te wijzen als je 's avonds toch je telefoon gebruikt en om jou in dat geval de vraag te stellen: 'Oké, vanavond is het je niet gelukt om je aan je voornemen te houden, maar zullen we afspreken dat je morgen gewoon opnieuw begint met het 's avonds uitzetten van je telefoon?'
- Sta jezelf toe om een beperkt aantal 'telefoonjokers' in te zetten. Zo geef je jezelf de kans om een paar keer per maand toch 's avonds je telefoon te gebruiken, zonder dat je je daar schuldig over hoeft te voelen. Op zo'n avond zet je gewoon een joker in als toestemming aan jezelf. Met deze tactiek schep je een veilige ruimte waarbinnen je van je nieuwe gedrag kunt afwijken. Wanneer je dan in je oude gedrag vervalt, heb je de regels niet overtreden.

Diepgaande verandering

Soms zijn er van die dingen die zich maar niet laten veranderen, hoe hard je je best ook doet. Ik denk dat dat voor velen van ons geldt waar het onze huidige manier van leven betreft: ondanks alle tips en strategieën die we hebben uitgeprobeerd, blijven we even hopeloos tekortschieten in gerichte aandacht en betrokkenheid. Als dit ook bij jou het geval is, als al die technieken en vermaningen bij jou niet werken, maar je wel graag wilt veranderen, zul je dieper moeten gaan. Om met succes te veranderen zul je je niet alleen op je *gedrag* moeten richten, maar ook op *jezelf*.

Technische en adaptieve problemen

Bij een proces van verandering kunnen we met twee verschillende soorten problemen te maken krijgen. De ene soort problemen kan worden opgelost door het vergaren van informatie, door oefening en door het ontwikkelen van de juiste vaardigheden. Ronald Heifetz, een leiderschapsdeskundige, spreekt in dit soort gevallen van 'technische problemen'.[9] Technische problemen zijn niet per se eenvoudig of onbelangrijk, maar er zijn helder omschreven manieren om het probleem op te lossen. Voorbeelden van technische problemen kunnen variëren van het binnen een minuut oplossen van de kubus van Rubik tot het veilig laten landen van een gevechtsvliegtuig op een vliegdekschip. Hoe complex of lastig een technisch probleem ook is, je kunt door leren en oefenen het probleem in principe tot een oplossing brengen.

Adaptieve problemen zijn van een heel andere orde. Er is sprake van een adaptief probleem als er niet een eenduidige manier is om het op te lossen, als er geen bewezen oplossing of gebruiksaanwijzing voor is. Een probleem wordt adaptief genoemd als de enige oplossing ervoor gelegen is in de persoon die met het probleem te maken heeft, in een verandering van zijn manier van denken, zijn overtuigingen, zijn aannames. Telkens weer zie ik hoe mensen maar blijven zoeken naar 'de oplossing' voor problemen waar ze al jaren mee rondlopen. Omdat ze hun probleem als een technisch probleem zien, zoeken ze naar technische oplossingen, op basis waarvan ze een plan van aanpak bedenken dat vervolgens jammerlijk faalt. En dat telkens opnieuw. Wat ze zouden moeten doen is niet het probleem oplossen, maar zichzelf veranderen om van daaruit een stap vooruit te kunnen doen. De wens om af te vallen is hier een klassiek voorbeeld van. Dit lijkt een vrij helder en duidelijk probleem waarvoor een even heldere en duidelijke oplossing is: minder eten en meer bewegen. Wie echter zelf bij herhaling met dit probleem te maken heeft gehad, is vermoedelijk bekend met de cyclus van hoop en wanhoop bij elk nieuw dieet. Een technische oplossing biedt in dergelijke gevallen zelden langdurig uitkomst. De aangewezen oplossing is gelegen in een fundamentele verandering van de wijze waarop degene die wil afvallen omgaat met eten en beweging.

Als jij denkt dat de verandering die je nastreeft een adaptieve uitdaging is (en de kans is zeer groot dat dat zo is), dan zal wat nu volgt beslist interessant voor je zijn.

Concurrerende doelstellingen

We hebben vaak goede en zelfs dwingende redenen om de dingen te doen zoals we ze doen en verandering te vermijden. Als we besluiten om de dingen wel anders aan te pakken, zijn deze redenen, door Robert Kegan onze 'concurrerende doelstellingen' genoemd, niet zomaar verdwenen. Deze concurrerende doelstellingen verzetten zich tegen de door ons gewenste verandering.[10] Deze doelstellingen hebben geen oog voor de eventuele voordelen van een verandering, voor de behoeften waarin deze verandering zou kunnen voorzien, want ook zij komen voort uit behoeften die we hebben, en die behoeften zijn vaak zeer diepgeworteld. Als we deze concurrerende doelstellingen niet blootleggen, weten we niet waartegen we vechten en zullen we vaker wel dan niet vastlopen bij onze pogingen tot verandering.

Om dit te illustreren, zal ik een voorbeeld geven uit mijn eigen ervaring. Al sinds mijn afstuderen wil ik een boek schrijven. Ik ben diverse keren zo half-en-half begonnen, maar zonder dat het ooit echt tot iets leidde. De hele tijd vertelde ik iedereen onbekommerd: 'Ik ga een boek schrijven.' Zo'n zes jaar geleden was ik dan eindelijk serieus begonnen met onderzoek doen, maar het duurde nog eens vier jaar voor ik daadwerkelijk pen op papier zette. In de tussentijd had ik mijn verhaal veranderd in: 'Ik ben een boek aan het schrijven.'

Het was dan ook logisch dat mensen me af en toe vroegen of ik al opschoot met mijn 'boek'. Het begon een beetje gênant te worden! Maar ik had mijn antwoord klaar. Ik legde uit dat ik het erg 'druk' had (ja, ik gebruikte precies dát woord) en dat ik zoveel moest reizen. Daarmee gaf ik in feite aan dat als ik echt met mijn boek aan de slag wilde, ik daarvoor tijd zou moeten opofferen die ik anders aan mijn gezin zou besteden. Niemand stelde dit ter discussie. Ook ik niet. Daarin kwam pas verandering toen ik mijn eigen advies ter harte nam: ik besloot om te achterhalen waarom ik geen vooruitgang boekte met iets wat ik al jaren zo graag wilde doen. Ik stelde mezelf de opdracht om mijn concurrerende doelstellingen bloot te leggen aan de hand van de oefening die ik zo meteen zal beschrijven. Ik kwam er al gauw achter dat mijn 'verklaring' een uitvlucht was en geen reden. De echte reden was angst. Ik had een grote, onuitgesproken angst die zich telkens wanneer ik echt aan de slag leek te gaan deed gelden. Ik was bang dat ik niets te melden had. Ik was er benauwd voor dat zou blijken dat ik niet kon schrijven. Ik was er als de dood voor dat ik zou falen en daarmee mijn identiteit zou verliezen als 'die briljante vent die een boek gaat schrijven'.

Zoals je je kunt voorstellen zou een *technische* oplossing in de vorm van tijdmanagement of prioriteiten stellen me weinig verder hebben geholpen. Ik zou pas echt een stap vooruit kunnen doen als ik mijn angst een naam zou geven en recht in de ogen zou kijken. Dat ik dit boek ben gaan schrijven is niet te danken aan een technische oplossing: ik ben niet gaan schrappen in mijn agenda, ik ben niet gaan snoeien in verplichtingen. Het is zelfs zo dat ik in het jaar waarin ik dit boek heb geschreven harder heb gewerkt dan ooit (en dan tel ik het werken aan mijn boek niet mee). De oplossing die echt werkte voor mij was om te gaan schrijven – voor een publiek – en me open te stellen voor feedback. Ik begon een blog. Door te bloggen kon ik ervaring opdoen en de proef op de som nemen. Ik deed ervaring op in het schrijven en ik kreeg feedback. Het was voor mij een manier om erachter te komen of ik een belabberde schrijver was, of ik weinig te zeggen had, en of ik daar vrede mee zou hebben.

De reden waarom ik dit hier vertel is niet om mezelf een schouderklopje te geven of om een banaal motivatiepraatje af te steken. Mijn reden is eenvoudig deze: ik ben psycholoog van beroep en toch heb ik mezelf meer dan tien jaar voor de gek gehouden over de reden waarom ik niet schreef. Ik heb mezelf halve waarheden en uitvluchten op de mouw gespeld. En toch, toen ik eenmaal zover was dat ik wilde begrijpen waarom er niets veranderde, toen ik eenmaal vastbesloten was om onder de oppervlakte te duiken, bleek het niet zo moeilijk om de waarheid bloot te leggen – en de waarheid veranderde alles.

Wat zijn jouw concurrerende doelstellingen?

De door Kegan beschreven methode om concurrerende doelstellingen bloot te leggen is in de kern heel simpel. In plaats van dat je je richt op dat wat je wilt veranderen, stel je eerst heel specifiek voor jezelf vast wat je huidige gedrag is, wat je wel of wat je juist niet doet. Als je veranderdoel bijvoorbeeld is om meer te focussen op werk waar jij waarde aan hecht, zou je dingen kunnen vaststellen als 'Ik zeg overal "ja" op', 'Ik heb mijn mailprogramma altijd openstaan', 'Ik laat het meest dringende voorgaan en niet het meest belangrijke', om maar een paar voorbeelden te noemen. In mijn geval zou de lijst zijn begonnen met 'Ik ben helemaal niet aan het schrijven'. Maak voor jezelf een dergelijke lijst. In deze fase hoef je nog geen verklaringen te vinden, je hoeft alleen maar in beeld te krijgen wat je precies wel of juist niet doet.

Bij de volgende stap begint het interessant te worden. Neem je lijst punt voor punt door en stel je voor hoe het zou zijn als je niet doet wat je hebt opgeschreven, maar precies het tegenovergestelde – dat wat je eigenlijk zou moeten doen om je veranderdoel te kunnen bereiken. Sommige punten zullen weinig reactie bij je oproepen, andere zullen een onmiskenbare weerstand bij je wekken – een 'bah!'-effect. Wanneer je een gevoel van onrust of ongemak bij jezelf bespeurt, heb je vaak beet. Vraag jezelf: 'Welke angst of welke zorg veroorzaakt dit gevoel?' en geef die angst of zorg een naam. De volgende vraag is: 'Wat is de concurrerende doelstelling waaraan ik vasthoud en die het me onmogelijk maakt de verandering die ik nastreef te realiseren?'

Deze methode kan veel bij je losmaken. Een vriend van mij heeft deze oefening gedaan. Zijn doelstelling was om weer fit genoeg te worden om opnieuw aan marathons mee te kunnen doen. Jarenlang boekte hij frustrerend weinig vooruitgang. Hij trainde wel, maar echt inspannend waren die trainingen niet en veel regelmaat zat er ook niet in. Bovendien was hij er niet lichter op geworden. Bij het nalopen van de punten op zijn lijst en het zich voorstellen hoe het zou zijn om precies het tegenovergestelde te doen, merkte hij weinig emotie bij zichzelf tot hij bij het punt kwam 'Bij het hardlopen doe ik rustig aan en zoek ik niet de grens op'. Toen hij zich voorstelde hoe het zou zijn om juist wel de grens van zijn kunnen op te zoeken, voelde hij weerstand. Zelfs een dag later, toen hij me erover vertelde, werd hij nog zo emotioneel dat de tranen hem in de ogen sprongen. De oorzaak van deze emotie en de oorzaak van zijn onvermogen echt te trainen was een diepgewortelde angst, de angst om oud te worden. Wat hem als een mokerslag had getroffen was het besef dat hij zich tot doel had gesteld om zich jong en vitaal te voelen. Telkens wanneer hij met hardlopen de grens opzocht, deed zijn lijf pijn en voelde hij zich oud. Het waren voor hem de momenten die hem confronteerden met zijn lichamelijke aftakeling. Precies datgene waar hij zich op de lange duur jonger door zou voelen, gaf hem op de korte termijn het gevoel oud te zijn – en het gevoel oud te zijn riep een enorme weerzin bij hem op. Het doet me deugd te kunnen zeggen dat hij weer hardloopt, dat hij is afgevallen en dat hij ook weer aan wedstrijden meedoet.

Uit eigen ervaring en afgaand op wat ik bij anderen heb gezien, denk ik dat de kracht van deze methode schuilt in de nietsontziende duidelijkheid die hij verschaft. Wanneer je de onderliggende oorzaken van het vastlopen eenmaal hebt blootgelegd, dient de oplossing zich vaak al vanzelf aan. De weg die naar je doel voert is er vaak een van al doende leren, van het uitproberen van mogelijkheden. Wat je dan in feite doet is je catastrofale angsten aan de werkelijkheid toetsen, waardoor je ze anders kunt duiden. Je biedt jezelf de ruimte voor andere, gezondere interpretaties. Verandering is niet alleen maar dingen anders doen; het is een proces van groei en van toenemend zelfbewustzijn.

Verandering is iets wat we allemaal veel meer zouden moeten nastreven om in deze overvolle wereld te kunnen floreren.

DE DRUKTE VOORBIJ
KERNGEDACHTEN

Verandering is moeilijk. Uit onderzoek blijkt telkens weer dat **goede voornemens** alleen niet voldoende zijn – evenmin als een motivatie om te veranderen.

Zeven strategieën

- De makkelijke weg leidt naar drukte en de acceptatie dat het nu eenmaal is zoals het is. Om je hieraan te ontworstelen moet je eerst **helder voor ogen** krijgen welk gedrag je binnen welke **context** wilt veranderen.
- **Begin heel klein.** Maak gebruik van het feit dat we geneigd zijn tot consistentie en denk van tevoren na over hoe je op dit kleine begin kunt voortbouwen.
- Zorg er altijd voor dat je helder in beeld hebt wat je volgende stap zal zijn.
- Maak gebruik van sociale beïnvloeding. Vertel iemand die je hoog hebt zitten over je voornemen tot verandering en vraag diegene om jou aan je voornemen te houden en geen excuses te accepteren!
- Maak jezelf nieuwe, gezondere gewoontes eigen door ze deel te laten uitmaken van reeds bestaande gewoontes.
- Het behaviorisme leert ons dat gedrag dat onmiddellijk beloond wordt beter beklijft. Hoe kun je jezelf het beste direct belonen voor het door jouw gewenste gedrag?
- Het gebeurt ons allemaal wel eens dat we ons niet aan onze voornemens houden. Trap niet in de valkuil om op zo'n moment te zeggen 'Ach, wat maakt het ook uit' en het op te geven, maar pak de draad van je gedragsverandering weer zo snel mogelijk op!

Diepgaande verandering

- Problemen kunnen **technisch of adaptief** van aard zijn. Technische problemen laten zich oplossen met behulp van kennis, vaardigheid en oefening. Voor **adaptieve problemen** bestaan dergelijke helder omschreven oplossingen niet; ze vereisen een **verandering bij jezelf**, bewustwording en persoonlijke groei.
- Wanneer **verandering een worsteling is** en poging na poging mislukt, blijkt vaak dat er technische oplossingen worden gezocht voor een **adaptief probleem**.
- Om een adaptief probleem op te lossen en om een stap in de richting van verandering te kunnen zetten, moeten we onze **concurrerende doelstellingen** blootleggen, moeten we helder in beeld krijgen welk huidig gedrag de verandering die we nastreven tegenhoudt.

Wat ik heb geleerd

Als floreren in deze overvolle wereld een adaptieve uitdaging is, wat heb ik dan geleerd? Laat ik vooropstellen dat ik het probleem 'drukte' zeker niet heb opgelost. Het is iets waaraan ik werk en zal blijven werken, maar het schrijven van dit boek heeft me enorm vooruitgeholpen. Ik heb dingen over mezelf geleerd en ik heb dingen geleerd over hoe ik deze overvolle wereld beter tegemoet kan treden. Sommige van deze inzichten heb ik met moeite verworven, maar ik ervaar ze allemaal als waardevol. Ik zal niet beweren dat alle lessen die ik heb geleerd voor jou van evenveel belang zullen zijn, want uiteindelijk moet iedereen zijn eigen weg vinden. Ik deel mijn inzichten zoals een medereiziger je een restaurant of een bezienswaardigheid zou aanbevelen. Het zijn mijn ervaringen; het is aan jou om te bepalen of je er iets aan hebt.

Moeilijke keuzes

Ik heb dit jaar te veel hooi op mijn vork genomen. Ik heb te hard gewerkt. Ik ben uitgeput. Dat het te veel is geweest is niet te wijten aan een slechte planning, maar aan het uit de weg gaan van moeilijke keuzes. Het is me glashelder geworden dat de eerste horde die ik nu zal moeten nemen is te leren een juiste inschatting te maken van hoeveel tijd iets kost; de tweede uitdaging die mij wacht is te leren om niet overal 'ja' op te zeggen. Een paar jaar lang, tijdens de wereldwijde crisis, moest ik alles aannemen wat ik maar kon vinden. Achteraf gezien waren de gemiste inkomsten niet het grootste probleem. Wat ik van die tijd vooral overhield was een angst dat ik misschien wel niet meer zou worden gebeld. Het is deze angst die me er dit jaar toe heeft verleid om tegen te veel dingen 'ja' te zeggen. Wat dit jaar me heeft opgeleverd is dat deze angst is blootgelegd. Ik kan mijn angst nu benoemen en aanpakken.

Focus

Dat ik te veel hooi op mijn vork heb genomen terwijl ik dit boek schreef, heeft ook een positief effect gehad: ik heb me meer dan ooit moeten focussen. Over de theorie waarom het zo belangrijk is om de dingen met aandacht te doen heb ik eerder in dit boek al uitgebreid gesproken. Op deze plaats wil ik vertellen wat deze les voor mij persoonlijk heeft betekend. Ik was verbaasd over hoeveel werk ik kon afstoten, aan anderen kon overdragen of in omvang kon terugbrengen. Ik zal niet beweren dat dat nooit verkeerd uitpakte, maar het was altijd in die mate dat de nadelen in het niet vielen bij de voordelen.

Een voorbeeld hiervan is mijn voorbereiding van de managementbijeenkomsten die ik leid. Deze bijeenkomsten zijn altijd toegesneden op specifieke wensen en situaties en het was voor mij dan ook geen optie om te bezuinigen op de tijd die ik besteed aan de gesprekken die ik vooraf met de betrokkenen voer. Maar waar ook heel veel tijd in ging zitten was in het uitschrijven van voorstellen voor een mooie powerpointpresentatie. De lange Worddocumenten hebben, tot tevredenheid van mijn klanten, plaatsgemaakt voor een presentatie van de 'grote lijnen', die veel eenvoudiger, korter en sneller te verwoorden zijn. Inmiddels laat ik in veel gevallen ook de powerpointpresentatie achterwege. Als mijn aandacht niet wordt afgeleid door de presentatie op het scherm en ik zonder hulpmiddelen (als het ware 'naakt') op het podium sta, heb ik maar één keus: ik kan me dan alleen nog maar op de aanwezigen en op het moment richten. Het heeft me gestimuleerd om meer op mezelf te vertrouwen.

Het gaat niet om tijd

Ik had vermoedelijk geen slechter jaar kunnen uitkiezen om een boek te schrijven. Ik had er geen tijd voor en toch is het me gelukt. Niet zonder er soms een prijs voor te moeten betalen, maar het is me gelukt, en dat voelt goed. Het heeft me duidelijk gemaakt hoe belangrijk het is om de dingen in de juiste volgorde te doen. Stephen Covey had gelijk: bij het vullen van de pot moet je eerst de grote stenen kiezen, de dingen die voor jou het belangrijkst zijn. Pas daarna kijk je waar er nog ruimte over is voor de kiezels, de dingen die minder belangrijk zijn. Ik zou dit boek nooit hebben geschreven als ik het niet gewoon had aangepakt en me pas daarna met de consequenties ervan had beziggehouden. Ja, ik had mijn pot met wat minder kiezels moeten opvullen, maar of het goed was om te kiezen voor die grote steen die het schrijven van dit boek was, daarover heb ik geen enkele twijfel.

Verspilde tijd

Toen ik net was begonnen met het schrijven aan dit boek was ik hypergestimuleerd en liet ik nauwelijks tijd over om onbelangrijke dingen te doen. Ik zoog informatie op, ik schreef, ik werkte – onophoudelijk. Ik moest leren om doelbewust onproductief en verveeld te zijn en ik doe het nu zo vaak als ik kan op die momenten dat nietsdoen het meest natuurlijk is. Zo neem ik niet langer mijn telefoon of mijn Kindle mee als ik een afspraak heb bij de kapper of de dokter. De tijd die verloren gaat met wachten op vliegvelden (vanwege veiligheidscontroles en andere zaken) laat ik nu welbewust verloren gaan. Wanneer ik autorijd of loop, luister ik (meestal) niet naar muziek. Mijn verspilde tijd is mij dierbaar geworden. Ik denk niet dat ik dit boek had kunnen schrijven zonder zoveel tijd te verspillen.

Grote porties

De strategie die voor mij bij het schrijven van dit boek en ook bij mijn andere werkzaamheden het meest opzienbarende verschil heeft gemaakt is het opdelen van mijn tijd in grote porties. Ik hoor andere schrijvers vaak zeggen dat ze elke dag met hun boek bezig moeten zijn omdat ze er anders 'uit raken', dat ze elke dag op een vaste tijd een paar uur schrijven. Voor mij werkt dat absoluut niet. Ik werk en schrijf op mijn best wanneer ik echt lange tijd achter elkaar kan doorwerken. Een groot deel van wat ik had geschreven tijdens een vliegreis of wanneer ik 's avonds een uurtje overhad, heb ik uiteindelijk niet gebruikt. Ik bleek het beste te werken wanneer ik een hele dag voor het schrijven aan mijn boek vrijmaakte en me volledig in een hoofdstuk kon onderdompelen.

Hoewel ik voor mijn andere werkzaamheden geen hele dag hoef vrij te maken, heb ik mezelf wel aangewend om ook hiervoor ruimere porties tijd in te plannen en dingen als het lezen en beantwoorden van e-mails tussendoor te doen. Dat werkt echt perfect voor mij.

Een eigen tijd en plek

Vanuit het principe van de grote porties ben ik begonnen met dingen een eigen tijd en plek te geven. Een wereldschokkend idee is het zeker niet, maar voor mij werkt het uitstekend. Wat ik doe is een tijd en een plek afbakenen om me daarbinnen aan een enkele taak te wijden. Zo heb ik de tijd die ik vanavond in een vliegtuig doorbreng gekoppeld aan het voorbereiden van een congres. Dit levert me een aantal voordelen op: ik blijf niet rondlopen met de gedachte dat ik dit ook nog moet doen, want ik heb deze taak een eigen tijd en plek gegeven; ik profiteer van het Zeigarnik-effect, want als ik naar het vliegveld ga weet ik al welke taak me straks wacht; en ik hoef niet meer te beslissen wat ik tijdens mijn vlucht ga doen omdat ik die beslissing al van tevoren, weloverwogen heb genomen zodat ik me ook sneller echt aan het werk kan zetten.

Uit het oog, uit het hart

Voor het probleem van het aldoor maar checken van mijn mail en telefoon heb ik een simpele oplossing gevonden: uit het oog, uit het hart. Ik sluit mijn Outlook en schakel alle meldfuncties uit. Ik bewaar het checken van mijn mail voor momenten tussendoor wanneer ik moe ben van andere dingen doen. Ik let erop dat mijn telefoon 's nachts en 's avonds uit mijn zicht is. Ik heb hem vaak wel bij me, en ik neem ook op als ik gebeld word, maar ik zal hem nooit op het keukenaanrecht aan de lader leggen... Dat zou gewoon een te grote verleiding zijn!

Rituelen

Ik heb het eerder al gehad over de 'drie-koppen-thee-ochtenden', een ritueel van mijn vrouw en mij. Ook in dit fantastisch gekke jaar hebben we aan rituelen als dit vastgehouden. Als iets eenmaal tot een ritueel is verheven, als iets eenmaal een naam heeft gekregen, dan blijkt het met meer regelmaat en ook vaker te gebeuren. Onze drie koppen thee zijn cruciaal geweest voor de souplesse waarmee we dit jaar hebben doorstaan, samen.

Aanwezigheid is meer dan alleen tijd

De tijd mag dan vaak krap zijn geweest, en ik mag dan vaak onderweg zijn geweest of me in mijn kantoor hebben afgezonderd, ik heb er hard aan gewerkt om er voor mijn kinderen te zijn. Ik ben me ervan bewust dat ik niet alle tijd die ik thuis doorbreng ook aanspreekbaar ben voor hen. Dit jaar heb ik daar wat mee gedaan en heb ik met alle drie mijn kinderen enkele tien-minuten-momenten meegemaakt die ons leven hebben verrijkt en energie hebben gegeven omdat ik me volledig aan het moment en de ervaring heb kunnen overleveren.

Op een gegeven moment, toen ik weer eens een heel weekend in mijn kantoor doorbracht, beloofde ik mijn kinderen, vanuit een gevoel van schuld, dat ik voor elk van hen een groot cadeau zou kopen wanneer ik klaar zou zijn met mijn boek omdat ze zoveel begrip voor me hadden gehad. Een paar dagen later zag ik in hoe verkeerd deze belofte was. Wat zij in het afgelopen jaar hadden gemist, wat ik had gemist, had niets met spullen te maken, maar met tijd, aanwezigheid en betrokkenheid. De volgende dag, tijdens het ontbijt, kondigde ik mijn nieuwe plan aan. Als ik klaar was met mijn boek, zouden ze alle drie een dag vrij van school krijgen. Niet tegelijk, maar elk kind zou een eigen vrije dag krijgen, een dag waarop het de onverdeelde aandacht zou krijgen. Ze mochten deze dag helemaal zelf invullen, om te kunnen doen wat ze zelf het liefst wilden doen. Het belangrijkste was: die dag zouden ze samen met Dulcie en mij doorbrengen; we zouden er die dag helemaal alleen voor hen zijn. Toen ik aankondigde dat ze geen groot cadeau zouden krijgen, maar in plaats daarvan een dag om te vieren dat het boek klaar was, barstten ze alle drie spontaan in juichen uit! Mijn kinderen bleken van nature beter te zijn afgestemd op de principes van het boek dat ik aan het schrijven was dan ik, de auteur zelf! Mijn dochter heeft laten weten dat ze 's ochtends wil gaan zwemmen, daarna lunchen met allerlei lekkere hapjes en 's middags naar het strand wil gaan. Mijn jongste zoon wil samen met ons golfen en uitgebreid ontbijten in een restaurant; en de oudste verheugt zich erop voor het eerst in zijn leven te gaan karten en een bergwandeling te maken.

Meer mezelf

Mijn laatste en belangrijkste inzicht vloeit voort uit het vorige. Het afgelopen jaar is, zoals ik al zei, een zwaar jaar geweest, maar ik heb bij perioden ook zo'n volkomen vervoering gevoeld, momenten waarop ik nauwelijks kon geloven dat ik deed wat ik deed. Het gaf me enorme vreugde, de vreugde van het volgen van mijn weg. Ik was me er vaak van bewust dat ik precies deed wat ik moest doen. Af en toe werd ik getroffen door een vlaag van iets wat nog het meest op opluchting lijkt, opluchting dat ik eindelijk aan het schrijven was. Eenvoudiger gezegd, het voelde precies goed.

Dit heeft op twee manieren iets met me gedaan: ik voelde me gedurende dit intense jaar voortgedreven door een energie en doorzettingsvermogen zoals ik die nog nooit had gevoeld, omdat ik kon putten uit een voor mij ongekend rijke bron van motivatie. Ik heb me door mijn doel laten leiden. Maar wat nog belangrijker voor me is: ik voel me nu ik dit schrijf meer *mezelf* dan een jaar geleden. Ik ben meer geworden wie ik ben. Ik voel me meer in mezelf geworteld, ik voel me meer de persoon die ik wil zijn. Ik ben nog ver verwijderd van wat Carl Jung 'geïndividueerd' zou noemen, maar het gevoel dat ik een beetje meer Tony Crabbe ben is in ieder geval een goed begin.

Hiermee besluit ik dit boek en laat ik de drukte achter me om samen met mijn gezin te gaan eten.

Veel vliegtuigmaatschappijen zeggen: 'Wij danken u dat u ervoor hebt gekozen om met ons te vliegen.' Ik zou willen zeggen: 'Dank je wel dat je ervoor hebt gekozen om je kostbare aandacht aan mij en aan dit boek te schenken.' Voor vragen kun je contact met me opnemen via mijn website, www.tonycrabbe.com. Voor nu wens ik je alle succes en geluk toe bij het vinden van je eigen weg te midden van alle eisen en afleidingen in je leven.

Tony

Andere boeken om te lezen

Ik heb veel te danken aan de hieronder vermelde schrijvers. Hun onderzoek en hun manier van denken zijn een bron van inspiratie voor me geweest bij het schrijven aan mijn boek. Hun onderzoek vormt het fundament van mijn argumenten, hun voorbeelden zijn de kapstok waaraan ik mijn verhaal heb kunnen ophangen. Als je je in dit onderwerp verder wilt verdiepen kan ik je de onderstaande boeken stuk voor stuk van harte aanbevelen.

David Allen, *Getting Things Done* (in het Nederlands onder dezelfde titel verschenen). Het allerbeste boek over persoonlijke productiviteit

Roy Baumeister, *Willpower* (vertaald als *Wilskracht*). Het meest gezaghebbende overzichtswerk over dit onderwerp

Robert Cialdini, *Influence* (vertaald als *Invloed*). Wereldexpert op het gebied van de psychologie van beïnvloeding

Dave Coplin, *The Rise of the Humans*. Hoe we ons niet door de digitale mogelijkheden moeten laten overstelpen, maar deze tot ons voordeel kunnen aanwenden

Mihaly Csikszentmihalyi, *Flow* (in het Nederlands onder dezelfde titel verschenen). De klassieker over het bereiken van geluk door flow

Charles Duhigg, *The Power of Habit* (vertaald als *Macht der gewoonte*). Verklaart het beste hoe gewoontes werken en hoe je ze kunt veranderen

Viktor Frankl, *Man's Search for Meaning* (vertaald als *De zin van het bestaan*). Een ontroerend verhaal dat krachtige inzichten biedt

Daniel Gilbert, *Stumbling on Happiness* (vertaald als *Stuiten op geluk*). Een boek dat je vrolijk maakt! Geweldig onderzoek, geweldige humor

Daniel Goleman, *Focus* (vertaald als *Aandacht*). Beschrijft het belang en de werking van gerichte aandacht

Jonathan Haidt, *The Happiness Hypothesis* (vertaald als *De geluks-hypothese*). Toegankelijk mix van hedendaagse en klassieke kennis en wijsheid

Edward Hallowell, *CrazyBusy*. Behandelt de overeenkomsten tussen drukte en ADHD

Tim Harford, *Adapt* (in het Nederlands onder dezelfde titel verschenen). Waarom we moeten falen voor we kunnen slagen – geweldig geschreven

Chip en Dan Heath, *Decisive* (vertaald als *Beslist*). Geweldig boek over hoe we beslissingen nemen

Chip en Dan Heath, *Switch* (in het Nederlands onder dezelfde titel verschenen). Een van de beste boeken over hoe je veranderingen kunt realiseren

Arianna Huffington, *Thrive* (vertaald als *Het nieuwe succes*). Inspirerend boek over hoe je kunt floreren in de hedendaagse wereld

Maggie Jackson, *Distracted*. Door dit boek ben ik echt anders gaan denken

Daniel Kahneman, *Thinking, Fast and Slow* (vertaald als *Ons feilbare denken*). Een briljante uitleg van het systeem 1- en systeem 2-denken

Tim Kasser, *The High Price of Materialism*. Biedt inzicht in het onderzoek waarop hoofdstuk 9 is gebaseerd

Robert Kegan en Lisa Laskow Lahey, *Immunity to Change*. Een geweldig boek over diepgaande, adaptieve veranderingen

George Leonard, *Mastery*. Beschrijft de vreugde van het leerproces

Jim Loehr en Tony Schwartz, *The Power of Full Engagement*. Inspirerend boek over het managen van je energie

Steve Peters, *The Chimp Paradox* (vertaald als *De Chimp Paradox*). Een eenvoudig concept dat je helpt om je emoties te managen

David Rock, *Your Brain at Work*. Opmerkelijk begrijpelijke uitleg van de toepassing van neurowetenschappelijke processen

Brigid Schulte, *Overwhelmed*. Fantastisch en zeer belangrijk boek over het onderwerp drukte

Barry Schwartz, *The Paradox of Choice* (vertaald als *De paradox van keuzes*). Zoals de ondertitel al zegt: 'Why more is less' (vertaald als 'Hoe teveel een probleem kan zijn')

Martin Seligman, *Flourish*. Het meest recente boek van de grondlegger van de positieve psychologie

Sherry Turkle, *Alone Together*. Biedt inzicht in hoe we omgaan met de huidige technologische overdaad

Timothy D. Wilson, *Redirect*. Verrassende (en verrassend toepasbare) ontdekkingen over verandering

Noten

Motto

1. Oliver Burkeman, *The Antidote: Happiness for People Who Can't Stand Positive Thinking* (Edinburgh: Canongate Books, 2012). Kindle-editie.

Inleiding: *De drukte de baas*

1. Oliver Burkeman, *The Antidote: Happiness for People Who Can't Stand Positive Thinking* (Edinburgh: Canongate Books, 2012). Kindle-editie.
2. Edward M. Hallowell, M.D. en John J. Ratey, M.D., *Delivered from Distraction: Getting the Most Out of Life with Attention Deficit Disorder* (New York: Ballantine Books, 2006).
3. James Roberts en Stephen Pirog, '150 Times a Day: A Preliminary Investigation of Materialism and Impulsiveness as Predictors of Technological Addictions among Young Adults,' *Journal of Behavioral Addictions* 2, no. 1 (2012): 56-62.
4. Ann Burnett, Denise Gorsline, Julie Semlak en Adam Tyma, 'Earning the Badge of Honor: The Social Construction of Time and Pace of Life.' Publicatie gepresenteerd tijdens het 93e jaarlijkse congress van de NCA, TBA, Chicago, Illinois, 14 november, 2007.

5. Tom W. Smith et al., *General Social Surveys, 1972-2010* (computeruitdraai van gegevens) (Chicago: National Opinion Research Center, 2011). In Brigid Schulte *Overwhelmed: Work, Love, and Play When No One Has the Time* (New York: Sarah Crichton Books, 2014).
6. B.S. McEwen, 'Allostasis and allostatic load: implications for neuropsychopharmacology,' *Neuropsychopharmacology* 22 (2000): 108-124.
7. Martin Hilbert en Priscella Lopez, 'The World's Technological Capacity to Store, Communicate, and Compute Information,' *Science* 332, no. 6025 (april 2011): 60-65.
8. Sarah Radicati, *Email Statistics Report, 2014-2018*. http://www.radicati.com/wp/wp-content/uploads/2014/01/Email-Statistics-Report-2014-2018-Executive-Summary.pdf
9. Gary P. Hayes, Social media counter, http://www.personalizemedia.com/garys-social-media-count.
10. Simon Quicke, 'Nadella sets out mobile and cloud first vision to partners,' *MicroScope*, 17 juli 2014, http://www.microscope.co.uk/news/2240224715/Nadella-sets-out-mobile-and-cloud-first-vision-to-partners. Satya Nadella, CEO van Microsoft, heeft zich in de media regelmatig uitgelaten over deze verwachting dat tegen 2020 drie miljard mensen over een apparaat beschikken waarmee ze toegang hebben tot het internet.
11. Jonathan B. Spira, *Overload! How Too Much Information Is Hazardous to Your Organization* (New Jersey: John Wiley and Sons, 2010).
12. David Foster Wallace, 'Deciderization 2007 – A Special Report' in *Both Flesh and Not: Essays* (New York: Little, Brown and Company, 2012).
13. Martin Hilbert en Priscella Lopez, 'The World's Technological Capacity to Store, Communicate, and Compute Information,' *Science* 332, no. 6025 (april 2011): 60-65.

14. Kennon M. Sheldon en Tim Kasser, 'Pursuing Personal Goals: Skills Enable Progress, but Not All Progress Is Beneficial,' *Personality and Social Psychology Bulletin* 24, 1319-1331.
15. Tim Kasser, *The High Price of Materialism* (Cambridge, MA: A Bradford Book, The MIT Press, 2002).

Hoe te beginnen: *Te druk om dit boek te lezen?*

1. E. Langer, A. Blank en B. Chanowitz, 'The Mindlessness of Ostensibly Thoughtful Action: The Role of "Placebic" Information in Interpersonal Interaction,' *Journal of Personality and Social Psychology* 36, no. 6 (1978): 639-42.
2. Glenn Wilson, onderzoek in opdracht van Hewlett-Packard, uitgevoerd aan het Institute of Psychiatry, University of London, 2005. De resultaten van dit onderzoek, waarbij slechts acht proefpersonen betrokken waren, zijn niet gepubliceerd en wordt hier veeleer genoemd als interessant voorbeeld dan als hard wetenschappelijk bewijs.
3. Gloria Mark, Victor Gonzalez en Justin Harris, 'No Task Left Behind? Examining the Nature of Fragmented Work,' *Proceedings of the Conference on Human Factors in Computer Systems* (Portland, Oregon, 2005), 321-330.
4. 'Multitasking: Switching costs,' American Psychological Association, 20 maart 2006, http://www.apa.org/research/action/multitask.aspx.
5. Nicholas C. Romano, Jr. en J.F. Nunamaker, Jr., 'Meeting Analysis: Findings from Research and Practice,' *Proceedings of the 34th Hawaii International Conference on System Sciences* 1 (1), 2001.
6. Roger K. Mosvick en Robert B. Nelson, *We've Got to Start Meeting Like This!: A Guide to Successful Business Meeting Management* (Glenview, Illinois: Scott, Foresman & Co., 1987).
7. 3M Meeting Management Team en Jeannine Drew, *Mastering*

Meetings: Discovering the Hidden Potential of Effective Business Meetings (New York: McGraw-Hill, 1994).
8. Michael Doyle en David Straus, *How to Make Meetings Work!* (Time Warner International, 1996).
9. R. Buehler, D. Griffin en M. Ross, 'Exploring the "Planning Fallacy": Why People Underestimate Their Task Completion Times,' *Journal of Personality and Social Psychology* 67, no. 3 (1994): 366-381.
10. J.R. Kelly en S.J. Karau, 'Group Decision Making: The Effects of Initial Preferences and Time Pressure,' *Personality and Social Psychology Bulletin* 25 (1999): 1342-1354.
11. John Maeda, *The Laws of Simplicity* (Cambridge, MA: MIT Press, 2006).
12. David Allen, *Getting Things Done* (New York: Penguin Books, 2003).
13. Daniel Gilbert, *Stumbling on Happiness* (New York: Knopf, 2006).
14. Ron Gutman, 'The Hidden Power of Smiling,' (TED talk, maart 2011), http://www.ted.com/talks/ron_gutman_the_hidden_power_of_smiling.html.
15. Ernest L. Abel en Michael L. Kruger, 'Smile Intensity in Photographs Predicts Longevity,' *Psychological Science* 21, no. 4 (2010): 542-544.

Hoofdstuk 1: *Stop met het managen van je tijd! (... en ga surfen)*

1. Basex Survey, 'The Knowledge Worker's Day: Our Findings,' 2010, http://www.basexblog.com/2010/11/04/our-findings.
2. W.W. Eaton, J.C. Anthony, W. Mandel en R. Garrison, 'Occupations and the Prevalence of Major Depressive Disorder,' *Journal of Occupational and Environmental Medicine* 32 (1990): 1079-1087.
3. Martin E.P. Seligman, *Flourish: A Visionary New Understanding of Happiness and Well-being* (New York: Free Press, 2011).

4. Michael A. DeDonno en Heath A. Demaree, 'Perceived Time Pressure and the Iowa Gambling Task,' *Judgment and Decision Making* 3, no. 8 (2008): 636-640.
5. 'Laird Hamilton takes on Teahupoo,' YouTube video, posted by 'bonedry,' 10 mei 2008, https://www.youtube.com/watch-?v=pYQQtxb8wvo.
6. Brené Brown, *Daring Greatly: How the Courage to Be Vulnerable Transforms the Way We Live, Love, Parent, and Lead* (New York: Gotham Books, 2012).
7. Debora Spar, *Wonder Women: Sex, Power, and the Quest for Perfection* (New York: Sarah Crichton Books, 2013).
8. S.F. Maier en M.E.P. Seligman, 'Learned Helplessness: Theory and Evidence,' *Journal of Experimental Psychology: General* 105, no. 1 (1976): 3-46.
9. Amy F.T. Arnsten, 'The Biology of Being Frazzled,' *Science* 280, no. 5370 (12 juni 1998): 1711-1712.
10. Victor E. Frankl, *Man's Search for Meaning* (Londen: Rider Books for Ebury Publishing, 2004).
11. Michael J. Apter, *Reversal Theory: Motivation, Emotion and Personality* (Florence, KY: Routledge, 1989).

Hoofdstuk 2: *Maak keuzes (Kempvissen en het gevaar van overconsumptie)*

1. B. Wansink en J. Sobal, 'Mindless Eating: The 200 Daily Food Decisions We Overlook,' *Environment and Behavior* 39, no. 1 (2007): 106-123.
2. Daniel Kahneman, *Thinking, Fast and Slow* (New York: Farrar, Straus and Giroux, 2012).
3. G.P. Cipriani en A. Zago, 'Productivity or Discrimination? Beauty and the Exams,' *Oxford Bulletin of Economics and Statistics* 73, issue 3 (2011): 428-447.
4. B.C. Madrian en D.F. Shea, 'The Power of Suggestion: Inertia in

401(k) Participation and Savings Behavior,' *The Quarterly Journal of Economics* 116, issue 4 (2001): 1149-1187.

5. N.J. Goldstein, R.B. Cialdini en V. Griskevicius, 'A Room with a Viewpoint: Using Social Norms to Motivate Environmental Conservation in Hotels,' *Journal of Consumer Research* 35 (2008): 472-482.
6. Paul C. Nutt, 'The Identification of Solution Ideas During Organizational Decision Making,' *Management Science* 39: 1071-1085.
7. Chip en Dan Heath, *Decisive: How to Make Better Choices in Life and Work* (New York: Crown Business, 2013).
8. Shane Frederick, Nathan Novemsky, Jing Want, Ravi Dhar, Stephen Nowlis, 'Opportunity Cost Neglect,' *Journal of Consumer Research* 36 (2009): 553-561.
9. S. Danziger, J. Levav en L. Avnaim-Pesso, 'Extraneous Factors in Judicial Decisions,' *PNAS* 108, no. 17 (26 april 2011): 6889-6892.
10. Jiwoong Shin en Dan Ariely, 'Keeping Doors Open: The Effect of Unavailability on Incentives to Keep Options Viable,' *Management Science* 50, no. 5 (mei 2004): 575-586.
11. Brian Wansink, James E. Painter en Jill North, 'Bottomless Bowls: Why Visual Cues of Portion Size May Influence Intake,' *Obesity Research* 13, no. 1 (januari 2005): 93-100.
12. Nassim Nicholas Taleb, *Antifragile: Things That Gain from Disorder* (New York: Random House, 2014).

Hoofdstuk 3: *Aandachtmanagement (Zet je grijze cellen aan het werk)*

1. Edward M. Hallowell, M.D., *CrazyBusy: Overstretched, Overbooked, and About to Snap!* (New York: Ballantine Books, 2006).
2. Maggie Jackson, *Distracted: The Erosion of Attention and the Coming of the Dark Age* (New York: Prometheus Books, 2008).
3. A.D. DeSantis, E. Webb en S. Noar, 'Illicit Use of Prescription

ADHD Medications on a College Campus: A Multi-Methodological Approach,' *Journal of American College Health* 57, no. 3 (2008): 315-323.

4. J.C. Welch, 'On the Measurement of Mental Activity through Muscular Activity and the Determination of a Constant Attention,' *American Journal of Physiology* 1, no. 3 (1 mei, 1898): 283-306.
5. H. Pashler, J.C. Johnston en E. Ruthruff, 'Attention and Performance,' *Annual Review of Psychology* 52 (februari 2001): 629-651.
6. David Rock, *Your Brain at Work: Strategies for Overcoming Distraction, Regaining Focus, and Working Smarter All Day Long* (New York: Harper-Business, 2009).
7. David Allen, *Getting Things Done* (New York: Penguin Books, 2003).
8. D.F. Gucciardi en J.A. Dimmock, 'Choking Under Pressure in Sensorimotor Skills: Conscious Processing or Depleted Attentional Resources?' *Psychology of Sport and Exercise* 9, issue 1 (januari 2008): 45-59.
9. E.J. Masicampo en R.F. Baumeister, 'Consider it Done!: Plan Making Can Eliminate the Cognitive Effects of Unfulfilled Goals,' *Journal of Personality and Social Psychology* 101, no. 4 (2011): 667-683.
10. Ad Kerkhof, *Piekeren* (Meppel: Boom uitgevers, 2007).
11. Joe Brownstein, 'Planning "Worry Time" May Help Ease Anxiety,' *LiveScience*, 26 juli 2011, http://www.livescience.com/15233-planning-worry-time-ease-anxiety.html.
12. D.E. Meyer en D.E. Kieras, 'A Computational Theory of Executive Cognitive Processes and Multiple-Task Performance: Part 1. Basic Mechanisms,' *Psychological Review* 104, no.1 (januari 1997): 3-65.

    D.E. Meyer en D.E. Kieras, 'A Computational Theory of Executive Cognitive Processes and Multiple-Task Performance: Part 2.

Accounts of Psychological Refractory-Period Phenomena,' *Psychological Review* 104, no.1 (januari 1997): 749 - 791.

13. Teresa Amabile, Constance N. Hadley en Steven J Kramer, 'Creativity Under the Gun,' *Harvard Business Review* 80, no. 8 (augustus 2002): 52-61.
14. Jonathan B. Spira, *Overload! How Too Much Information Is Hazardous to Your Organization* (New Jersey: John Wiley and Sons, 2010).
15. E. Ophir, C. Nass, A.D. Wagner, 'Cognitive Control in Media Multitaskers,' *PNAS* 106, no. 37: 15583-15587.
16. S. Adam Brasel en James Gips, 'Media Multitasking Behavior: Concurrent Television and Computer Usage,' *Cyberpsychology, Behavior, and Social Networking* 14, no. 9 (2011): 527-534.
17. Gloria Mark, Victor Gonzalez en Justin Harris, 'No Task Left Behind? Examining the Nature of Fragmented Work,' *Proceedings of the Conference on Human Factors in Computer Systems* (Portland, Oregon, 2005), 321-330.
18. Geciteerd in Dave Coplin, *The Rise of the Humans: How to Outsmart the Digital Deluge*, (Groot-Brittannië: Harriman House, 2014), Kindle-editie, locatie 225.
19. Gloria Mark en Jennifer Robison, 'Too Many Interruptions at Work?: Office Distractions Are Worse Than You Think—and Maybe Better,' *Business Journal* (8 juni 2006), http://www.gallup.com/businessjournal/23146/Too-Many-Interruptions-Work.aspx.
20. De term 'Continuous Partial Attention' (voortdurend verdeelde aandacht) werd in 1998 voor het eerst gebruikt door Linda Stone, http://lindastone.net/qa/continuous-partial-attention.
21. Geciteerd in Derek Thompson, 'A Formula for Perfect Productivity: Work for 52 Minutes, Break for 17,' *The Atlantic*, (17 september 2014), http://www.theatlantic.com/business/archive/2014/09/science-tells-you-how-many-minutes-should-you-take-a-break-for-work-17/380369.

22. Rachel en Stephen Kaplan, *The Experience of Nature: A Psychological Perspective* (Cambridge, Engeland: Cambridge University Press, 1989).
23. Marc G. Berman, Jon Jonides en Stephen Kaplan, 'The Cognitive Benefits of Interacting with Nature,' *Psychological Science* 19, no. 12 (2008): 1207-1212.
24. Leslie A. Perlow en Jessica L. Porter, 'Making Time Off Predictable—and Required,' *Harvard Business Review* 87, no. 10 (oktober 2009): 102-109, 142.
25. Linda Stone, 'Diagnosis: Email Apnea,' *Linda Stone* (blog), 30 november 2009, http://lindastone.net/2009/11/30/diagnosis-email-apnea.
26. Peter Keating, 'Sleeping Giants,' *ESPN The Magazine* 5 april 2012, http://espn.go.com/espn/commentary/story/_/id/7765998/for-athletes-sleep-new-magic-pill.
27. Ronald Kessler, Patricia Berglund, Catherine Coulouvrat, Goeran Hajak, Thomas Roth, Victoria Shahly, Alicia Shillington, et al., 'Insomnia and the Performance of US Workers: Results from the America Insomnia Survey,' *Sleep* 34, issue 9 (2011): 1161-1171.

Hoofdstuk 4: *Onderhandelen voor je leven (Geef je grenzen aan)*

1. Roger Fisher, William Ury en Bruce Patton, *Getting to Yes: Negotiating an Agreement Without Giving In* (Londen: Random House Business, 1997).
2. Itamar Simonson, 'Get Closer to Your Customers by Understanding How They Make Choices,' *California Management Review* 35, no. 4 (1993): 68-84.
3. A.G. Greenwald, C.G. Carnot, R. Beach en B. Young, 'Increasing Voting Behavior by Asking People If They Expect to Vote,' *Journal of Applied Psychology* 72, no. 2 (1987): 315-318.
4. Stanley Milgram, 'Behavioral Study of Obedience,' *The Journal*

of Abnormal and Social Psychology 67, no. 4 (1963): 371-378.

5. Amy Cuddy, 'Your Body Language Shapes Who You Are,' (TED talk, juni 2012), http://www.ted.com/talks/amy_cuddy_your_body_language_shapes_who you_are.
6. William Ury, *The Power of a Positive No* (Londen: Hodder and Stoughton, Ltd., 2007).

Hoofdstuk 5: *Word minder productief! (en denk strategisch)*

1. David Garlan, Daniel P. Siewiorek, Asim Smailagic en Peter Steenkiste, 'Toward Distraction-free Pervasive Computing', *Pervasive Computing* 1, no. 2 (april-juni 2002), 22-31.
2. Geciteerd in Dave Coplin, *The Rise of the Humans: How to Outsmart the Digital Deluge* (Groot-Brittannië, Harriman House, 2014), Kindle-editie, locatie 241.
3. Jonathan B. Spira, *Overload! How Too Much Information Is Hazardous to Your Organization* (New Jersey, John Wiley and Sons, 2010).
4. Michael E. Porter, 'What Is Strategy?', *Harvard Business Review* 74, no. 6 (november 1996), 61-78.
5. Kjell Nordström en Jonas Ridderstråle, *Karaoke Capitalism* (New York, Financial Times Prentice Hall, 2004).
6. Geciteerd door Susan Adams, 'The Test That Measures a Leader's Strengths', Forbes.com (28 augustus 2009), http://www.forbes.com/2009/08/28/strengthsfinder-skills-test-leadership-managing-jobs.html.
7. Aangehaald door Dan Frommer, 'Apple COO Tim Cook: 'We Have No Interest In Being In The TV Market", *Business Insider* (23 februari 2010), http://www .businessinsidercom/live-apple-coo-tim-cook-at-the-goldman-tech-conference-2010-2.
8. Robert S. Kaplan en David P. Norton, 'The Balanced Scorecard: Measures That Drive Performance,' *Harvard Business Review* 83 (juli–augustus 2005), 172-180.

9. M. Baghai, S. Coley en D. White, *The Alchemy of Growth* (New York, Basic Books, 2000).
10. D.S. Kirschenbaum, L.L. Humphrey en S.D. Malett, 'Specificity of Planning in Adult Self-Control: An Applied Investigation', *Journal of Personality and Social Psychology* 40, no. 5 (mei 1981), 941-950.
11. Verhaald over Brigadier General Rhonda Cornum in Martin Seligman, *Flourish*, London, Nicholas Brealey Publishing, 2011.

Hoofdstuk 6: *Impact door vernieuwing (maak je niet onzichtbaar)*

1. Verwijzing naar Nomura Institute in John Kao, *Jamming: The Art and Discipline of Business Creativity* (New York, HarperCollins, 1997).
2. Marc Benioff geciteerd in Daniel Goleman, *Focus: The Hidden Driver of Excellence* (Londen, Bloomsbury Publishing, 2013), Kindle-editie, locatie 549.
3. 'First break all the rules', *The Economist* (10 april 2010), http://www.economist.com/node/15879359.
4. Aza Raskin, 'You Are Solving the Wrong Problem', *UX Magazine* (2 mei 2011), http://uxmag.com/articles/you-are-solving-the-wrong-problem.
5. Mihaly Csikszentmihalyi, *Creativity: Flow and the Psychology of Discovery and Invention* (New York, Harper Perennial, 1997).
6. Stuart Kauffman, *At Home in the Universe: The Search for the Laws of Self-Organization and Complexity* (New York, Oxford University Press, 1996).
7. Tim Harford, Adapt: *Why Success Always Starts with Failure* (New York, Farrar, Straus and Giroux, 2011).
8. Ibid.
9. Ibid.

Hoofdstuk 7: *Druk is een waardeloos merk (ontwikkel een beter merk)*

1. Fritz Strack, 'Priming and Communication: Social Determinants of Information Use in Judgments of Life Satisfaction', *European Journal of Social Psychology* 18, no. 5 (oktober 1988), 429-442.
2. Adam L. Alter en Daniel M. Oppenheimer, 'Predicting short-term stock fluctuations by using processing fluency', *PNAS* 103, no. 24 (2006), 9369-72.
3. Adam L. Alter en Daniel M. Oppenheimer, 'Uniting the Tribes of Fluency to Form a Metacognitive Nation', *Personality and Social Psychology Review* 13, no. 3 (2009), 219-235.
4. Zachary Schiller, Greg Burns, Karen Lowry Miller, 'Make It Simple', *Business Week* (9 september 1996), http://www.businessweek.com/1996/37/b34921.htm.
5. Ron Ashkenas, *Simply Effective: How to Cut Through Complexity in Your Organization and Get Things Done* (Boston, MA, Harvard Business Review Press, 2009).

Hoofdstuk 8: *Volg je eigen weg (Radio's repareren door te denken)*

1. Richard P. Feynman, *Surely You're Joking, Mr. Feynman (Adventures of a Curious Character)* (New York, W.W. Norton and Company, 1985).
2. E.A. Livingstone, ed., *The Concise Oxford Dictionary of the Christian Church* (Oxford, Oxford University Press, 2006).
3. G. Mark, S.T. Iqbal, M. Czerwinski, P. Johns, 'Bored Mondays and Focused Afternoons: The Rhythm of Attention and Online Activity in the Workplace', Proceedings of the SIGCHI Conference on Human Factors in Computing Systems (Toronto, Canada, 2014), 3025-3034.
4. W. Hofmann, R.F. Baumeister, G. Forster en K.D. Vohs, 'Everyday Temptations: An Experience Sampling Study of Desire, Conflict, and Self-Control', *Journal of Personality and Social Psychology* 102, no. 6 (2012), 1318-1335.

5. D.T. de Ridder, G. Lensvelt-Mulders, C. Finkenauer, F.M. Stok, R.F. Baumeister, 'Taking Stock of Self-Control: A Meta-Analysis of How Trait Self-Control Relates to a Wide Range of Behaviors', *Personality and Social Psychology Review* 16, no. 1 (2012), 76-99.
6. Brian Tracy, *Eat That Frog!: 21 Great Ways to Stop Procrastinating and Get More Done in Less Time* (San Francisco, CA, Berrett-Koehler Publishers, Inc., 2007).
7. Brian Wansink, *Mindless Eating: Why We Eat More Than We Think* (New York, Bantam, 2006).
8. Teresa Amabile en Steven Kramer, *The Progress Principle: Using Small Wins to Ignite Joy, Engagement, and Creativity at Work* (Boston, MA, Harvard Business Review Press, 2011).
9. Alia J. Crum en Ellen J. Langer, 'Mind-set Matters: Exercise and the Placebo Effect', *Association for Psychological Science* 18, no. 2 (2007), 165-171.
10. Voorbeeld uit Chip Heath en Dan Heath, *Switch: How to Change Things When Change Is Hard* (New York, Broadway Books, 2010).
11. Amy Arnsten geciteerd in David Rock, *Your Brain at Work: Strategies for Overcoming Distraction, Regaining Focus, and Working Smarter All Day Long* (New York, HarperBusiness, 2009).
12. Edward Tory Higgins, 'Beyond Pleasure and Pain', *American Psychologist* 52, no. 12 (december 1997), 1280-1300.
13. K. Lanaj, C.H. Chang en R.E. Johnson, 'Regulatory Focus and Work-Related Outcomes: A Review and Meta-Analysis', *Psychological Bulletin* 138, no. 5 (september 2012), 998-1034.
14. Steve Peters, *The Chimp Paradox: The Mind Management Program to Help You Achieve Success, Confidence, and Happiness* (New York, Jeremy P. Tarcher/Penguin, 2011).
15. James Gross, 'Emotion Regulation: Affective, Cognitive, and Social Consequences', *Psychophysiology* 39, no. 3 (mei 2002), 281-291.
16. David Rock, *Your Brain at Work: Strategies for Overcoming Dis-*

traction, Regaining Focus, and Working Smarter All Day Long (New York, HarperBusiness, 2009).

17. J.E. Maddux en R.W. Rogers, 'Protection Motivation and Self-Efficacy: A Revised Theory of Fear Appeals and Attitude Change', *Journal of Experimental Social Psychology* 19, no. 5 (september 1983), 469-479.
18. Ian Herbert, 'Dr Steve Peters: The Psychiatrist Charged with Ridding Anfield of the Fear Factor', *The Independent*, 28 maart 2013.
19. J. Stoeber en D.P. Janssen, 'Perfectionism and Coping with Daily Failures: Positive Reframing Helps Achieve Satisfaction at the End of the Day', *Anxiety, Stress, & Coping* 24, issue 5 (oktober 2011), 477-497.

Hoofdstuk 9: *Stop met streven naar meer! (Stel innerlijke waarden voorop)*

1. David G. Myers en Ed Diener, 'The Pursuit of Happiness,' *Scientific American*, 16 april 1996, 54-56.
2. Tim Kasser, *The High Price of Materialism* (Cambridge, MA, A Bradford Book, The MIT Press, 2002).
3. Ibid.
4. Kennon M. Sheldon en Tim Kasser, 'Pursuing Personal Goals: Skills Enable Progress, but Not All Progress Is Beneficial', *Personality and Social Psychology Bulletin* 24, 1319-1331. *Tevens* T. Kasser en R.M. Ryan, 'Be Careful What You Wish For: Optimal Functioning and the Relative Attainment of Intrinsic and Extrinsic Goals', in Peter Schmuck en Kennon M. Sheldon (eds), *Life Goals and Well-Being* (Gottingen, Duitsland, Hogrefe & Huber Publishers, 2001), 116-131.
5. Mark R. Lepper, David Greene, en Richard E. Nisbett, 'Undermining Children's Intrinsic Interest with Extrinsic Reward: A Test of the 'Overjustification' Hypothesis', *Journal of Personality and Social Psychology* 28, no. 1 (1973), 129-137.

6. John Kay, *Obliquity: Why Our Goals Are Best Achieved Indirectly* (Londen, Profile Books, 2011).
7. Daniel Gilbert, *Stumbling on Happiness* (New York, Knopf, 2006).
8. Joseph Campbell, *The Power of Myth* (New York, Random House, 1988).

Hoofdstuk 10: *Relaties (Waarom we beter af zijn met minder vrienden)*

1. Lisa F. Berkman, 'The Role of Social Relations in Health Promotion', *Psychosomatic Medicine* 57, no. 3 (mei-juni 1995), 245-254.
2. Lisa F. Berkman en S. Leonard Syme, 'Social Networks, Host Resistance, and Mortality: A Nine-year Follow-up Study of Alameda County Residents', *American Journal of Epidemiology* 109, no. 2 (februari 1979), 186-204.
3. Jonathan Haidt, *The Happiness Hypothesis: Finding Modern Truth in Ancient Wisdom* (Londen, Arrow, 2007).
4. W. Fleeson, A.B. Malanos en N.M. Achille, 'An Intraindividual Process Approach to the Relationship between Extraversion and Positive Affect: Is Acting Extraverted as 'Good' as Being Extraverted?', *Journal of Personality and Social Psychology* 83, no. 6 (december 2002), 1409-1422.
5. S. Cohen en T.B. Herbert, 'Health Psychology: Psychological Factors and Physical Disease from the Perspective of Human Psychoneuroimmunology,' *Annual Reviews of Psychology* 47, no. 1 (1996), 113-142.
6. S.L. Brown, R.M. Nesse, A.D. Vinokur en D.M. Smith, 'Providing Social Support May be More Beneficial than Receiving It: Results from a Prospective Study of Mortality', *Psychological Science* 14, no. 4 (juli 2003) 320-327.
7. Ed Diener en Martin E.P. Seligman, 'Very Happy People', *Psychological Science* 13, no. 1 (2002), 80-83.
8. Sherry Turkle, *Alone Together: Why We Expect More from Technolo-*

gy and Less from Each Other (New York, Basic Books, 2012).

9. R.I.M. Dunbar, 'Neocortex Size as a Constraint on Group Size in Primates', *Journal of Human Evolution* 22, issue 6 (1992), 469-493.
10. Carolyn E. Schwartz, Janice Bell Meisenhelder, Yunsheng Ma en George W. Reed, 'Altruistic Social Interest Behaviors Are Associated with Better Mental Health', *Psychosomatic Medicine* 65, no. 5, 2003, 778-785.
11. John M. Darley en C. Daniel Batson, "From Jerusalem to Jericho': A Study of Situational and Dispositional Variables in Helping Behavior', *Journal of Personality and Social Psychology* 27, no. 1 (1973), 100-108.
12. Kathleen D. Vohs, Yajin Wang, Francesca Gino, Michael I. Norton, 'Rituals Enhance Consumption', *Psychological Science* 24, no. 9 (17 juli 2013), 1714-1721.
13. Barbara L. Fredrickson, 'What Good Are Positive Emotions?', *Review of General Psychology* 2, no. 3 (1998), 300-319.
14. Irwin Altman en Dalmas A. Taylor, *Social Penetration: The Development of Interpersonal Relationships* (New York, Holt, 1973).
15. M. Losada en E. Heaphy, 'The Role of Positivity and Connectivity in the Performance of Business Teams: A Nonlinear Dynamics Model', *American Behavioral Scientist* 47 (2004), 740-765. (Noot: Er is discussie over de precieze berekening van deze verhouding. Het specifieke cijfer in de verhouding doet echter weinig ter zake: het gaat om het principe van positief ten opzichte van negatief.)
16. John Gottman, *What Predicts Divorce?*, (Hillsdale, NJ; Lawrence Erlbaum Associates, Inc., 1994).
17. Nicholas J.L. Brown, Alan D. Sokal en Harris L. Friedman, 'The Complex Dynamics of Wishful Thinking: The Critical Positivity Ratio', *American Psychologist* 68 (15 juli 2013), 801-813.
18. S.L. Gable, H.T. Reis, E.A. Impett en E.R. Asher, 'What Do You

Do When Things Go Right? The Intrapersonal and Interpersonal Benefits of Sharing Positive Events', *Journal of Personality and Social Psychology* 87, no. 2 (2004), 228-245.

19. M.E.P. Seligman, T.A. Steen, N. Park en C. Peterson, 'Positive Psychology Progress: Empirical Validation of Interventions', *American Psychologist* 60, vol. 5 (juli-augustus 2005), 410-421.

Hoofdstuk 11: *Van druk naar geluk (De diepte in)*

1. Edward M. Hallowell, M.D. en John J. Ratey, M.D., *Delivered from Distraction: Getting the Most Out of Life with Attention Deficit Disorder* (New York, Ballantine Books, 2006).
2. Kent C. Berridge geciteerd in Emily Yoffe, 'Seeking', op www.slate.com, 12 augustus 2009.
3. David McNamee, "Technology Addiction' – How Should It Be Treated?', *Medical News Today*, 20 juni 2014, http://www.medicalnewstoday.com/articles/278530.php.
4. Psychische entropie is een concept uit Mihaly Csikszentmihalyi, *Flow: The Classic Work on How to Achieve Happiness* (Londen, Rider/Random House, 1992).
5. Mihaly Csikszentmihalyi, *Flow: The Classic Work on How to Achieve Happiness* (Londen, Rider/Random House, 1992).
6. Paul A. O'Keefe, Lisa Linnenbrink-Garcia, 'The Role of Interest in Optimizing Performance and Self-regulation', *Journal of Experimental Social Psychology* 53 (juli 2014), 70-78.
7. Daniel Gilbert, 'The Surprising Science of Happiness', (TED-talk, februari 2004), http://www.ted.com/talks/dan_gilbert_asks_why_are_we_happy.
8. George Leonard, *Mastery: The Key to Success and Long-Term Fulfilment* (New York, Plume, 1991).
9. Jane E. Barker, Andrei D. Semenov, Laura Michaelson, Lindsay S. Provan, Hannah R. Snyder en Yuko Munakata, 'Less-Structured Time in Children's Daily Lives Predicts Self-Directed Exe-

cutive Functioning', *Frontiers in Psychology*, 17 juni 2014.

10. Fred B. Bryant en Joseph Veroff, *Savoring: A New Model of Positive Experience* (New Jersey, Psychology Press, 2006).
11. Timothy D. Wilson, David A. Reinhard, Erin C. Westgate, Daniel T. Gilbert, Nicole Ellerbeck, Cheryl Hahn, Casey L. Brown, Adi Shaked, 'Just Think: The Challenges of the Disengaged Mind', *Science* 345, issue 6192 (2014), 75-77.
12. K. Hsee, Adelle X. Yang en Liangyan Wang, 'Idleness Aversion and the Need for Justifiable Busyness', *Psychological Science* 21, no. 7 (juli 2010), 926-930.
13. M.E. Raichle, A.M. MacLeod, A.Z. Snyder, W.J. Powers, D.A. Gusnard, G.L. Shulman, 'Inaugural Article: A default mode of brain function', *Proceedings of the National Academy of Sciences* 98, no. 2 (2001), 676-682.
14. Martin Heidegger, *Discourse on Thinking* (New York, Torchbooks, 1969).
15. American Time Use Survey – 2012 Microdata File, Bureau of Labor Statistics, U.S. Department of Labor, http://www.bls.gov/tus/datafiles_2012.htm.
16. Ethan Kross et al., 'Self-Talk as a Regulatory Mechanism: How You Do It Matters', *Journal of Personality and Social Psychology*, 106 no. 2 (februari 2014), 304-324.

Hoofdstuk 12: *De drukte voorbij (Goede voornemens volhouden)*

1. Leroy Watson Jr., 'Forgotten Stories of Courage and Inspiration: Glenn Cunningham,' *Bleacher Report*, 12 juni 2009.
2. K. Patterson, J. Grenny, D. Maxfield, R. McMillan en A. Switzler, *Change Anything: The New Science of Personal Success* (New York: Hachette Book Group, 2011).
3. Charles Duhigg, *The Power of Habit: Why We Do What We Do in Life and Business* (Londen: William Heinemann, 2012).
4. Steve Booth-Butterfield en Bill Reger, 'The Message Changes Be-

lief and the Rest Is Theory: The '1% Milk or Less' Campaign and Reasoned Action,' *Preventive Medicine* 39, (2004): 581-588.

5. R.B. Cialdini en D.A. Schroeder, 'Increasing Compliance by Legitimizing Paltry Contributions: When Even a Penny Helps,' *Journal of Personality and Social Psychology*, 34, no. 4 (1976): 599-604.
6. Howard Leventhal, Robert Singer en Susan Jones, 'Effects of Fear and Specificity of Recommendation upon Attitudes and Behavior,' *Journal of Personality and Social Psychology* 2, no. 1 (juli 1965): 20-29.
7. M. Bateson, D. Nettle en G. Roberts, 'Cues of Being Watched Enhance Cooperation in a Real-World Setting,' *Biology Letters* (2006): 412-414.
8. C.P. Herman en D. Mack, 'Restrained and Unrestrained Eating,' *Journal of Personality* 43, no. 4 (december 1975): 647-660.
9. Ronald Heifetz, *Leadership Without Easy Answers* (Boston, MA: Harvard University Press, 1994).
10. R. Kegan en L. Lahey, *Immunity to Change: How to Overcome It and Unlock the Potential in Yourself and Your Organization* (Boston, MA: Harvard Business School Press, 2009).

Woord van dank

Mijn grote dank gaat uit naar iedereen bij Little Brown en Grand Central; jullie zijn ware deelgenoten geweest van dit project. Met name wil ik Tim Whiting danken voor zijn vertrouwen in mij en voor zijn herordening van mijn oorspronkelijk breedvoerige manuscript tot iets wat in zijn huidige vorm veel waardevoller is. Ook wil ik Zoe Bohm en Sara Weiss danken, mijn Britse en mijn Amerikaanse redacteur, voor hun onuitputtelijke geduld; het was een genoegen met jullie samen te werken. Het is aan Kate Hibbert en Andy Hine te danken dat dit boek de hele wereld is overgegaan, en aan Rick Wolff dat het in Noord-Amerika zo goed is ontvangen. Ik wil Megan Gerrity, bureauredacteur, en Angelina Krahn, persklaarmaker, danken voor hun scherpe blik en waardevolle suggesties. Tot slot wil ik Julie Paulauski noemen en haar danken voor de verbeeldingskracht en energie waarmee ze dit boek in de publiciteit heeft gebracht.

Pap, dank je wel voor die 'weg die om de kudde heen voert' en die me heeft behoed voor een grauw leven van alleen maar cijfers. En mam: dank je wel voor de stabiliteit en geborgenheid die je biedt (en voor de lekkerste macaroni met kaas ter wereld). Ik kan me geen betere ouders en geen betere jeugd voorstellen. Paddy, dank je wel voor je nooit aflatende belangstelling en aanmoediging. Barry, je bent een inspirator en een katalysator, voor mij en voor talloze anderen. Dank je wel voor je onverflauwde steun aan Dulcie en mij.

Martin, Pete, Fiona, Doug en Gerry: jullie zijn stuk voor stuk mijn favorieten! (Trouwens, Pete, meer dan dit stukje van het boek hoef je niet te lezen.) Ik houd van jullie allemaal en ik hoop dat jullie in dit boek een aanleiding zien om een andere bijnaam voor me te verzinnen dan Spud! Dame, dank je wel voor de uitnodiging voor dat congres waarmee dit alles in werking is gezet. Maar meer nog dan dat, dank je wel voor je vriendschap en je samenwerking. Shiv, jou wil ik danken voor de briljante wijze waarop je me op mijn nek hebt gezeten om ervoor te zorgen dat ik mijn boek ook echt afkreeg. Dom en Kate, dank jullie voor het gebruik van jullie tuinhuis, waar ik de eerste helft van dit boek heb geschreven en al jullie thee heb opgedronken.

Dank aan mijn kinderen: aan Jack, de briljante vragensteller en ingenieur: jij beschikt over de moed om je eigen weg te bewandelen – je bent een bijzonder iemand en ik kan nog veel van je leren. Aan Ben, mijn onverschrokken kereltje, dat nog altijd over straat huppelt: het plezier waarmee jij in het leven staat, doet me altijd glimlachen. Aan Seren: je bent een ware prinses, die zich in dit gezin niet laat kisten – zo vol vuur, zo rijk aan ideeën, zo gul met knuffels. Jullie drieën samen maken me gelukkiger dan een papa zich maar kan wensen en jullie vullen mijn leven met puur geluk. Dank jullie wel voor jullie geduld met mij en mijn boek. Ik ben enorm trots op jullie allemaal: geen wonder dat drie mijn geluksgetal is!

Dank aan Dulcie: je hebt me bij dit project ondersteund, aangemoedigd en gemotiveerd. Zoals we alles samen doen, zo was ook dit een gezamenlijke inspanning: een samenkoppeling van yin en yang, van tegengestelden die zich verenigen in een gedeelde doelstelling. Dit boek zou er zonder jou nooit zijn geweest – je hebt zoveel opzijgezet om mij dit te kunnen laten doen, je hebt zoveel extra werk op je schouders genomen. Maar dat niet alleen, jouw inzicht in wat mijn sterkste kanten zijn heeft me in de loop der jaren geholpen de carrière te vinden die bij mij past. Ik wil je daarvoor danken door dit boek aan jou op te dragen: aan mijn vrouw en mijn beste kameraad, mijn zielsverwant, mijn liefde en mijn leven.

Over de auteur

Tony Crabbe is als bedrijfspsycholoog wereldwijd werkzaam voor multinationals, waaronder Microsoft, Disney, Salesforce, News Corp, Cisco, HSBC, American Express en de World Bank. Daarnaast is hij als honorair wetenschappelijk onderzoeker op het gebied van organisatiepsychologie verbonden aan het Birkbeck College van de University of London. Hij woont samen met zijn gezin in Spanje, maar als consultant brengt hij een groot deel van zijn tijd door in Groot-Brittannië en de Verenigde Staten.

Register